EREAUX 1981

FRANCIS GARNIER

DE PARIS AU TIBET

NOTES DE VOYAGE

FRANCIS GARNIER

FRANCIS GARNIER

DE PARIS AU TIBET

NOTES DE VOYAGE

OUVRAGE

Contenant 40 gravures et une carte

LA MÉDITERRANÉE, SUEZ — LA MER ROUGE, ADEN
LA COCHINCHINE FRANÇAISE, SAIGON
LA CÔTE ORIENTALE DE LA CHINE, SHANGHAI — LA CHINE DU NORD, PÉKIN
LA CHINE CENTRALE
LE YANG-TSE — LE LAC TONG-TING — LE YUEN KIANG
LE WOU-KIANG — TCHONG-KIN-FOU
RETOUR A SAÏGON — DÉPART POUR LE TONG-KING

PARIS
LIBRAIRIE HACHETTE ET Cie
79, BOULEVARD SAINT-GERMAIN, 79
1882

Droits de propriété et de traduction réservés

NOTICE
SUR
FRANCIS GARNIER

Les lettres qui composent ce volume ont paru, comme on le verra plus loin, dans le journal *le Temps*, sous ce titre : DE PARIS AU TIBET, *notes de voyage ;* la dernière partie après la mort du jeune explorateur qui les avait écrites.

Nous leur avons conservé leur titre primitif, bien qu'elles ne soient plus aujourd'hui, comme il l'a dit lui-même avec ce pressentiment des hommes qui doivent mourir jeunes, que « les premiers chapitres d'un récit qui restera inachevé[1] ». Ces lettres donnent, plus que la relation officielle du

---

1. Nous avons cru devoir les compléter par un mémoire adressé à la Société de géographie de Paris et résumant les résultats scientifiques du voyage dans la Chine centrale. Une carte itinéraire accompagne le mémoire. Nous y avons joint une étude, écrite à la même époque, sur « le rôle de la France dans l'extrême Orient », et qui a paru dans la *Revue scientifique* après la mort de l'auteur.

Voyage en Indo-Chine, plus même que les narrations pittoresques du *Tour du Monde*, la mesure du talent d'écrivain de Francis Garnier. Son style, où les peintures d'une imagination brillante se mêlent heureusement aux jugements de l'économiste et de l'explorateur, rappelle, parmi les plus modernes, celui de Fromentin, et par la vivacité du tour et l'intérêt, le talent si original de Jacquemont. Ses formules sont quelquefois brèves jusqu'à la sécheresse et trahissent l'homme d'initiative et de commandement. D'autres fois, au contraire, l'auteur se complaît à des descriptions originales presque toujours relevées par des traits de mœurs ou des observations neuves et piquantes. On remarque dans certains passages et en se reportant à l'époque à laquelle ces lettres ont été écrites, combien Francis Garnier était, en matière d'éducation et d'instruction, en avance sur les partisans du système qui triomphe aujourd'hui. A ses yeux l'éducation pédantesque et ce vieux programme, jésuitique avant d'être universitaire, qui, dans un temps de doctrines humanitaires et de progrès universel, réduit tout le mouvement des idées à deux langues, à deux civilisations et à deux pays avaient fait leur temps. Quelques pages de cette correspondance, celles surtout où l'accent personnel est le plus accusé, sont empreintes d'une mélancolie, parfois attendrie, plus souvent austère; elles révèlent le penseur que les plus hautes ambitions ont tenté, qui, déjà mûri par les déceptions, s'arrête et se retourne pour contempler le passé.

En effet, à ce moment de sa vie, Francis Garnier marchait encore à son but avec la même ardeur qu'autrefois, mais non plus avec la même espérance. Il avait lutté, il avait souffert; et si le découragement n'était point venu, l'enthousiasme, cette foi des premiers jours, avait disparu pour jamais. Cependant il a encore, on le sent, de vastes projets; il veut tenter d'autres périls; il veut mener à bonne fin de grandes entreprises « dans ce monde oriental dont nous avons tenu jadis les destinées entre nos mains ». Ennemi des guerres continentales, il soutient que « ce n'est point dans les aventures mili-
» taires qu'il faut chercher la gloire et le relèvement
» de la patrie. Les Français, malgré leur réputa-
» tion, ont de précieuses qualités colonisatrices. La
» conquête du Canada et celle des Indes l'ont sur-
» abondamment établi; nous serions coupables de ne

» pas les utiliser. Sans les défaillances de la monar-
» chie absolue notre empire colonial serait aujour-
» d'hui plus étendu que celui de l'Angleterre et nous
» aurions fondé aux deux extrémités de la terre une
» immense domination pacifique basée sur les be-
» soins de l'industrie, sur les nécessités du com-
» merce, sur la solidarité des intérêts et dès lors
» éminemment durable. Les géographes ne sont que
» les pionniers de la civilisation, mais ces éclaireurs
» scientifiques précèdent les commerçants aven-
» tureux, qui sont eux-mêmes les précurseurs des
» colons, représentants nécessaires de l'influence
» politique de la mère patrie dans les pays lointains. »

Il faut donc revenir, disait-il, à la politique coloniale, qui seule peut donner à la France, dans le
monde, une place digne de ses moyens d'action et
de son génie [1]. Il faut ouvrir de grands marchés à
notre activité productrice, et, parmi ces marchés, il
mettait au premier rang l'immense marché de
la Chine; ce qui explique pourquoi il consi-
dérait la Cochinchine comme l'entrepôt naturel
des marchandises occidentales, la voie commer-

---

1 Voy. à la fin du présent volume les pages 413 et suivantes.

ciale du Tong-King comme la plus avantageuse à nos intérêts et à notre influence, et comment il s'est sacrifié à cette tâche pour la science et pour son pays.

Nous avons l'intention de faire paraître prochainement une étude complète et très développée sur la vie et les travaux de Francis Garnier. Une notice sommaire suffira au livre posthume que nous publions aujourd'hui.

Francis Garnier naquit à Saint-Étienne (Loire) le 25 juillet 1839. Dès l'âge de sept ans, ramené par les pérégrinations de sa famille à Montpellier où son aïeul maternel avait laissé des souvenirs, il entra au lycée de cette ville et y fit de rapides et brillantes études. A l'âge de quinze ans et demi, après une préparation de six mois à peine, il était reçu à l'École navale dans les premiers rangs. Aspirant de deuxième classe en 1857, il navigua sur les côtes du Brésil et de la Plata et dans les mers du Sud. Enseigne de vaisseau au choix, après une action d'éclat en 1860, et attaché, cette même année, à l'état-major de l'amiral Charner, il fit en cette qualité la campagne de Chine et de Cochinchine. Inspecteur des affaires indigènes en 1863, il fut bientôt après, âgé de vingt-quatre ans à peine, chargé de l'administration de la ville de Cholen et de son arrondissement, poste administratif alors le plus important de la Cochinchine française.

Il publia, à cette époque, une brochure anonyme dont le retentissement fut considérable dans le monde de la marine : *la Cochinchine française en 1864, par G. Francis*. C'était une réponse aux bruits de rétrocession qui prenaient déjà une sérieuse consistance. L'auteur qui se couvrait, pour la forme et par respect pour les règlements, d'un transparent pseudonyme, exposait les progrès faits par la colonie depuis sa création, plaidait la cause de son agrandissement, et donnait l'idée et le plan d'un grand voyage d'exploration dans l'intérieur de l'Indo-Chine, en vue d'ouvrir des communications commerciales entre la Chine méridionale et la Cochinchine. Déjà, dès le mois de juin de l'année précédente (juin 1863), et avant même son entrée dans l'inspection des affaires indigènes, Francis Garnier avait soutenu l'opportunité de ce voyage d'exploration. « Sa correspondance, ses démarches et celles de ses amis auprès de M. de Chasseloup-

Laubat, alors ministre de la marine, en font foi, et obtinrent enfin gain de cause[1]. »

M. de Chasseloup-Laubat, qui avait accueilli avec une extrême bienveillance la brochure anonyme et qui, ce document à la main, avait défendu,

[1]. *Notice sur Francis Garnier* par M. Trève, capitaine de vaisseau, extraite de la *Revue maritime et coloniale*, 1874.

M. l'amiral La Roncière le Noury disait à la Société de Géographie, le 25 avril 1874 :
« La perspicacité du ministre accueille les suggestions du jeune » officier : une expédition se décide. Il n'est pas assez ancien de » grade pour en être le chef, *quoiqu'il en ait été l'initiateur*. L'expé- » dition est mise sous les ordres du capitaine de frégate Doudard » de Lagrée et il en est le second. » (*Journal officiel* du 4 mai, p. 3091.)

M. Vivien de Saint-Martin, rendant compte dans le *Bulletin de la Société de Géographie* du mois de mars 1873, écrit, p. 296 : « Dès 1862 on avait remonté le fleuve.... Dès cette époque la pensée de plus vastes explorations assiégea l'esprit de nos officiers; M. Francis Garnier, celui-là même à qui devait être confiée plus tard la tâche honorable de diriger la belle publication que nous avons sous les yeux, appelait dès lors sur ce sujet la sérieuse attention du gouvernement. Le ministère de la marine était alors occupé par M. le marquis de Chasseloup-Laubat.... Le ministre accepta d'autant plus volontiers les vues qui lui étaient soumises que dans sa pensée la France avait un grand rôle à prendre dans ces parties extrêmes de l'Asie. »

Nous croyons devoir aussi reproduire ici, à titre de document, un passage de la préface dont M. le capitaine de frégate Henri de Bizemont a fait précéder le livre remarquable d'Eliacin Luro: *Le Pays d'Annam*.

Nous n'insisterons pas sur l'intérêt que présente ce témoignage. Il suffit de le lire pour comprendre l'importance que nous y attachons.

En racontant à quelle occasion Luro partit pour Saïgon et entra dans l'administration des affaires indigènes, M. de Bizemont ajoute :

en conseil des ministres, la cause de la conservation de la Cochinchine française, voulut, après avoir sauvé la colonie, contribuer activement à son développement. Sur l'initiative du ministre, et mal-

« Francis Garnier, qui précéda Luro dans la tombe après une
» carrière bien courte, mais aussi active que glorieuse, venait de
» concevoir un projet gigantesque. Dans cette tête merveilleuse-
» ment organisée, s'était développée l'ambition grandiose de doter
» la France, dans l'extrême Orient, d'un empire colonial aussi
» vaste et aussi florissant que les possessions anglaises des Indes.
» Le vaste fleuve, le Mé-Kong, dont nous venions d'occuper défi-
» nitivement le riche delta, devait en être la grande artère ; il
» fallait donc commencer par en explorer le cours en le remontant
» aussi loin que possible, mais tout au moins jusqu'à la frontière
» chinoise. Aussitôt un projet d'exploration fut conçu par Francis
» Garnier et adopté avec enthousiasme par Luro et *par celui qui*
» *écrit ces lignes, seul survivant de cet ardent triumvirat* de
» jeunes gens qui ne rêvaient rien moins que la gloire de fonder
» une nouvelle France dans la péninsule indo-chinoise.
» Les dates relatives à ce projet d'exploration ayant été vive-
» ment discutées et contestées dans ces derniers temps, il n'est
» pas inutile de les établir, non pas seulement d'après les souve-
» nirs d'un collaborateur, mais d'après des lettres et des pièces
» authentiques que nous avons entre les mains. Le premier plan
» de Francis Garnier date du mois de juin 1863 et c'est dans les
» premiers jours de 1864 que nous l'avons rédigé d'après les notes et,
» en partie, sous la dictée de son inventeur. Un jeune officier de
» marine qui devait s'adjoindre à nous, fut obligé de rentrer en
» France, sérieusement malade ; il fut remplacé alors par Luro qui
» venait d'arriver dans la colonie. Son remarquable talent comme
» dessinateur rendait son concours extrêmement précieux dans
» une telle entreprise. Une demande officielle fut ensuite formu-
» lée par Garnier, signée par ses deux compagnons, puis présentée
» au ministère de la marine avec l'appui de hautes personnalités.
» Il convient de rendre hommage à l'intelligente bienveillance
» avec laquelle M. le marquis de Chasseloup-Laubat, l'un des
» meilleurs ministres qu'ait eus la marine, accueillit le projet
» d'exploration du Mé-Kong. Mais ces démarches et la distance
» qui sépare la Cochinchine de la métropole firent que l'ordre
» d'organiser l'expédition projetée n'arriva à Saïgon qu'au com-

gré l'indifférence témoignée par l'administration coloniale locale pour le projet de voyage d'exploration, une mission scientifique fut organisée à Saïgon. Francis Garnier, lieutenant de vaisseau depuis 1865, était trop jeune, excitait déjà trop de jalousie, pour obtenir un pareil commandement. Cet honneur fut confié au capitaine de frégate Doudart de Lagrée, qu'une mission diplomatique au Cambodge avait récemment fait distinguer par le vice-amiral gouverneur.

Officiellement, Francis Garnier fut le second de M. de Lagrée[1] et à ce titre c'est à lui qu'incombè-

---

» mencement de 1866 ; encore sur les trois signataires du projet » de 1864, Francis Garnier était-il le seul qui fût désigné comme » devant concourir à la réalisation. Il ne nous appartient pas » d'apprécier, ni même d'indiquer les motifs qui firent écarter » les deux autres adhérents. Quoi qu'il en soit, nous devons à la « mémoire de Luro de constater et de proclamer hautement que « s'il se soumit à cette décision souveraine, ce ne fut qu'après les » plus vifs regrets et la plus grande amertume. » (Préface du *Pays d'Annam*, p. 2 et 3, Leroux, éditeur, 1878.)

1. M. de Croizier, dans l'*Art Khmer*, p. 27, a avancé qu'un autre officier de marine était le second de M. de Lagrée. Cette erreur a été reproduite dans les *Annales de l'extrême Orient*, 1re année, 1878, août, n° 2, p. 60, et dernièrement, sous le titre d'*informations*, dans le *Journal officiel* du 24 octobre 1881, p. 5901. Nous ne pouvons que renvoyer aux pages 13 et 15 de la publication officielle où se trouvent textuellement reproduites les instructions de l'amiral gouverneur et où la situation hiérarchique de Francis Garnier est nettement établie. Du reste à cette époque l'officier dont il s'agit, n'était qu'enseigne et ne pouvait dès lors avoir le pas sur un lieutenant de vaisseau.

rent les travaux d'hydrographie, de météorologie, d'astronomie, la carte du voyage, l'étude des voies commerciales, etc. Un enseigne de vaisseau chargé principalement du service des vivres, de la comptabilité et des dessins, deux médecins de la marine spécialement affectés aux études géologiques, anthropologiques et botaniques, et un attaché du ministère des affaires étrangères, composaient le personnel de la mission, complété par des interprètes indigènes, dont l'un était le collaborateur ordinaire de M. de Lagrée, et par une petite escorte d'hommes d'élite.

Partie de Saïgon le 5 juin 1866, l'expédition remonta le fleuve jusqu'au Grand Lac, visita longuement les ruines gigantesques d'Angcor, que M. de Lagrée avait déjà étudiées en partie pendant son séjour au Cambodge, continua l'ascension du fleuve jusqu'à Bassac, retrouva les traces de Mouhot, puis, à travers les forêts insalubres du Laos, en touchant à la Birmanie et en explorant les royaumes encore inconnus de l'Indo-Chine septentrionale, Xieng-Tong et Xien-Hong, atteignit la Chine méridionale et pénétra dans la province du Yun-nan.

C'est à ce moment du voyage que les renseignements déjà recueillis, complétés par une excursion de Francis Garnier sur le Ho-ti-Kiang[1], affluent septentrional du Song-Coï (fleuve du Tong-King), révélèrent aux explorateurs français la véritable voie commerciale entre la Cochinchine et la Chine. Le problème était résolu théoriquement. La preuve directe, celle qui résulte du fait matériel du passage par le fleuve, restait à faire, et c'est aussi un Français, M. J. Dupuis, qui devait en avoir l'honneur[2].

Cependant la santé de M. de Lagrée, déjà mauvaise au départ de Saïgon, s'affaiblissait de plus en plus. Tandis que Francis Garnier, préoccupé des

1. M. de Croizier, dans la préface du 2ᵉ volume des *Mémoires de la Société indo-chinoise*, p. 10, parle d'une reconnaissance de quelques heures. Il a, sans doute, voulu dire de quelques jours, les 27, 28 et 29 novembre 1867.
2. Il nous paraît intéressant de reproduire ici les paroles mêmes de Francis Garnier à la Société de Géographie, après le succès de la tentative de M. Dupuis.
..... « Déjà, au retour du voyage d'exploration qui a coûté la
» vie au regretté commandant de Lagrée, j'avais essayé d'attirer l'at-
» tention du gouvernement sur l'importance commerciale et poli-
» tique qu'aurait pour la France l'exploration du fleuve du Tong-
» King. Je vais essayer de démontrer aujourd'hui que ce fleuve est
» l'une des routes les plus courtes et les plus avantageuses qui
» s'offrent à nous pour pénétrer dans l'intérieur de la Chine.... Le
» fleuve du Tong King qui prend naissance au cœur du Yun-nan,
» entre les vallées du fleuve Bleu et du Cambodge, est, suivant
» toute probabilité, beaucoup plus navigable que ce dernier, d'un
» cours beaucoup plus direct, et il présente en outre un immense
» avantage; l'unité de domination sur ses rives..... Telles sont,

origines tibétaines du Mé-Kong, faisait à la tête d'une partie de la mission une excursion des plus périlleuses dans le royaume musulman de Taly, où, malgré les efforts du gouvernement des Indes, aucun voyageur européen n'avait encore pénétré, M. de Lagrée mourait à Tong-Tchouen. Francis Garnier prit à son retour le commandement de l'expédition, et, en rapportant le corps de son chef, au travers d'une région montagneuse des plus pénibles à traverser, il atteignit enfin le Yang-tse-Kiang, puis Han-Kéou [1], et Shang-Haï. C'est dans ce

» Messieurs, les raisons qui m'ont fait préconiser à mon retour en
» France, une exploration du fleuve du Tong-King. Autant le voyage
» du Mé-Kong avait présenté de difficultés, autant l'ascension du Song-
» Coï me semblait devoir être courte et facile. Si le voyage scienti-
» fique n'a pas été fait, j'ai eu l'immense satisfaction d'apprendre
» qu'un voyage commercial venait de confirmer entièrement mes
» prévisions. Un négociant français, M. Dupuis, qui s'était rendu
» dans le Yun-nan, par le fleuve Bleu, a pu descendre en barque
» le fleuve du Tong-King jusqu'aux environs de Kecho (Hanoï) la
» capitale du pays. Après un court et facile voyage, il est revenu à
» Lin-ngan, ville importante du sud du Yun-nan, qui avait été déjà
» visitée par l'expédition française.... Ainsi, Messieurs, à la dé-
» monstration théorique vient se joindre une éclatante sanction pra-
» tique..... Ce fleuve, M. Dupuis le trouve parfaitement navigable
» jusqu'à très peu de distance des frontières de la Chine..... »
(*Des nouvelles routes de commerce avec la Chine*, par Francis Garnier, p. 158 et 159 du *Bulletin de la Société de Géographie*, février 1872.)

1. C'est là qu'il rencontra, pour la première fois, M. Dupuis, au mois de juin 1868 et qu'il l'encouragea à tenter de passer du Yun-nan à la mer par la voie du Song-Coï. M. Dupuis fit en effet un voyage dans le Yun-nan en 1868-69, puis explora le fleuve Rouge en 1870-71 et en 1872-73.

port que la mission s'embarqua pour Saïgon, où elle revenait après plus de deux ans d'absence. Accompli au prix de souffrances et de dangers inouïs, ce voyage, l'un des plus importants du siècle par l'étendue des pays traversés et par les résultats obtenus, était enfin terminé (1868).

Francis Garnier avait été décoré en 1867, pendant son absence, en récompense de son administration à Cholen. Son voyage en Indo-Chine et la relation qu'il en fit lui valurent les plus hautes distinctions scientifiques : la grande médaille d'or de la Société de géographie de Paris, qu'il obtint de faire partager entre M. de Lagrée et lui, bien qu'il fût dans les usages de la Société de ne récompenser que les vivants; la grande médaille d'or Victoria (*patron's medal*), spécialement accordée par la Société de géographie de Londres, au mois de mai 1870, au jeune explorateur de Taly[1]. Le premier congrès géographique international, réuni à Anvers au

---

1. F. Garnier avait aussi demandé le partage de cette récompense. La Société de Londres refusa de donner suite à cette requête trop désintéressée en alléguant l'intérêt particulier qu'elle attachait à une entreprise dont l'initiative et le succès étaient dus à l'intelligence et à l'énergie du second de M. de Lagrée. C'est en effet Francis Garnier qui, s'appuyant sur le texte des instructions officielles qu'avait reçues la commission de déterminer géographiquement le cours du Mé-Kong par une reconnaissance poussée le plus

mois d'août 1871, en sus des récompenses décernées par le jury spécial, crut devoir voter deux médailles d'honneur hors concours, décernées l'une au docteur Livingstone, l'autre à Francis Garnier. Enfin, en 1872, le gouvernement français, qui n'avait encore, pour des motifs que nous n'avons point à examiner ici, donné aucune récompense à l'éminent voyageur, le nomma officier de la Légion d'honneur.

Dans l'intervalle, et au moment où éclatait la guerre avec la Prusse, il avait été nommé d'abord au commandement d'une canonnière sur le Rhin, puis d'une chaloupe-vedette sur la Seine; enfin, malgré sa jeunesse et l'infériorité relative de son grade, il fut le premier aide de camp et bientôt après le chef d'état-major de M. le contre-amiral Méquet[1], commandant le huitième secteur de l'enceinte de Paris (Montrouge), l'un des plus exposés au bombardement. Il s'y distingua par son énergie, son

---

loin possible », avait insisté pour aller à Taly, avait rédigé et écrit lui-même, sur le registre de la commission, des instructions que M. de Lagrée avait signées d'une main déjà mal assurée. L'initiative et le succès de l'exploration de Taly lui appartenaient donc sans conteste et la savante compagnie que présidait sir Roderick Murchison ne pouvait s'y tromper.

1. Aujourd'hui vice-amiral.

esprit d'organisation, son patriotisme, et, à la suite d'une action d'éclat, lors du bombardement du fort de Vanves, fut proposé par l'amiral pour le grade de capitaine de frégate. Mais une lettre, aussi généreuse qu'imprudente, dans laquelle il protestait contre une capitulation qui livrait « intacts » à l'ennemi nos forts et notre matériel de guerre, fit rayer son nom de la liste des officiers proposés. Les gardes nationaux de son secteur le portèrent candidat à l'Assemblée nationale, et, aux élections du 8 février 1871, il réunit, sans être élu, 27 362 voix. Rentré au dépôt des cartes et plans, établissement scientifique auquel il avait été attaché lors de son retour en France, et d'où les nécessités de la défense l'avaient fait sortir, Francis Garnier se remit avec acharnement à ses travaux géographiques. Ce fut à cette époque qu'il plaida la cause de l'exploration du Tong-King : « C'est surtout à l'heure où il im-
» porte à la France de se créer des ressources nou-
» velles, disait-il, qu'il est opportun d'utiliser celles
» que la voie du Song-Coï offre à notre commerce
» extérieur. » Il traita alors, dans le *Bulletin de la Société de Géographie*, la question des *Nouvelles routes de commerce avec la Chine* (février 1872),

démontrant que la route commerciale courte et facile entre la mer et les provinces de la Chine méridionale, celle qui supprime la voie longue, difficile et coûteuse du fleuve Bleu, la route française par excellence, en un mot, était le fleuve du Tong-King. Pendant que M. Dupuis tentait le passage, Francis Garnier proposa et fit décider qu'une exploration scientifique aurait lieu sous la direction d'un membre de la mission du Mé-Kong [1].

A ce moment il travaillait surtout à la grande publication officielle dont le ministère lui avait confié la direction et dont il était le principal rédacteur.

Cet ouvrage considérable, édité avec un grand luxe par la maison Hachette, comprend plus de 1000 pages in-4°, un atlas et un album très impor-

---

1. « M. Francis Garnier nous a quittés pour entreprendre un voyage en Chine et tenter même de compléter l'œuvre de la commission du Cambodge. Avant de partir il a plaidé devant vous, avec autant de chaleur que d'autorité, la cause d'une exploration du Tong-King. » (*Rapport de* M. Maunoir, secrétaire général de la Société de Géographie, 1872, p. 53.)

Des subventions considérables furent accordées; 6000 francs furent votés par la Société de Géographie, sur la proposition de Francis Garnier; 30 000 francs alloués par le gouvernement de la Cochinchine et 20 000 francs par le ministère de l'instruction publique sur les instantes démarches de Francis Garnier, dont M. Eugène Manuel, alors chef du cabinet de M. J. Simon, était l'ami particulier. Mais les événements qui suivirent firent avorter ce projet et les fonds servirent plus tard à l'exploration des monuments Kmers.

tants;[1] il a valu à son principal auteur une grande médaille de mérite à l'Exposition universelle de Vienne, en 1873[2]. A peine était-il terminé que Francis Garnier, qui venait de poser sa candidature à l'Institut (voy. p. 67 du présent volume, en note) repartait pour la Chine. Il avait annoncé cette nouvelle entreprise géographique dans la préface du *Voyage d'exploration en Indo-Chine*. Comme on le verra dans les premières pages du livre que nous publions aujourd'hui, il se proposait

---

1. L'album a été gravé d'après les dessins de M. Delaporte.
2. Voici en quels termes M. Vivien de Saint-Martin a parlé de cet ouvrage dans le *Bulletin de la Société de Géographie* du mois de mars 1873, p. 296 : « L'œuvre monumentale dont je viens de transcrire le titre est la grande publication de l'année et *l'une des plus importantes de notre temps*. Elle jette un jour tout nouveau sur la géographie, l'histoire, les antiquités et l'ethnographie de l'Indo-Chine orientale, c'est-à-dire sur de vastes contrées qui étaient jusqu'alors au nombre des moins connues de l'Asie. »

La part de Francis Garnier dans cette œuvre est considérable. Le premier volume, qui renferme sur le Cambodge, le Laos et les royaumes du nord de l'Indo-Chine des études qui sont des livres, et l'Atlas des cartes, lui appartiennent presque entièrement. Il a rédigé environ le quart du second volume, traduit en français le texte latin sur chinois de Thomas Kô, et revu les travaux de MM. Joubert et Thorel.

C'est en parcourant cette publication que l'on peut se faire une idée de l'étendue de son esprit, de l'universalité de ses connaissances et de sa puissance de travail.

Il n'est d'ailleurs pas inutile de donner ici, d'après le *Bulletin de la Société de Géographie* du mois de février 1869, p. 109 et suivantes, le résumé du travail géographique qui a consisté à lever avec le plus grand soin tous les itinéraires suivis (en pays non connus), en rectifiant successivement ce levé par la déter-

de pénétrer au Tibet et de résoudre le problème de l'origine des grands fleuves indo-chinois[1]. Un voyage de trois mois dans la Chine centrale (mai-août 1873), celui-là même dont il raconte dans ses lettres les principaux épisodes et dont nous donnons à la fin de ce volume la relation scientifique, lui avait déjà permis de compléter une partie des renseignements recueillis par lui sur

mination astronomique directe des points principaux du parcours. Le chemin total, ainsi relevé pour la première fois, a été de 6720 kilomètres dont : 1180 par Doudart de La Grée; 5060 par Francis Garnier; 450 par M. Delaporte; 30 par M. Joubert.

Le fleuve du Mé-Kong a été sondé sur un développement de 700 kilomètres, dont 580 par Francis Garnier; 58 positions astronomiques nouvelles ont été déterminées, dont 55 par Francis Garnier, etc., etc.

Il faut ajouter que, malgré la part très considérable et manifestement prépondérante, prise par Francis Garnier, soit à l'initiative de l'exploration, soit à l'exploration elle-même, soit à la relation critique des faits observés, soit à la constatation des résultats scientifiques obtenus, il n'en a pas moins voulu reporter à M. de Lagrée l'honneur du succès de l'entreprise. Il l'a fait devant la Société de Géographie de Paris, devant celle de Londres, devant le Congrès international d'Anvers. Enfin il a écrit dans la Préface de la publication officielle ces généreuses paroles :

« C'est à la sagesse et à l'énergie de son chef, M. le capitaine de
» frégate Doudart de Lagrée, que la Commission française d'explo-
» ration a dû de réussir dans la tâche difficile qu'on lui avait
» confiée. Il a payé de sa vie la gloire de cette entreprise : elle lui
» appartient tout entière. »

1. Il était résolu à séjourner le temps nécessaire à Han-Keou et, après la saison des hautes eaux, à entreprendre d'abord l'hydrographie des rapides du fleuve Bleu, entre I-Tchang-fou et Tong-King-fou, puis à rayonner de cette dernière ville sur les hautes vallées qui lui cachaient les sources des fleuves indo-chinois.

cette question pendant son voyage à Taly, lorsqu'une lettre de M. le contre-amiral Dupré, gouverneur de la Cochinchine, reçue à Shang-Haï, le 9 août 1873, l'invita à revenir promptement à Saïgon. L'amiral voulait lui confier une mission dont le but était d'établir la liberté de la navigation sur le Song-Coï, principale artère fluviale du Tong-King. Cette route commerciale, la plus courte de toutes entre la Cochinchine française et l'immense marché de la Chine méridionale, pressentie, démontrée théoriquement, comme nous l'avons déjà dit, lors du voyage en Indo-Chine [1], avait été signalée pour la première fois [2] et recommandée à plusieurs

---

1. « Le fleuve du Tong-King, Song-Coï ou Hoti-Kiang a été rejoint par la Commission française à Yuen-Kiang. Il ne se trouve là qu'à 400 mètres au-dessus du niveau de la mer, et les renseignements recueillis portent à croire qu'il est facilement navigable pour des barques, depuis la mer jusqu'aux frontières du Yun-Nan. » (*Bulletin de la Société de Géographie*, février 1869. *Note sur l'exploration du cours du Cambodge*, par Francis Garnier, p. 106.)

« L'état de révolte des populations contre le gouvernement chinois ayant obligé de se porter vers l'est avant d'atteindre le Yun-Nan, M. de Lagrée mit à profit cette partie du trajet pour faire reconnaître la partie supérieure du fleuve du Tong-King. M. Francis Garnier, détaché de la commission, fut chargé de cette reconnaissance, et il put constater la navigabilité probable du fleuve depuis les frontières de la Chine jusqu'à la mer. Il peut y avoir là une ligne commerciale d'une grande importance, qui mérite une étude spéciale. » (*Bulletin de la Société de Géographie*, mars 1873. Compte rendu du *Voyage en Indo-Chine*, par M. Vivien de Saint-Martin.)

2. Francis Garnier écrivait en effet, dans le paragraphe IV du *Voyage dans la Chine centrale*, paru dans le *Bulletin de la Société*

reprises par Francis Garnier dans la presse scientifique[1]. Il accepta donc avec joie les propositions de M. Dupré, rédigea lui-même ses instructions qui furent approuvées par l'amiral, reçut de celui-ci de pleins pouvoirs, et partit pour Hanoï, le 10 octobre 1873, avec deux canonnières et une escorte peu nombreuse.

On connaît les détails de cette entreprise, dont le plan pacifique fut soudainement renversé par la mauvaise foi, puis par l'attitude hostile du vice-roi Nguyen-tri-fuong, et qui se transforma en une expédition militaire vraiment fabuleuse. On sait comment, après avoir pris Hanoï et quatre autres grandes citadelles, capitales de provinces, après

---

de Géographie, janvier 1874 (voy. à la fin de ce volume, p. 340) : « En résumé l'entreprise hardie de M. Dupuis et mon dernier voyage à Tchong-Kin, me paraissent vérifier, au delà de toute espérance les prévisions que j'émettais le premier, il y a cinq ans, sur les résultats de l'ouverture du Song-Coï au commerce de la Chine méridionale. » Se reporter à la première partie de la note précédente.

1. Il écrivait dans le *Bulletin de la Société de Géographie*, du mois de février 1872, p. 155 :

« La reconnaissance de la vallée du Cambodge a prouvé qu'il est impossible d'espérer que ce grand fleuve puisse jamais servir de route à un commerce important..... Au contraire, le fleuve du Tong-King, qui prend naissance au cœur du Yun-Nan entre les vallées du fleuve Bleu et du Cambodge, est, suivant toute probabilité, beaucoup plus navigable que ce dernier, d'un cours beaucoup plus direct, et il présente, en outre, un immense avantage : l'unité de domination sur ses rives. »

s'être emparé en moins d'un mois de tout le bas Tong-King et y avoir organisé une administration et un gouvernement provisoire, Francis Garnier fut tout à coup enlevé à son œuvre et inopinément massacré le 21 décembre 1873, à la suite d'une sortie faite contre les pirates du Pavillon noir, à une lieue environ des murs d'Hanoï[1].

---

1. L'impression produite en Europe par la nouvelle de cette catastrophe fut considérable.

M. Charles Maunoir, secrétaire général de la Société de Géographie, en rendant compte à l'assemblée générale des événements de l'année, disait :

« Vous avez accueilli sans étonnement, mais avec une profonde reconnaissance, les nombreux et hauts témoignages de l'impression que la nouvelle de la mort de Francis Garnier a provoquée en dehors même de la France. Les événements qui ont mis fin si prématurément à une aussi belle carrière pourront être l'objet d'appréciations diverses, Francis Garnier n'en restera pas moins une brillante et sympathique figure dont la place est à côté de celles qui honorent le plus notre pays. » (*Rapport sur les progrès des sciences géographiques*, année 1874.)

L'amiral de La Roncière, président de la Société de Géographie, à l'ouverture de l'assemblée générale du 25 avril 1874, s'exprimait ainsi :

« La géographie a subi deux grandes pertes et l'année 1873 a vu disparaître à la fois David Livingstone et Francis Garnier. Chacun d'eux, selon sa nationalité, selon son tempérament, selon le but qu'il poursuivait, selon les moyens dont il disposait, avait fait converger vers la géographie toutes les forces de son intelligence, avait apporté à cette vaste science un tribut de travaux qui resteront comme un monument.

« Ces travaux perpétueront la mémoire de ces deux vaillants pionniers, de ces deux natures qui avaient de nombreux points de ressemblance, toutes deux également éprises de renommée, amoureuses de l'inconnu, ardentes aux recherches arides, vouées par

Après la mort du vaillant officier, M. Philastre, inspecteur de la justice indigène, magistrat honnête et érudit, linguiste distingué, mais à qui l'on re-

une vocation irrésistible à l'étude des problèmes de l'intelligence, se consacrant enfin jusqu'à la mort à la patrie et à l'humanité. Dignes émules l'un de l'autre, ils étaient de la race intrépide de ceux, trop peu nombreux chez nous, qui se dévouent à une idée et savent donner sans marchander leur vie pour la faire triompher. »

L'Administration, malgré la réserve à laquelle la condamnait la situation politique, publiait dans le *Journal officiel* du 27 février 1874 l'entrefilet suivant :

« La France perd en M. Francis Garnier un serviteur intelligent, » dévoué, animé du patriotisme le plus ardent, des sentiments les » plus nobles et d'un complet désintéressement. »

Le ministre de la marine (vice-amiral de Dompierre d'Hornoy) écrivait à la même époque au père de l'illustre voyageur : « Sa » mort sera vivement ressentie par le corps de la marine et par » *la France entière, de laquelle le nom de Francis Garnier est connu* » *pour les grands services qu'il a rendus à la science.* »

M. le capitaine de vaisseau Trève, dans la *Revue maritime* du mois d'avril 1874, s'écriait : « Francis Garnier n'est plus ! mais du » moins a-t-il emporté la plus affectueuse et la plus haute estime » de ses chefs.... M. le capitaine de vaisseau de Jonquières » (aujourd'hui vice-amiral), le juge « homme supérieur », M. le » vice-amiral de la Grandière.... le signale comme un officier « du » plus grand avenir ». Enfin M. le contre-amiral Dupré... vient de » rendre un hommage tout particulier à son éclatant patriotisme et » à ses éminentes facultés. Francis Garnier n'est plus ! mais il lègue » de grands et salutaires exemples aux officiers de son arme, dont » il s'était attaché un grand nombre.... par la noblesse de son » âme *qui ne connut jamais l'envie.* »

La presse entière apportait son tribut de condoléances et de regrets douloureux. L'article du *Temps* (11 janvier 1874) dû à la plume de son directeur, M. Hébrard, et suivi d'une lettre de M. Levasseur, de l'Institut, fut alors très remarqué.

« Nous avons la douleur d'apprendre la fin tragique d'un jeune

prochait d'avoir perdu, pendant un long séjour au milieu des Annamites, la mesure exacte des difficultés de la politique et le sentiment des vrais

homme éminent, M. Francis Garnier, lieutenant de vaisseau, qui vient de périr assassiné par les rebelles de Tong-King au cours d'une expédition dont il notait pour nous les incidents dans des lettres charmantes, dont il ne nous reste plus, hélas! qu'à publier les derniers feuillets.

« Depuis le siège, où il avait fait admirablement son devoir et dont il avait raconté, ici même, les péripéties avec un talent si savoureux, une si ferme clairvoyance, une si patriotique chaleur, M. Francis Garnier nous avait honorés de la sympathie la plus délicate et de la collaboration la plus précieuse. Les rédacteurs du *Temps* tiennent à s'associer respectueusement, tous ensemble, au deuil d'une famille qu'un tel coup plonge dans le désespoir et dont la consolation ne pourra se trouver que dans le souvenir des services éclatants que M. Francis Garnier avait déjà rendus à sa patrie.

» Nous recevons, à ce sujet, la lettre suivante de M. Levasseur membre de l'Institut et de la Société de Géographie :

« J'apprends la nouvelle d'une perte très douloureuse que ressentiront vivement les marins et les géographes, et dont la gravité sera comprise par les lecteurs du journal qui ont pu apprécier le talent littéraire et le mérite d'explorateur de celui qui n'est plus. M. Francis Garnier est mort. Le vice-amiral La Roncière Le Noury a donné à la Société de géographie communication d'une dépêche télégraphique adressée au ministre de la marine et annonçant que M. Francis Garnier, lieutenant de vaisseau, avait été assassiné dans le Tong-King le 27 décembre 1873. Par une coïncidence singulière, cette nouvelle inopinée nous est parvenue à la séance dont l'ordre du jour portait la lecture d'un mémoire scientifique récemment envoyé par lui sur son dernier voyage dans la région du Yan-tse-Kiang supérieur.

» Comment a-t-il été assassiné? Par qui? Nous n'avons encore que des renseignements incomplets. M. Garnier était parti, il y a un an environ, dans le but de doter la science de connaissances nouvelles par une exploration du Yun-nan et du Tibet, et d'ouvrir à la France une nouvelle route de commerce. Des difficultés l'avaient quelque temps empêché de mettre à exécution son projet et l'avaient retenu à Shang-Haï : l'infatigable voyageur avait mis ce retard à profit pour remonter le Yang-tse-kiang jusque dans le Yun-nan, et

intérêts de son pays, fut chargé de la direction des affaires, et le Tong-King fut provisoirement évacué. Un traité a été signé depuis (mars 1874),

étudier les ressources que ce grand fleuve offre à la navigation au-dessus de Han-Kéou et même de la région des rapides. Cependant, grâce à la bienveillante protection du gouverneur de la Cochinchine, il croyait toucher au but de ses désirs, et il allait s'aventurer dans le Tong-King pour gagner, en remontant le Song-Coï, la région des plateaux du Yun-Nan, puis du Tibet, lorsque le gouverneur crut devoir utiliser son talent pour une mission difficile.

» Le Tong-King, qui appartient nominalement au royaume d'Annam, est en réalité impunément parcouru et presque occupé par les troupes chinoises. Un ambassadeur annamite était venu à Saïgon et comptait même aller jusqu'en France pour réclamer notre protection. Le gouverneur fit partir Francis Garnier avec cinquante hommes, montés sur le *Scorpion;* arrivé à l'embouchure du Song-Coï, Garnier trouvant la situation plus compliquée qu'on ne l'avait cru d'abord, dut tirer d'un autre bâtiment français, le *Decrès*, une soixantaine d'hommes et, par une vigoureuse attaque, enleva la place dont on lui refusait l'entrée ; c'était le 20 novembre, et ce sont les derniers détails qu'on ait sur son expédition. Dix-sept jours après, dans ce même pays où il venait de se signaler ainsi, il périssait assassiné.

» La perte de cet officier est une de celles qu'on ne répare pas aisément, parce qu'on ne trouve pas toujours l'intrépidité, la science, le patriotisme et la passion des grandes découvertes réunies au même degré dans un même homme. M. Fr. Garnier était déjà lieutenant de vaisseau lorsqu'il fit partie de l'expédition chargée, sous la direction du commandant Doudart de Lagrée, d'explorer le cours du Cambodge. M. de Lagrée mourut en route ; M. Garnier lui succéda dans le commandement de l'expédition, ramena à Shang-Haï les restes de son compagnon, après avoir terminé un des voyages les plus importants qui aient été accomplis en Asie dans le cours du dix-neuvième siècle. Maîtresse des embouchures de ce grand fleuve, la France n'en connaissait pas et aucun Européen n'en connaissait le cours. Le voyage d'exploration en Indo-Chine en a donné pour la première fois au monde savant le tracé exact jusqu'au point où il débouche de la région montagneuse du grand plateau tibétain. De retour en France, M. Garnier a rédigé la relation du voyage et en a dressé les cartes. Cette relation, qui restera comme un des monuments élevés par la marine française à la science

entre le gouvernement français et celui d'Hué. Ce traité, approuvé par l'Assemblée nationale au mois d'août suivant, a consacré, — au moins pour la

géographique, forme deux gros volumes in-folio accompagnés de deux atlas ; l'impression venait d'en être terminée au commencement de l'année 1873 au moment où l'auteur s'embarquait de nouveau pour l'Orient. Ces volumes étaient à Vienne au nombre des objets exposés par le ministère de la marine : le jury, qui les a appréciés à leur juste valeur, a décerné une médaille de progrès à M. Fr. Garnier. L'intrépide voyageur est mort probablement avant d'avoir connu la récompense que lui avait value son travail.

» Il était à Paris pendant le siège, au nombre de ces marins qui ont si bravement fait leur devoir ; il remplissait les fonctions de chef d'état-major auprès d'un de nos commandants de secteur, et il apportait là, comme dans tous les périls de sa vie aventureuse, un courage et un sang-froid que rien n'était capable d'ébranler ; il a raconté lui-même cette partie de sa vie et ses impressions sur les événements, dans un livre intitulé : le *Siège de Paris*, livre dont je ne louerai pas ici la verve et l'inspiration, car c'est dans les colonnes du *Temps* qu'il a d'abord été publié. »

L'Assemblée nationale elle-même se montra très sensible à la perte que venait de faire le pays.

M. Georges Perin disait à la tribune, dans la séance du 4 août 1874 :

« La malheureuse expédition du Tong-King a coûté la vie à l'un de nos plus vaillants marins. Vous avez compris que je fais allusion à celui qui, comme l'a si bien dit l'amiral de La Roncière le Noury dans son rapport sur le ministère de la marine, était l'émule et aurait été le rival de Livingstone, M. le lieutenant de vaisseau Francis Garnier..... Je trouve qu'il est bon, quoi qu'il en soit, que dans une Assemblée française on ne refuse pas un hommage mérité à un homme qui, dans sa trop courte existence, *a rendu d'aussi grands services à la science et à la civilisation et qui a été l'honneur de la marine et de son pays.* » (Très bien ! très bien !) (Assemblée nationale, séance du 4 août 1874. Discours de M. Georges Perin. *Officiel* du 5 août 1874.)

L'amiral Jaurès ajoutait quelques jours plus tard :
« On envoya au Tong-King quelques hommes et un officier dont
» *le nom honore la marine et dont la mort est à jamais regrettable,*

forme, — le principe de la libre navigation du fleuve du Tong-King. Le 4 novembre 1875, les corps de Francis Garnier et de ses compagnons,

» le lieutenant de vaisseau, Francis Garnier. » (Rapport du vice-amiral Jaurès à l'Assemblée nationale. *Journal officiel* du 20 août 1874).

L'amiral Dupré, gouverneur de la Cochinchine, rendant compte de l'expédition du Tong King écrivait au ministre de la marine :
« Dès l'arrivée au Tong-King de la petite expédition, M. Garnier s'est trouvé en présence de marques de défiance d'abord et d'une hostilité sourde ensuite, enfin de mesures apparentes contre lesquelles il a protesté sans succès à plusieurs reprises, et qui ont fini par le mettre dans une situation telle que, pour ne pas être rejeté à l'eau quelques jours plus tard, il s'est vu dans la nécessité de se tirer de danger par un coup d'audace *admirablement conçu et héroïquement exécuté*. Le 21 novembre, il s'est emparé, à la tête d'une centaine d'hommes de la vaste citadelle d'Hanoï, gardée par plusieurs milliers de soldats, de la personne de notre plus mortel ennemi, le vice-roi, grand maréchal, Nguyen-Tri-Phuong, et de deux de ses partisans, les fils de Phan-tan-Gian, qui depuis six ans ont été l'âme de tous les soulèvements de la basse Cochinchine..... Il est juste de faire ressortir l'éminent service qu'il a rendu par la prise de Nguyen-Tri-Phuong, mort le 20 décembre des suites de ses blessures. La déportation ou la mort de cet homme pouvait seule rendre confiance aux partisans de l'alliance française. En s'emparant de sa personne, M. Francis Garnier et ses vaillants compagnons d'armes ont assuré, croyons-nous, le succès de la politique française dans ce pays. On trouvera juste de les en récompenser. L'amiral demande donc instamment que M. le lieutenant de vaisseau Francis Garnier soit nommé capitaine de frégate à la date du 21 novembre, jour de la prise de la citadelle de Hanoï. Cette récompense posthume fera voir que la France sait dignement reconnaître le dévouement de ses fils et aura pour effet d'assurer à la veuve et à l'enfant de M. F. Garnier, la pension due à la veuve d'un capitaine de frégate tué à l'ennemi.
» A ces rares qualités de caractère et d'intelligence, qui l'eussent inévitablement conduit à la célébrité, M. Francis Garnier joignait le désintéressement le plus complet » (*Rapport adressé au ministre de la marine par M. le contre-amiral Dupré, gouverneur de la Cochinchine, janvier 1874.*)

d'abord enterrés dans la citadelle d'Hanoï, furent exhumés et transportés par les soins de notre consul, M. de Kergaradec, dans le cimetière français

Francis Garnier avait déjà été proposé pour le grade de capitaine de frégate à l'époque du siège de Paris. Nous avons dit pourquoi il ne fut pas promu. Après la mort de l'explorateur, le ministre de la marine, arrêté par les règlements, ne crut pas devoir admettre la proposition de récompense posthume présentée par l'amiral Dupré. En Angleterre on n'eût pas hésité

Enfin, la lettre suivante était adressée par M. le contre-amiral Dupré à la veuve de l'héroïque officier:

« Saïgon, le 10 janvier 1874.

» Madame,

» Je viens avec un bien vif chagrin et la plus profonde sympathie, vous confirmer la douloureuse nouvelle qu'a dû vous apporter le télégraphe. M. Garnier a été tué le 21 décembre, dans une sortie qu'il a faite pour repousser une attaque commencée la veille contre la citadelle de Hanoï. Il est tombé victime de son *indomptable courage, de l'ardent patriotisme qui lui avait fait solliciter la périlleuse mission d'ouvrir le Tong-King au commerce et à la civilisation.* La France perd en lui un de ses fils les plus dévoués, qui lui eût fait honneur si le sort l'avait épargné. Ses rares qualités de caractère et d'intelligence l'auraient infailliblement conduit, de la notoriété qui lui était acquise, à une célébrité méritée. En annonçant cette fatale nouvelle au ministre je lui ai instamment demandé de récompenser dignement les éclatants services rendus par M. Garnier. J'espère que ma juste demande sera favorablement accueillie. A défaut de consolation je vous offre, madame, l'hommage de mon respect et de mon dévouement avec l'expression de ma sympathie la plus sincère. Contr.-am. J. DUPRÉ. »

Mais la sympathie qu'inspirait le nom de Francis Garnier provoqua des manifestations encore plus éclatantes de la reconnaissance publique.

Le Conseil municipal de Paris, dans sa séance du 14 mai 1875, émit le vœu que le nom de l'éminent explorateur fût donné à l'une des voies du quatorzième arrondissement comprises dans le huitième secteur, où il avait commandé pendant le siège en qualité de chef d'état-major.

de cette ville. Quelques mois plus tard un navire de guerre rapportait à Saïgon les restes du malheureux conquérant du Tong-King.

Nous avons la ferme espérance que son œuvre ne périra pas avec lui [1]. Des crédits ont été votés par les Chambres françaises, pour assurer la liberté de la navigation et détruire la piraterie sur les

---

Un décret du Président de la République en date du 10 novembre 1877, rendu conformément aux dispositions de l'ordonnance de 1816, relative aux dénominations des voies urbaines qui ont le caractère d'un « hommage public », donna le nom de Francis Garnier à l'avenue qui conduit à la mairie du XIVe arrondissement.

Un autre décret, en date du 3 mai 1880, promulgué à la suite d'une procédure analogue, donna ce nom à l'une des avenues de la commune de Saint-Maur-lès-fossés (Seine), où est située la maison dans laquelle il écrivit la relation de son grand voyage en Indo-Chine.

Enfin le Conseil municipal de Saint-Étienne (Loire) proposa, dans sa séance du 15 avril 1874, d'ouvrir une souscription publique, en vue d'élever un monument au savant explorateur, au conquérant du Tong-King. « Saint-Étienne s'honore, écrivait alors le maire à
» l'auteur de cette notice, d'être la ville natale de Francis Garnier
» et je suis heureux de vous informer des dispositions qui ont été
» déjà prises par l'administration pour élever un monument à sa
» mémoire. »
Le ministre de la marine, consulté par son collègue de l'intérieur sur le point de savoir s'il était opportun d'autoriser cette souscription, crut devoir émettre un avis défavorable en alléguant les difficultés que présentait, à cette époque, la politique coloniale. Mais Saint-Étienne, qui a vu naître Jules Janin, Dorian et Francis Garnier, a trop le culte des grandes intelligences dont il a été le berceau pour ne pas, tôt ou tard, donner suite à ce généreux projet.

1. La récente expédition de M. le commandant Rivière, qui a été suivie d'une nouvelle occupation d'Hanoï, semble indiquer que l'on songe enfin à s'établir solidement au Tong-King.

côtes de l'Annam, où le trafic européen, protégé par notre pavillon, prendra bientôt la route commerciale qui conduit le plus directement des mers de Chine au cœur du Céleste Empire.

« Pour résumer une telle vie, il suffit de dire que
» Francis Garnier était de la race des grands voya-
» geurs[1]. Il avait la science de l'observateur astro-
» nome et le coup d'œil de l'ingénieur; il avait
» acquis déjà, à un haut degré, le savoir de l'ethno-
» logue et du linguiste; il était dès lors admira-
» blement préparé aux glorieuses entreprises scien-
» tifiques qu'il rêvait[2].

» On trouve bien rarement l'intrépidité, la
» science, le patriotisme et l'amour des grandes
» découvertes, réunis à un tel degré dans un
» même homme et dans un homme aussi jeune[3].
» Il est mort trop tôt pour sa renommée grandis-
» sante qui allait devenir l'honneur de son pays[4]. »

Francis Garnier a publié : *La Cochinchine française en* 1864 (1864, broch. in-8°); *De la colonisa-*

---

[1]. Appréciation de M. André Daniel, *Année politique*, 1874, p. 126 en note.

[2]. Appréciation de M. Vivien Saint-Martin, dans le *Tour du Monde*, 1874, p. 423.

[3]. Appréciation de M. Levasseur, dans le *Temps* du 11 janvier 1874.

[4]. Appréciation de M. Maurice Cristal, dans *l'Encyclopédie du dix-neuvième siècle*.

tion de la Cochinchine (1865, broch. in-8°); *Voyage en Indo-Chine* (1868, broch. in-8° avec carte); *Taly, épisode du voyage d'exploration en Indo-Chine* (1869, broch. in-8°); *Voyage de Gérard van Wusthof au Laos*, traduit du hollandais par M. Vœlkel (1871, broch. in-8° avec carte); *Le Siège de Paris, Journal d'un officier de marine, attaché au *** secteur* (1872, in-12); *Les routes commerciales de la Chine* (1872, broch. in-8° avec carte); *Commentaire sur la Chronique royale du Cambodge*, d'après la traduction de M. de Lagrée et de ses interprètes (1873, Imprimerie Nationale, in-8° avec carte ethnographique); *Voyage d'exploration en Indo-Chine*, 22 livraisons du *Tour du Monde* (pendant les années 1870 et 1871); *Voyage d'exploration en Indo-Chine* (publication officielle, 1873, 2 forts volumes in-4°, 1 atlas et 1 album in-folio) avec un Errata posthume (1875); cet important ouvrage a été publié avec la collaboration de MM. Delaporte, Joubert et Thorel; *Voyage dans la Chine centrale* (1874, broch. in-8°, posthume, avec carte itinéraire); *De Paris au Tibet* (1882, in-18, posthume, avec carte itinéraire). Il a donné en outre, à la presse périodique un grand nombre d'articles sur l'économie politique, la géographie et l'histoire de l'Asie. Il faut citer notamment sa collaboration au *Journal Asiatique*, au *Bulletin de la Société de géographie*, à la *Revue maritime*, au *Journal militaire*, à la *Revue scientifique* et au journal *le Temps*.

Léon GARNIER

1ᵉʳ juillet 1882.

INTRODUCTION

Le récit qui va suivre a paru en feuilleton dans le journal *le Temps*, du 30 juillet 1873 au 13 mars 1874, sous ce simple titre : DE PARIS AU TIBET, *notes de voyage*. Il était précédé des indications géographiques et de la lettre suivante :

« Avant de commencer la publication de la première partie des curieuses notes géographiques dont nous venons d'écrire le titre, nous croyons devoir à nos lecteurs quelques renseignements préliminaires sur leur auteur et ses projets. Le *Temps* du 1ᵉʳ janvier 1873 a donné l'analyse d'un grand ouvrage, publié sous les auspices du ministre de la marine, et renfermant la relation du *Voyage d'exploration en Indo-Chine*, effectué par une commission française en 1866-67 et 1868[1]. Notre ami et collaborateur, M. le lieutenant de vaisseau Francis Garnier, devenu le chef de la mission après la mort de M. le capitaine de frégate Doudart de Lagrée, avait à peine achevé cette publication considérable, dont il était à la fois le directeur et le principal rédacteur, qu'il est reparti pour la Chine avec le dessein de pénétrer au Tibet et de tenter de résoudre la question, indécise jusqu'à ce jour, de l'origine des grands fleuves qui arrosent l'Inde, la Chine et l'Indo-Chine.

» La préface du *Voyage en Indo-Chine*, écrite en mer le 3 octobre dernier, se terminait ainsi : « On » s'étonnera peut-être de ne pas trouver traitées » ou tout au moins indiquées dans cet ouvrage, » certaines questions de géographie sur lesquelles » notre itinéraire devait appeler mon attention. » C'est volontairement que j'ai omis de mentionner » les renseignements que j'ai recueillis sur la » partie tibétaine du cours de quelques-uns des » grands fleuves de l'Inde et de la Chine. Ces ren-

[1]. Hachette et Cⁱᵉ. Deux forts volumes in-4° et un atlas et un album in-folio.

» seignements ne jetaient aucune lumière sur le
» problème peut-être le plus important et à coup
» sûr le plus obscur de la géographie de l'Asie. Je
» vais essayer, avant de les produire, de les com-
» pléter sur les lieux mêmes. »

» On sait quel est l'état actuel de la question.

» L'immense plateau du Tibet, auquel l'énorme massif de l'Himalaya sert de contrefort méridional, forme, au centre de l'Asie, comme une immense terrasse, dont les bords sont dessinés sans interruption, au nord, à l'ouest et au sud, par de hautes chaînes de montagnes, mais qui va en s'abaissant vers l'est et déverse de ce côté la plus grande partie de ses eaux. L'Amour est un fleuve sibérien, mais le Peï-ho et le Hang-ho viennent du Tibet oriental. C'est surtout par l'angle sud-est que s'échappent la plupart des fleuves que le plateau alimente. Là, dans un espace de moins de soixante lieues, le Brahmapoutre, l'Iraouady, la Salouen, le Cambodge ou Mé-Kong, le Yang-tse-Kiang, réussissent à se frayer un passage et tracent de profonds sillons dans le soulèvement colossal qui les avait jusque-là contenus.

» L'un de ces fleuves, le Yaro-tzang-bo, né non loin des sources de l'Indus, est à peu près connu jusqu'à la ville sainte de Lassa, capitale du Tibet, c'est-à-dire, sur un cours d'environ 1000 kilomètres[1]. Plus loin, les géographes en sont réduits aux conjectures.

» Ce puissant fleuve tourne-t-il immédiatement au sud pour devenir le Brahmapoutre et se jeter au fond du golfe du Bengale? Continue-t-il, au contraire, sa course vers l'est, et, contournant les montagnes du Khamti, au nord du Barmah, revient-il confondre ses eaux avec celles de l'Iraouady? La critique géographique hésite encore et n'ose répondre avec précision.

» Les documents chinois utilisés par les Jésuites, à l'opinion desquels s'est rangé notre illustre d'Anville, font du Yaro-tzang-bo la tête de l'Iraouady. A cette opinion se sont aussi ralliés Dalrymple, Klap-

---

1. En 1872-73, un pandit indien exercé par M. le capitaine Montgomerie à l'usage des instruments d'observation, a relevé le Yaro-tzang-bo jusqu'à Lassa.

roth, qui pour la soutenir reporta le coude du fleuve d'un degré et demi plus à l'est que ne l'avait fait d'Anville, et plus récemment l'abbé Desgodins, l'un des trop rares missionnaires qui s'occupent de recherches scientifiques et avec lequel M. Francis Garnier est en correspondance depuis trois ans.

» L'hypothèse contraire, celle qui veut que le Yaro-tzang-bo aboutisse au Brahmapoutre, a été soutenue par deux savants orientalistes : M. le colonel Yule, du corps des ingénieurs anglais, et M. Vivien de Saint-Martin. D'après eux le Yaro-tzang-bo, le Djaïhong dans l'Assam et le Brahmapoutre, ne sont qu'un seul et même fleuve.

» Cette question a soulevé, dès 1820, des polémiques passionnées entre les savants anglais et les savants français. Elle semble « théoriquement » résolue en faveur de la dernière hypothèse. Toutefois la preuve directe, celle qui résulte d'une constatation *de visu* fait encore défaut et l'explorateur qui réussira à l'établir rendra à la science un service de premier ordre.

» C'est à la solution de ce problème qui est, comme nous le disions tout à l'heure, celui même de l'origine des grands fleuves asiatiques, que veut se vouer M. Francis Garnier. La détermination du cours du Yaro-tzang-bo ne sera pas le seul but des recherches de l'éminent et hardi voyageur. Le plateau du Tibet renferme le nœud géographique du problème originel des grands fleuves de l'Asie : il est difficile d'étudier l'un de ces immenses cours d'eau sans s'occuper des autres.

» D'ailleurs l'ethnographie, la philologie, l'anthropologie, ont à recueillir au pied de l'Himalaya oriental au moins autant de richesses qu'elles en ont su découvrir sur les versants du Caucase, et les intérêts du commerce non moins que l'histoire de l'humanité, ont tout à gagner à une pareille entreprise.

» La lettre qui suit[1] achèvera d'éclairer nos lecteurs sur la pensée d'un voyageur déjà célèbre, dont nous sommes heureux d'être les

---

1. Lettre adressée à M. Adrien Hébrard, aujourd'hui sénateur.

premiers à recevoir et à reproduire les communications. »

Au directeur-gérant du « Temps »

Shanghaï, 6 février 1873.

Mon cher ami,

Vous m'avez fait promettre, au moment de mon départ de France, de vous adresser quelques notes de voyage. Peut-être ne vous parviendront-elles qu'à de longs et irréguliers intervalles; leur conclusion se fera sans doute beaucoup attendre; qui sait même si je n'écris pas ici les premiers chapitres d'un récit qui restera inachevé. Quoi qu'il en soit, je vais essayer au jour le jour, et au hasard de mes impressions, de conduire vos lecteurs dans ce monde oriental dont nous avons tenu jadis les destinées entre nos mains et où il dépend de nous de reprendre, Dieu aidant, une situation digne de la France.

Votre bien dévoué,

FRANCIS GARNIER.

DE PARIS AU TIBET

NOTES DE VOYAGE

I

DE PARIS A SHANG-HAI

I

OCTOBRE-NOVEMBRE 1872

La mer. — L'isolement. — Puissance de l'homme. — Merveilles du canal de Suez. — Insuffisance de certains travaux. — La mer Rouge. — Crimes de lèse-humanité. — Aden et ses citernes. — Importance du transit sur ce point. — L'Océan indien. — Pointe de Galles. — Ceylan. — Dupleix, véritable fondateur de l'empire anglais des Indes. — Ignorance des Français contemporains en matière de colonisation. — Singapour.

En mer, 3 octobre 1872.

Quel grand silence se fait soudain dans l'esprit, quand on passe brusquement de la vie agitée de Paris à la calme et monotone existence d'un navire. La fièvre de la pensée s'apaise, les discussions politiques s'oublient, les mille fils qui tiraillaient le cerveau dans tous les sens se détendent un à un, la préoccupation de l'avenir même prend un autre caractère; d'acteur obscur et passionné que l'on était dans ce grand tournoi de l'existence parisienne, on devient contemplateur et fataliste.

Ce n'est pourtant pas sans regrets que l'on se résigne à ce rôle passif. Que de souvenirs vous assiègent! Que de colères subites vous montent au cerveau! Que d'œuvres commencées auxquelles on voudrait encore prêter son concours! Que d'amis dont on cherche la main absente! Mais la terre a disparu à l'horizon; les flots bleus vous environnent, immense solitude! Les jours se succèdent sans apporter leur contingent habituel de lettres, de visites, de nouvelles. L'esprit se replie sur lui-même, rêve ou s'endort.

Les premiers relâches ne modifient que peu cette première sensation d'isolement et d'impuissance. L'arrivée du navire qui vous porte produit partout un mouvement de curiosité et de plaisir que vous ne pouvez partager. Du pays que vous quittez, vous donnez éternellement les mêmes nouvelles, vieilles pour vous depuis le départ. Vous ne retrouvez rien ou presque rien en échange. Quand on tremble sans cesse pour les destinées de sa patrie, comment s'intéresser à ce qui se passe ailleurs?

Les côtes d'Italie ont fui derrière nous; les montagnes de Candie n'ont fait qu'apparaître dans un brumeux horizon; les terres basses et noyées du delta du Nil se dessinent à l'avant du navire. Nous stoppons quelques heures à Port-Saïd, puis nous nous engageons dans le canal qui réunit à la Méditerranée les mers de l'Afrique et de l'Inde. Deux fois la nuit vient, et nous retient immobiles entre deux berges de gravier. Si le poète ne trouve pas sans charme ces heures silencieuses passées au milieu de l'isthme, s'il se complaît dans le sentiment d'étonnement que fait naître la vue de cette haute mâture surgissant du sein d'une mer de sable, de ces caravanes de chameaux, mélancoliquement accroupies à quelque distance et qui, il y a quelques jours à peine, se vantaient d'être les seuls « navires du désert », l'homme d'action reste surpris de tant de lenteur dans un siècle où le temps est si cher. Les bords du canal sont balisés dans les endroits difficiles par des bouées disposées pour être éclairées la nuit. Pourquoi ne pas s'en servir? Pourquoi ne pas s'efforcer de prouver que la traversée du canal est, de tous les moyens de franchir l'isthme, le plus prompt et le plus facile? Pourquoi ne pas faire, dès à présent, ce que l'on sera obligé de faire quand un plus grand nombre de navires prendront cette voie et qu'on ne pourra plus, sans graves inconvénients, laisser un paquebot en interrompre la circulation pendant quarante heures? L'administration du canal porte-t-elle la peine de son origine? A-t-elle sa part de la force d'inertie et du formalisme exagéré qui caractérisent les administrations françaises ?

Nous voici dans la mer Rouge. Jadis, un peuple entier la passa à pied sec; de nos jours, de hardis marins, montés sur d'excellents navires, s'y noient fréquemment. Le gouvernement égyptien a compris de quel intérêt il était pour lui de diminuer les dangers de cette navigation, et il a fait construire des phares dans les passages les plus difficiles. Mais les écueils ne sont pas, en mer, les seuls périls à éviter. Les steamers se rencontrent souvent dans les endroits les plus resserrés de cette mer étroite. Une nuit noire, des signaux mal compris, un faux coup de barre, peuvent occasionner une collision fatale et faire en un instant plus de victimes que le plus malheureux des naufrages. Dans le détroit de Jubal, un vapeur, courant en sens inverse, manœuvre de façon à nous aborder, et nous n'échappons à un désastre que grâce à notre vitesse et au sang-froid de notre capitaine. Ce n'est pas faire un jugement trop téméraire que de supposer que ce navire maladroit est anglais ou américain.

Le timonier sommeillait ou l'officier de quart était gris. Un bâtiment à voiles, qui se fût trouvé à notre place, eût été coupé en deux, bien heureux encore si l'abordeur avait daigné s'arrêter pour recueillir les victimes qu'il aurait faites. Aux yeux de certains marins le temps est plus précieux que

Port-Saïd. — Vue générale.

la vie des hommes, et leur indifférence pour leurs semblables n'a d'égale que leur âpreté au gain. On me raconte qu'un vapeur anglais a vendu à l'*Alphée*, paquebot des Messageries maritimes, qui, faute de combustible, se trouvait arrêté en mer à une journée environ de Suez, cinquante tonneaux de charbon au prix de MILLE francs la tonne! Certes, voilà des gens pratiques et qui savent profiter des circonstances. Si l'*Alphée* n'eût pas appartenu à une riche compagnie, offrant toute la solvabilité désirable, il eût fallu livrer tous les objets précieux, toutes les valeurs du bord, avant d'obtenir un kilogramme de houille, et, s'il ne se fût rien trouvé qui assurât au vendeur un bénéfice « honnête », le navire en perdition eût été sans doute abandonné à lui-même. Ces crimes de lèse-humanité, ces honteuses spéculations sont moins rares qu'on ne le pense. L'indignation publique reste sans action sur leurs auteurs. Il est vivement à désirer que des lois internationales viennent les atteindre. L'impunité de l'assassinat et du vol sur mer est une honte pour la civilisation du dix-neuvième siècle.

Aden.

Le Français qui s'expatrie pour la première fois, séduit par les récits enchanteurs qu'on lui a faits sur les pays de l'Orient, sur ces régions « que caresse le soleil », doit se préparer, au début de son voyage, à la plus amère déception, s'il suit l'itinéraire des paquebots de l'Indo-Chine. Les premières villes qu'il visitera, Port-Saïd, Suez, Aden, lui feront éprouver une sensation toujours croissante de désappointement. Il ne trouvera à Port-Saïd que des hangars construits sur le sable, au milieu desquels de rares maisons européennes ne rappellent en rien les merveilles si vantées de l'architecture égyptienne. Seuls, de rares bananiers languissant dans les cours des hôtels attestent que l'on a changé de climat. A Suez, les bananiers ont disparu; partout le sable règne en despote; les maisons grises et sans toits s'éparpillent au milieu d'une plaine aride où l'œil les prend de loin pour des buttes de terre; on s'éloigne avec plaisir de cette triste ville qui, sous un ciel ardent, semble frissonner d'ennui. Enfin, le rocher de Périm montre à l'horizon les couleurs anglaises. La terre apparaît de nouveau, toujours stérile et désolée. Les falaises de rochers remplacent les dunes de sable et leurs pentes abruptes se dressent en festons bizarrement déchiquetés. Rien de plus dur, de plus heurté que le paysage qu'offre l'entrée de la rade d'Aden; partout des surfaces noires, blanches, jaunes, crevassées à la chaleur d'un soleil éternel; pas une teinte douce, pas un brin de verdure ne vient reposer le regard. L'ensemble est horrible; certains

Aden. — Pointe du Steamer.

détails ne manquent pas de grandeur. Une route, construite en corniche sur les bords de la mer, réunit l'établissement européen à la ville arabe.

Celle-ci s'élève au milieu d'une petite plaine qu'entoure une haute ceinture de rochers. La route s'élève en zigzags jusqu'à leur cime et la franchit sous une arcade naturelle du milieu de laquelle on aperçoit à ses pieds les terrasses et les minarets d'Aden. A l'extrémité opposée de la plaine, les Anglais ont terminé un travail gigantesque, commencé, dit-on, par les Romains, et destiné à approvisionner d'eau cette presqu'île aride. D'immenses bassins ont été creusés à grands frais dans le roc et s'étagent dans les anfractuosités des collines de pierre au pied desquelles ils sont établis. Les parois mêmes du rocher ont été cimentées avec soin, de façon à recueillir les eaux de pluie. Une surface immense a été ainsi rendue imperméable et tout a été admirablement calculé pour qu'une seule goutte d'eau ne puisse être perdue. Grâce à cet ensemble de dispositions savantes, une averse de quelques heures suffirait à étancher pendant six mois la soif des habitants d'Aden. Mais, depuis dix ans que les travaux sont terminés, l'averse n'est point venue, les bassins restent vides. Une inscription indique au-dessus de chacun d'eux la quantité d'eau qu'il pourrait contenir, si le ciel se montrait plus clément; des pompes descendent jusqu'au fond des réservoirs sans rencontrer le précieux liquide et s'usent dans une éternelle inaction.

Des rampes, des escaliers, des arches, hardiment jetés d'un bassin à l'autre, permettent de visiter dans tous leurs détails ces curieux travaux. La divinité à laquelle ces lieux sont consacrés n'en est pas complètement absente. Une douzaine d'Arabes sont constamment employés à puiser l'eau d'un puits très ancien et très profond qui se trouve au milieu de l'un des réservoirs. Cette eau se rend par une rigole dans une piscine voisine et sert à arroser les plantations récemment faites autour des bassins.

Les « citernes d'Aden » sont le but favori de promenade des habitants et des touristes. L'imagination aime à se les représenter un jour d'orage : une pluie diluvienne tombe à flots pressés ; l'eau ruisselle en cascades le long des rochers et, de chute en chute, va s'engouffrer dans les retraites souterraines creusées pour la recevoir ; une fraîcheur subite succède à l'étouffante réverbération des parois blanchies, sur lesquelles un soleil tropical dardait ses rayons ; la fertilité renaît au sein de la plaine, où des canaux de pierre distribuent partout les eaux débordant des réservoirs enfin remplis ; les palmiers chétifs redressent leurs rameaux inclinés ; un frisson de soulagement et de plaisir semble dérider ce morne paysage.... Ce rêve deviendra-t-il jamais une réalité? Jusqu'à présent le ciel s'est complu à déjouer les plus ingénieux efforts et les plus justes espérances. On reste frappé à la fois d'admiration et de découragement en contemplant ce monument de l'industrie de l'homme et de l'opiniâtreté de la nature.

Aden n'a aucune importance comme possession territoriale, et le commerce local est insignifiant. Ce point a été occupé par l'Angleterre, au moment de l'organisation des premiers services à vapeur entre l'Europe et l'Inde, et transformé en dépôt de charbon. Il a été mis à l'abri des incursions des tribus arabes de l'intérieur par de formidables travaux de défense. Le développement considérable auquel est appelé le transit à vapeur par la mer Rouge, depuis le percement de l'isthme, fait d'Aden une escale précieuse. Le commerce de toute l'Europe bénéficie aujourd'hui de la prévoyance de l'Angleterre. Si l'on doit lui être reconnaissant des efforts et des dépenses qu'elle a faits pour faciliter la navigation et assurer le ravitaillement des bâtiments qui se rendent dans l'Inde, on ne saurait envisager du même œil la prise de possession et la fortification du rocher de Périm. Ce sont là des atteintes au droit international, et à la neutralité, si hautement proclamée, du canal de Suez. La diplomatie du second empire a déserté les traditions de la politique française, en ne faisant pas respecter, en cette occasion, le principe de la liberté des mers : elle a d'ailleurs toujours trop sacrifié à une alliance qui ne lui a rapporté que des déceptions. Si cette alliance avait été pratiquée, de part et d'autre, d'une façon plus virile et moins égoïste, les deux plus grandes nations de l'Occident, celles qui, malgré leurs défaillances, marchent encore à la tête de la civilisation moderne, ne se trouveraient pas presque annulées aujourd'hui dans le concert européen et n'auraient pas compromis les plus chers intérêts de l'avenir.

Pointe-de-Galles.

Le continent africain a disparu derrière nous; pour la première fois depuis notre départ, une semaine entière vient de s'écouler entre le ciel et l'eau. Une nouvelle terre est signalée; nous en longeons les rivages; à peu de distance de nous, les vagues se transforment en longs rouleaux d'écume qui montent et se retirent en grondant sur des plages au sable d'or. Une luxuriante ceinture de cocotiers borde la côte et balance nonchalamment au souffle de la brise ses verdoyantes cimes. La végétation tropicale déploie, à nos yeux charmés, ses merveilleuses richesses, ses paysages ruisselants de lumière. Voici Ceylan, l'île enchan-

Ceylan. — Groupe de palmiers.

teresse qui cache dans les nues les sommets de ses montagnes, comme pour rappeler qu'elle fut le théâtre des exploits des dieux de l'Inde et qu'elle est encore aujourd'hui le foyer sacré du bouddhisme. Ici tout est nouveau et séduisant pour le voyageur : la nature, la religion, la civilisation, l'histoire. Pour tout comprendre, il faut tout oublier. C'est comme une métempsycose : les yeux s'ouvrent à des beautés ignorées jusque-là, l'esprit change de sphère et s'éveille à d'autres vérités. On se reporte à ces temps reculés, où Ceylan, l'antique Taprobane, était la limite du monde connu et le siège de florissants empires. Le culte de Bouddha y trouvait un asile contre les persécutions des brahmanes. On évoque le souvenir de cette innovation religieuse, au souffle de laquelle l'architecture se transformait et jonchait le sol de l'île d'impérissables monuments. On admire les travaux de ces prêtres studieux, qui, les premiers, ont dégagé la chronologie de l'Inde des fables monstrueuses où se complaisait une théocratie jalouse. Les annales qu'ils ont rédigées sont les seuls titres historiques de cette race hindoue dont l'esprit, dédaigneux de la réalité, s'est toujours égaré dans les vaines abstractions, dont l'imagination a toujours vécu dans un monde de chimères.

Prospérité passée, civilisation presque éteinte!

Les campagnes autrefois si populeuses de la verdoyante Lanka sont aujourd'hui en friche et une épaisse forêt cache les ruines de la glorieuse Anouradhapourra, cette ancienne Rome du bouddhisme. L'invasion européenne a achevé l'œuvre de destruction qu'avaient commencée les guerres intestines et les discordes fratricides. Dès les premières années du seizième siècle, les Portugais arrivent à Ceylan et l'exploitation de l'île, sa conversion à une foi nouvelle, sont âprement poursuivies par des marchands avares et des prêtres fanatiques. Les Hollandais chassent les descendants de Vasco de Gama et d'Albuquerque, sans améliorer le sort des indigènes. A leur tour, les Français s'emparent un instant de Trincomaly, le meilleur mouillage de l'île, puis vont fonder sur la côte voisine la ville de Pondichéry.

Grâce au génie d'un Dupleix, ils peuvent rêver pendant quelque temps la suprématie de toute cette vaste et riche péninsule. Mais une nation plus persévérante et plus heureuse recueille ce qu'ils ont semé; l'Angleterre a enfin réussi à fonder, du cap Comorin à l'Himalaya, un florissant empire de deux cents millions d'hommes [1]. Instruite par de dures leçons et une coûteuse expérience, elle a sérieusement entrepris de réconcilier la branche

---

1. Recensement de 1872.

aînée de notre race avec ses cadets européens. Les préoccupations purement mercantiles ont fait place à des spéculations d'un ordre plus élevé. A la conquête matérielle a succédé la conquête morale, marchant le flambeau de la science à la main, s'attachant à détruire les préjugés, à dissiper les malentendus, conviant les vaincus à jouir de tous les avantages d'une généreuse civilisation. On ne peut s'empêcher d'admirer le magnifique ensemble de recherches et de travaux qui ont éclairé les efforts de la colonisation anglaise. Des conquêtes ainsi justifiées sont un bienfait pour ceux qui les subissent, pour l'humanité tout entière. Ce sont les seules dont notre siècle devrait être témoin.

Ce n'est pas sans étonnement que l'on constate la méfiance jalouse qui a survécu chez les Anglais à la chute de notre empire colonial. On ignore profondément en France notre passé maritime, mais son souvenir est toujours vivant au cœur de nos heureux rivaux. Ils souffrent avec peine que le pavillon français flotte encore sur quelques points de la péninsule hindoue. En 1814, ils nous ont proposé de nous restituer l'Ile-de-France, aujourd'hui Maurice, en échange de nos établissements de l'Inde. Nous pouvions conserver une magnifique colonie et un point stratégique d'une haute importance ; nous ne l'avons pas voulu. « On ne saurait assez admirer, a dit ironiquement Chateaubriand, qu'il se soit trouvé un ministre d'Angleterre pour proposer un tel marché et un ministre de France pour le refuser. » Les quelques comptoirs que nous avons gardés sur les côtes de Malabar et de Coromandel ne sauraient équivaloir, en effet, à la possession d'une île dont la population est toute française, dont le commerce est considérable, et qui offre aux escadres, en cas de guerre, une base d'opération, un point de ravitaillement et de refuge qui nous manque aujourd'hui dans la mer des Indes.

Mais, si notre refus ne s'explique que par un mouvement d'orgueil national, la proposition anglaise se justifie par des considérations politiques d'une valeur réelle. En voyant la vieille ennemie de l'Angleterre conserver, quoique vaincue, une partie de ses possessions dans l'Inde, les populations, impatientes du joug, n'allaient-elles pas douter de sa défaite et espérer trouver chez elle un appui, un encouragement à leurs tentatives d'émancipation? Dans des contrées où les haines de peuple à peuple survivent aux événements qui les ont fait naître ou aux intérêts qui les ont attisées, on ne peut croire à une paix sincère, à une réconciliation durable. Le vainqueur ne connaît pas de limites à ses exigences; le ressentiment du vaincu s'accroît de toute son humiliation. Après la défaite définitive de la France dans sa longue lutte contre la prépondérance maritime de l'Angleterre, il y eut comme une détente, comme un affaissement général chez tous les peuples qui avaient espéré se servir d'elle pour lutter contre leurs dominateurs. Il importait à l'Angleterre de fortifier cette impression en ne laissant rien subsister qui pût rappeler le souvenir de sa rivale.

Si, après 1814, elle ne nous a jamais renouvelé l'offre d'échanger Maurice contre Pondichéry, elle nous a proposé à plusieurs reprises l'achat de nos possessions indiennes. Elle n'a rien négligé pour faire croire à ses sujets asiatiques que la France était vis-à-vis d'elle dans une situation dépendante. J'ai lu des fragments de journaux hindous, publiés pendant la guerre de Crimée, dans lesquels on faisait de l'armée française à Sébastopol, une armée mercenaire requise par la reine Victoria, et de l'empereur Napoléon III, un vice-roi anglais résidant à Paris. Aussi, les premiers transports français chargés de troupes, qui, pendant les expéditions de Chine et de Cochinchine, se sont arrêtés à Pointe-de-Galles, l'établissement des services des Messageries maritimes entre Calcutta et Marseille, n'ont pas été sans réveiller les susceptibilités des autorités anglaises des points de relâche. Ces faits venaient démentir les fictions si soigneusement entretenues dans l'esprit des indigènes et nécessitaient des explications embarrassantes.

Cette préoccupation des Anglais à notre égard paraît surannée aujourd'hui ; on la trouvera peut-être moins puérile, si l'on se souvient qu'il y a moins de vingt-cinq ans, les habitants de Ceylan luttaient encore pour leur indépendance et qu'il y a quinze ans à peine, une révolte terrible remettait en question la possession même de la péninsule et forçait l'Angleterre à réformer de fond en comble son système d'administration. Dans tous les cas, elle a rendu les Anglais jaloux de justifier leur conquête et de nous dépasser en toutes choses. De notre côté, nous ne devons pas dédaigner des souvenirs qui sont pour nous des gages d'espérance. Ce que nous avons été jadis dans l'Inde, nous pouvons le redevenir sur un théâtre voisin. Vis-à-vis des Orientaux aucune cause d'influence n'est à négliger. Nos derniers désastres n'ont pas été sans retentissement dans ces régions lointaines. On les a vivement exploités contre nous. Aussi, est-ce avec un désappointement mal dissimulé que l'on a vu les Messageries maritimes reprendre après la guerre leur service bi-mensuel. Il faut nous efforcer de rendre son ancien prestige à notre pavillon, qu'on s'était attendu à voir disparaître.

Malheureusement, nous vivons en France dans

une ignorance absolue des agissements maritimes et coloniaux ; nous n'avons pas ce sentiment d'émulation, nous ne ressentons pas ces susceptibilités fécondes que développent un long séjour dans les pays étrangers et le contact incessant de nations rivales. Que de fois nos agents compromettent la dignité du pays par leur inexpérience ! Que de comparaisons fâcheuses, que de situations délicates ne pourraient-ils pas sauver avec plus de tact, plus de connaissances, une conscience plus nette de ce que nous avons été et de ce que nous devons être ! A ce point de vue, quoiqu'on puisse reprocher bien des choses à notre puissante Compagnie des Messageries maritimes, on ne saurait regretter la subvention qui lui est accordée. Ses navires, admirablement construits et admirablement commandés, ont beaucoup fait pour relever dans ces mers le nom de la France ; ils ont montré son drapeau avec honneur, ils préparent la résurrection de son commerce.

Pointe-de-Galles est un fort mauvais mouillage, où plusieurs navires de la Compagnie péninsulaire et orientale, ligne anglaise qui dessert le même itinéraire que les Messageries maritimes, ont déjà fait naufrage. Les désavantages que présente ce port compensent et au delà les quelques heures de traversée de plus qu'il faudrait faire pour atteindre celui de Trincomaly, qui est excellent.

Mais l'adage anglo-américain : *times is money*, a prévalu jusqu'ici. On parle de rendre le détroit de Palk accessible à la navigation et de créer un port sur la côte occidentale de l'île.

Ce serait là un beau et utile travail, digne de l'administration anglaise et de notre puissante civilisation moderne.

Singapour.

Voici encore une de ces colonies que les Anglais ont si habilement semées sur les principales avenues du commerce du globe. Elle est le point de relâche presque obligé de tous les navires qui se rendent en Chine et le point d'aboutissement de toutes les routes maritimes qui sillonnent le grand archipel d'Asie. Avant peu, sans doute, un service régulier de navires à vapeur reliera Singapour à l'Australie et complétera le réseau de communications rapides dont il est le centre.

Nous touchons ici à la limite de cette immense étendue de côtes qui, depuis la sortie du golfe Persique jusqu'à l'entrée des mers de Chine, c'est-à-dire sur le développement de huit mille kilomètres, voit flotter sans interruption le pavillon britannique. On a sans doute raison de dire que l'Angleterre est puissance asiatique plus encore que puissance européenne. Elle partage avec la Russie ce double caractère, mais celle-ci progresse dans le

Singapour. — La rade.

nord de l'Asie avec plus de rapidité encore que l'Angleterre dans le sud. Le jour où les deux colosses se rencontreront à main armée dans l'Asie centrale approche avec une rapidité effrayante [1].

Nous passons trois jours à Singapour, à attendre l'arrivée de la correspondance de Batavia. Toute l'avance déjà gagnée par notre paquebot sur le temps réglementaire de son voyage, se trouve reperdue par ce retard. Il paraîtrait facile de l'éviter, soit en ne rendant obligatoire la correspondance des lignes annexes avec la ligne principale, que pour l'aller en Europe, seule direction où elle ait de l'importance ; soit en réglant la marche des navires secondaires, de façon à ce qu'ils se trouvent toujours dans les ports de jonction deux ou trois jours avant les dates réglementaires d'arrivée des paquebots principaux. Nos Messageries maritimes ont un matériel plus neuf, mieux construit, meilleur marcheur que celui de la Compagnie anglaise ; leur organisation est telle que, loin de se faire honneur de tous ces avantages, elles donnent à peine les mêmes chiffres que la ligne rivale, pour la durée moyenne du transport des dépêches.

---

1. L'expédition de Khiva et les délicates négociations qui l'avaient précédée, ont récemment confirmé cette opinion.

(*Note de l'auteur.*)

II

NOVEMBRE 1872

Le cap Saint-Jacques. — Embouchure du Cambodge ou Mé-Kong. — Notre colonie de Cochinchine. — Son administration et ses gouverneurs. — Symétrie et routine. — Ignorance et indifférence de la métropole. — Collège des administrateurs stagiaires. — Choix défectueux de l'emplacement de Saïgon. — La ville chinoise, Cholen. — Anciens souvenirs d'un inspecteur des affaires indigènes.

Saïgon, novembre 1872.

Ce n'est pas sans plaisir et sans émotion que nous saluons le drapeau national qui flotte sur le cap Saint-Jacques, cette sentinelle avancée de la Cochinchine. Jusque-là, le voyageur français n'a eu pendant toute la traversée que des sujets de regrets ou d'envie; la jeune colonie dont il touche les rivages va-t-elle offrir une compensation à son amour-propre? En son état actuel, elle inspire moins d'orgueil qu'elle ne donne d'espérances. Elle occupe ce riche delta du Cambodge que baignent, d'un côté, les eaux du golfe de Siam, de l'autre, les flots de la mer de Chine. Elle est le débouché naturel de tout l'orient de la péninsule indo-chinoise; une population dense, laborieuse et paisible, en cultive les plaines et en fait sortir chaque année, par centaines de milliers de tonneaux, le riz qui trouve sur le marché voisin de la Chine un écoulement toujours certain. Enfin l'émigration chinoise, sollicitée par les riches et fertiles contrées de l'intérieur, n'attend qu'une intelligente direction pour en coloniser les solitudes. Le terrain est admirablement choisi, l'avenir assuré entre des mains habiles.

Depuis dix ans, cependant, la période de la conquête est close, celle de l'organisation définitive a commencé. A-t-on reconnu la voie à suivre et déterminé une politique intérieure? Quels progrès a-t-on faits dans l'esprit des habitants? Quelle carrière a-t-on ouverte à l'élément européen? Quel ascendant a-t-on pris sur les princes dont les États environnent notre possession nouvelle? A toutes ces questions, il est malheureusement peu de réponses satisfaisantes. Les tâtonnements, les indécisions, les légèretés de la politique de la métropole ont fâcheusement influé sur les débuts de la Cochinchine. La rapide succession des gouverneurs, les fatals errements administratifs qui rendent partout en France le bien si long et si difficile à réaliser, ont, dans notre grande colonie asiatique, tenu en échec les intentions les meilleures, les volontés les plus fermes.

Certes, depuis longtemps déjà, ces difficultés arrêtent et découragent tous ceux qui s'intéressent aux destinées de la France. Elles ont fait naître, elles entretiennent ce préjugé fatal, que nous sommes incapables de coloniser; c'est surtout chez nous que le principe soutenu par quelques économistes : « les colonies sont plus nuisibles qu'utiles », a trouvé des adeptes et des défenseurs. Aujourd'hui, cependant, l'immense expansion des races européennes à la surface de la planète, l'évolution si marquée qui tend à décentraliser les intérêts et à disperser au loin les éléments de force et de richesse d'un pays pour leur faire rapporter une moisson décuple, l'ardente lutte engagée par chaque industrie nationale pour se conserver ou pour acquérir une place sur les nouveaux marchés de production et de consommation qui s'ouvrent chaque jour, tous ces progrès enfin de la civilisation et du bien-être, ont ouvert les yeux aux plus obstinés, converti les plus incrédules. Une nation qui reste étrangère à ce grand mouvement, se condamne à disparaître : celle qui n'y prend pas une part en rapport avec ses forces productives, s'amoindrit de tout ce que gagnent ses rivales [1].

Mais, si l'on commence à comprendre ces vérités en France, leur application reste encore un *desideratum*. Depuis longtemps tous les vices de notre système de colonisation ont été reconnus et signalés. Nous avons fait avec infiniment d'*humour* la satire de l'esprit tracassier, de la réglementation

---

[1]. Francis Garnier avait dit ailleurs plus énergiquement : « Les nations sans colonies sont des nations mortes, étant des ruches qui n'essaiment pas. »

excessive qui font ressembler nos établissements d'outre-mer à des machines admirablement compliquées où tout a été prévu, excepté l'esprit d'initiative et le colon. Nous nous élevons facilement aux considérations générales, nous savons formuler d'une façon remarquable les principes abstraits qui régissent tout un ensemble de faits ; mais il nous en coûte de redescendre de ces hauteurs : la patiente étude des détails qui serait nécessaire pour faire passer nos spéculations dans le domaine de la pratique, nous effraye. Ces réalités nous ennuient. Nous les critiquons en les ignorant. Dans notre pays amoureux du progrès, rien n'est plus difficile à opérer qu'une réforme.

C'est ainsi qu'en Cochinchine toute tentative d'organisation spéciale, appropriée aux nécessités du climat et au tempéramment de ses habitants, n'a pu jusqu'à présent prévaloir contre la routine des bureaux. Cette innovation dangereuse pourrait susciter ailleurs des demandes analogues, amener le bouleversement de tout ce qui existe. Peut-on y songer sans frayeur ? Que deviendraient les habitudes prises et de quel fastidieux travail ne se trouverait-on pas chargé ? Au lieu de cette douce uniformité à laquelle s'est habituée l'administration française, à Taïti comme aux Antilles, dans l'Inde comme à Terre-Neuve, on serait conduit à admettre que ce qui est bon dans une colonie peut être détestable dans une autre, à inaugurer autant de systèmes différents que nous avons de possessions hors d'Europe.

Encouragés par cette première réussite, les novateurs n'en arriveraient-ils pas à soutenir que, pour gouverner des populations étrangères, il est indispensable d'en connaître le langage et les mœurs, que le premier venu est insuffisant à cette tâche, que, loin de composer le personnel administratif de nos colonies des déclassés des administrations françaises, ou de jeunes protégés dont on veut dissimuler le trop rapide avancement, il faut le recruter exclusivement parmi des gens ayant fait un stage sur les lieux et justifié de leur aptitude par des examens. Mais que deviendrait alors l'influence des bureaux de Paris? Leur compétence ne serait-elle pas à chaque instant contestée, leurs décisions taxées d'ignorance? Les colonies, mises en possession d'une administration capable, ne réclameraient-elles pas la direction de leurs affaires intérieures?

C'est là cependant qu'il en faut venir. Il n'est pas douteux que le mal dont souffrent nos colonies et notre commerce extérieur, réside surtout dans l'ignorance et par suite dans l'indifférence de la métropole à leur égard. Une nation plus familière avec de tels sujets n'eût pas souffert l'expédition du Mexique : elle eût forcé son gouvernement à accepter la convention de la Soledad. Elle n'eût pas laissé discuter l'évacuation de la Cochinchine, ni permis de frapper à faux sur la Corée. Elle eût presque toujours corrigé les écarts de notre action extérieure. En France, nous n'avons su de toutes ces choses que ce que le pouvoir a bien voulu en laisser paraître. Sa version a toujours été acceptée. Les renseignements des bureaux ont été tenus pour paroles d'évangile : nos intérêts les plus graves ont été livrés à l'incurie et aux rivalités d'administrateurs égoïstes, aux exagérations d'une centralisation jalouse, aux caprices d'une politique d'expédients.

Il faut donc encourager avant tout la formation d'une phalange d'hommes spéciaux voués à l'étude de ces questions lointaines, dont quelques-unes prennent aujourd'hui tant d'importance. Ils créeront le corps de doctrines qui nous manque, éclaireront l'opinion publique, provoqueront son contrôle. En Cochinchine surtout, on ne doit s'attendre à aucun résultat, ni rêver aucun progrès tant qu'on n'aura pas constitué une administration locale compétente.

On a l'habitude, en France, de faire du régime militaire le bouc émissaire de tous nos insuccès ; le régime civil a presque toujours été le mot d'ordre de tous les programmes de colonisation. Je me souviens pour ma part de l'avoir réclamé dès le mois d'avril 1864 pour la Cochinchine[1]. Mais, si le principe est bon, l'application est difficile. La France n'a pas, comme l'Angleterre, cette foule d'émigrants, qui rayonnent sur tous les points du globe, l'intéressent à toutes les grandes entreprises, élargissent chaque jour le théâtre de sa politique et lui fournissent un inépuisable contingent d'hommes rompus aux affaires coloniales. On risquerait fort de compromettre à tout jamais le régime civil dans les colonies dont la population n'est pas française, si on se hasardait à leur désigner aujourd'hui un gouverneur non militaire. Où aurait-on la chance de le rencontrer? Par quel concours fortuit de circonstances aurait-il pu acquérir les connaissances et l'expérience nécessaires?

Les recherches sur la géographie, les langues et l'histoire de l'Orient, qui étaient jadis poursuivies en France par une si brillante école de philologues et de penseurs, sont presque abandonnées aujourd'hui. Les voyageurs français sont aussi rares que les commerçants d'outre-mer. Notre pauvreté en administrateurs est si grande que, pour introniser le régime civil en Algérie, on a choisi... un amiral. La plupart des gouverneurs civils nommés, sous l'empire, dans quelques-unes de nos

---

1. *La Cochinchine française en 1864.* — Dentu, in-8°.

plus petites colonies, n'ont été que des protégés incapables, plus ignorants et aussi absolus que les commandants militaires qu'ils remplaçaient. Avant de songer à l'introduction du régime civil, il faut donc former des gens capables de l'appliquer.

Le gouverneur actuel de la Cochinchine, le contre-amiral Dupré, a adopté cette manière de voir, et il a essayé de la faire prévaloir à Paris. Il est revenu à Saïgon sans avoir rien de définitif. Il s'agirait de faire de l'administration indigène une carrière assez enviable et un corps assez bien composé pour y retenir les officiers qui, par leurs travaux et leur expérience, ont su s'y créer déjà une place à part; d'exiger à l'avenir une instruction sérieuse, constatée par des examens, de tous les jeunes gens qui désireraient s'y consacrer, et, pour faciliter leurs travaux, de fonder à Saïgon même une école spéciale [1].

Les études asiatiques conservent encore en France assez de prestige et la Cochinchine, dans le voisinage de laquelle se trouvent ces magni-

---

[1]. Un décret du mois de février 1873, provoqué par M. le contre-amiral Dupré, gouverneur de la Cochinchine, a donné satisfaction à ce vœu, en créant un collège spécial, pépinière des futurs administrateurs de la colonie, et en y attirant, par un règlement libéral et la perspective de larges émoluments, les jeunes Français désireux de se former à l'administration orientale et à la pratique des langues indo-chinoises.

(*Note de l'auteur.*)

fiques ruines du Cambodge, qui attendent depuis si longtemps les investigations des archéologues, offre un champ assez nouveau et assez riche pour que la perspective de cette carrière lointaine, à la fois scientifique et administrative, attire des jeunes gens d'élite. Combien en est-il chaque année qui cherchent vainement à Paris un but à leur activité, une voie encore inexplorée à parcourir ? On formerait ainsi bien vite un corps réellement indépendant, n'ayant d'autres intérêts que ceux de la colonie et lui donnant une autonomie réelle, par l'influence qu'il devrait à son savoir, par les réformes qui seraient le fruit de son expérience. La France retrouverait là une pépinière de colonisateurs, de diplomates, d'hommes pratiques, qui renoueraient en Asie les fils rompus de notre tradition politique, qui exerceraient, sur un terrain admirablement choisi, cette merveilleuse faculté d'assimiler les races étrangères qui est un des traits caractéristiques de notre génie national. Nous suppléerions ainsi, momentanément du moins, au défaut d'émigrants, et nous préparerions à notre commerce et à notre industrie des débouchés qui leur deviennent de jour en jour plus nécessaires.

Mais admettre que quinze années passées dans un labeur ingrat, sous un climat énervant, puissent être un droit suffisant à une retraite qui ne

Saïgon. — La rade.

s'acquiert en France qu'au bout de trente ans de service, avouer qu'une lacune existe dans l'organisation actuelle ; que, pour la combler, il faut offrir à des ouvriers de bonne volonté des avantages achetés par un travail et des connaissances particulières, tout cela a paru autant d'hérésies à la puissante bureaucratie qui nous gouverne [1].

Il est probable que l'on continuera, comme par le passé, à recruter les inspecteurs des affaires indigènes de Cochinchine parmi les jeunes officiers de marine, d'infanterie de marine ou du commissariat, qui ne voient dans ces fonctions qu'un moyen commode de passer à terre deux ou trois ans et qui ne peuvent ni ne désirent acquérir l'expérience du pays, la connaissance de son langage et de ses lois. Les populations, à la merci d'interprètes toujours véreux, voyant défaire le lendemain l'ouvrage de la veille, continueront à se demander si la corruption de leurs gouvernants d'autrefois n'était pas moins à craindre que la légèreté et l'instabilité de leurs administrateurs d'aujourd'hui.

Il y avait quatre ans que je n'étais venu à Saïgon. Le progrès extérieur est réel et la ville commence à prendre tournure. Mais on a voulu lui

---

[1]. Le décret précité dispose que les intérêts des pensions de retraite pourront être transformés en capital et versés aux mains des ayants droit.

(Note de l'auteur.)

faire violence et la cantonner en amont de l'embouchure de ce que l'on appelle « l'Arroyo chinois, » tête de la route commerciale canalisée, qui relie le Donnaï [1] au Cambodge et qui apporte à Saïgon tous les produits de l'intérieur. Il en résulte que les barques chargées, qui descendent par cette voie, sont obligées de remonter le Donnaï au lieu de le descendre et qu'elles font ainsi une partie de la route à contre-courant. Le véritable emplacement du grand commerce, le point de chargement le plus avantageux pour les navires, doivent être évidemment choisis en aval de l'Arroyo chinois, à côté du magnifique établissement des Messageries maritimes. On espère que le gouverneur actuel comprendra cette nécessité et qu'il fera établir sur cet Arroyo un pont destiné à relier la ville commerciale future à la ville actuelle des fonctionnaires et des marchands au détail. On espère aussi que la Compagnie des Messageries, à qui a été imprudemment accordée, lors des débuts de la colonie, la possession exclusive du quai, consentira au rachat de ses droits, ou permettra au public de circuler sur son terrain.

Je n'ai pu résister au désir d'aller visiter la ville de Cholen. Elle est désignée plus ordinaire-

---

[1]. C'est le nom de la rivière de Saïgon, qui est un cours d'eau distinct du grand fleuve dont notre colonie occupe le delta.

(Note de l'auteur.)

Cholen. — Maison chinoise.

ment sous le nom de « Ville chinoise » et se trouve à quatre kilomètres et demi de Saïgon. C'est le véritable entrepôt, le centre commercial le plus actif de toute la Cochinchine française. Je l'ai administrée pendant plusieurs années. C'est de là que j'ai plaidé la cause de ce voyage d'exploration dans l'intérieur de l'Indo-Chine, que je devais faire plus tard, sous les ordres du commandant de Lagrée. Ce n'est pas sans quelque émotion que j'ai parcouru ces rues dont j'avais tracé un grand nombre, franchi ces ponts dont j'avais été l'ingénieur. L'un d'eux, — je l'avoue humblement, — ne semble pas destiné à me faire honneur. C'est le premier pont en fer qui ait été posé dans la colonie. Le désir d'en diminuer le poids sans en compromettre la solidité, la nécessité de laisser passer les grandes jonques, même à marée haute, mon inexpérience enfin en pareille matière, m'ont fait indiquer au constructeur une courbure qui, peu sensible sur le papier, s'est trouvée exagérée sur le terrain. Rien ne serait plus facile et moins coûteux que de corriger ce défaut et de relever le tablier du pont. On conserverait ainsi toute sa valeur à un travail d'art qui n'est pas sans mérite, et dont l'arche unique, de vingt-six mètres d'ouverture, a remplacé avec avantage les pilotis encombrants qui gênaient la circulation des barques. Mais la ville chinoise semble depuis quelque temps entièrement abandonnée. On dirait qu'elle porte ombrage à sa voisine européenne, à qui sont réservées toutes les faveurs de l'administration. J'ai retrouvé inachevés des canaux que j'avais commencé de creuser il y a six ans, et l'on monte encore par des planches au sommet de la culée d'un pont, dont il ne restait plus en 1867 qu'à remblayer les abords !

J'ai été reconnu par quelques-uns de mes anciens administrés. Ils ont cru que je revenais au milieu d'eux. Je les ai détrompés. Ce n'est pas sans regrets que j'ai quitté cette ville, où j'ai passé les plus jeunes, les plus ardentes et les plus laborieuses années de ma carrière.

III

NOVEMBRE 1872

En mer. — La côte de Cochinchine. — Le versant oriental de l'Indo-Chine et les voies commerciales de communication avec la Chine. — L'exploration du Mékong. — Le fleuve du Tong-King. — Rivalités commerciales. — Patriotisme et habileté des Anglais. — Ambition des Allemands. — Ignorance de notre diplomatie. — Inconséquences de notre politique. — Hong-Kong. — Voyage du roi Norodom.

En mer.

Depuis notre départ de France, nous n'avions rencontré que « belle mer et jolie brise ». La côte de Cochinchine se montre moins hospitalière. Une violente tempête de nord-ouest creuse dans la plaine liquide d'énormes sillons, au fond desquels notre gracieux paquebot disparaît par instants. Le pont est désert ; les heures des repas ne ramènent dans le salon qu'un petit nombre de passagers. Nous voici dans ces parages dangereux des mers de Chine, où pendant six mois de l'année il faut lutter contre les vents périodiques que l'on appelle « les moussons ». C'est pour cette navigation difficile qu'ont été inventés ces navires à voiles à formes fines et allongées, connus sous le nom de *clippers*, et que les bâtiments à vapeur n'ont point encore complètement remplacés. Saïgon est le seul port des côtes indo-chinoises dont l'atterrage n'oblige pas à une longue navigation à l'encontre de ces brises régulières. Il est à l'abri des désastres que presque chaque année les typhons, — ces violents orages qui signalent le changement de moussons, — infligent au commerce maritime.

Que ne peut-il être mis en communication par une voie intérieure avec cette riche contrée des thés et des soies, qui s'est décerné le nom de Céleste Empire. Il deviendrait alors un des entrepôts les plus importants pour tous les produits que vendent ou achètent les Chinois. C'est cette pensée surtout qui a fait entreprendre l'exploration de la vallée du Mékong, ou Cambodge, qui de Saïgon remonte jusqu'aux provinces méridionales de la Chine. Son étude hydrographique a prouvé qu'il fallait chercher ailleurs cette route si désirable. Le fleuve du Tong-King, qui comblerait au moins une partie de la distance, est-il plus navigable ? C'est ce que nous ne tarderons pas à apprendre. Un négociant français, M. Dupuis, concessionnaire de mines d'argent dans le Yun-nan, tente en ce moment même de s'ouvrir ce chemin[1]. Il a acheté deux vieilles canonnières anglaises, et il les a fait réparer en vue de cette expédition fluviale.

Le gouverneur de Cochinchine[2] les a fait escorter par un navire de guerre jusqu'aux embouchures du Song Coi[3], afin de prévenir les difficultés qu'auraient pu soulever les autorités annamites[4]. Les trois navires sont partis de Saïgon quelques jours avant nous. Puissent-ils réussir à trouver cette voie courte et facile, qui doit relier notre possession de Cochinchine aux riches et populeuses contrées du Nord, et fournir aux provinces du sud et de l'ouest de la Chine un débouché plus prompt et plus avantageux que celui qu'elles trouvent aujourd'hui par le fleuve Bleu. La tentative commerciale de M. Dupuis ne sera donc que le

1. Le 15 mars 1881, l'Académie des sciences a décerné à M. Dupuis, le prix Delalande-Guérineau.
2. M. Dupré.
3. Nom annamite du fleuve du Tong-King.
4. Ces difficultés furent l'origine de l'expédition du Tong-King, dont Francis Garnier reçut le commandement et où il trouva la mort.

prélude d'une exploration scientifique du Tong-King qui vient d'être décidée en France, et dont j'ai pendant plusieurs années plaidé la cause, comme je l'avais fait pour sa devancière du Cambodge. Une autre commission française, présidée, dit-on, par un consul, M. Dabry de Tiersant, va être chargée de l'étude des provinces méridionales de la Chine. C'est avec une satisfaction mêlée d'orgueil que j'assiste à ce réveil de notre ancien esprit d'entreprise. J'en aurai été l'un des artisans.

Mais, sur ce terrain, que nous connaissons à peine et sur lequel nous n'avançons qu'en hésitant, nous rencontrons des rivaux redoutables, rompus depuis longtemps à toutes les difficultés qu'il présente. A défaut de routes fluviales qui les conduisent en Chine, les Anglais dans l'Inde ne parlent rien moins que de construire un chemin de fer de Rangoun aux frontières du Yun-nan. Ils se demandent s'il ne convient pas d'encourager la rébellion mahométane qui a soustrait une partie de cette province à l'autorité de Pékin, et de faire prédominer leur influence dans le nord de l'Indo-Chine. Leur diplomatie, sans cesse à l'affût de toute circonstance favorable pour en profiter, ou défavorable pour la combattre, sait tirer parti des efforts mêmes de ses adversaires. Je ne sais si les renseignements rapportés par la commission française qui a exploré l'Indo-Chine ne seront pas, en définitive, mieux utilisés par le commerce anglais que par le nôtre, et, quant à cette route du Tong-King, qui devrait être une route française par excellence, les diplomates anglais se sont déjà préparés à en recueillir les fruits : ils ont obtenu du gouvernement chinois l'ouverture d'un port dans l'île d'Haïnan, dont les côtes défilent en ce moment devant nous. Ce port sera, entre la colonie anglaise d'Hong-Kong et les embouchures du Song-Coi, l'étape naturelle du commerce que nous voulions attirer à Saïgon.

Nos diplomates sont, en général, aussi ignorants des intérêts de la France dans ces régions lointaines que leurs collègues sont habiles. Parcourant, pendant leur carrière, les cinq parties du monde, brusquement rappelés d'Amérique pour traiter une question en Asie, ils manquent presque partout de l'expérience des hommes et des choses et compromettent, par leur insuffisance, les causes qu'ils sont chargés de soutenir. De mesquines rivalités divisent presque toujours les deux départements ministériels, marine et affaires étrangères, de qui relève notre action extérieure. Leurs agents, au lieu de s'entendre en vue d'une marche commune et de plier leurs vues particulières à une politique d'ensemble, ne songent qu'à marquer le court séjour qu'ils font dans chaque contrée, par quelques résultats apparents, obtenus au détriment de l'avenir, mais au profit de leur carrière personnelle. Dès qu'ils commencent à acquérir quelque expérience locale, on les envoie poursuivre ailleurs de nouveaux succès et défaire l'œuvre de leurs prédécesseurs.

Les affaires de la Cochinchine fournissent plusieurs exemples attristants de ce regrettable antagonisme, de ce défaut de direction politique et d'esprit de suite. Le ministère des affaires étrangères réclamait l'évacuation de la colonie, pendant que le ministère de la marine s'efforçait de la conserver. Celui-ci a vivement protesté contre les empiètements des Siamois sur le Cambodge, royaume aujourd'hui placé sous notre protectorat ; celui-là les a fait consacrer par un traité récemment conclu.

Hong-Kong.

Hong-Kong et Macao sont les seuls points du Céleste Empire, possédés par les Européens. Mais, alors que les Portugais sont longtemps restés à Macao dans la position de tributaires auxquels les Chinois daignaient accorder l'hospitalité, le drapeau anglais a flotté à Hong-Kong par conquête, après une guerre qui a forcé la cour de Pékin à reconnaître la supériorité des barbares. Ce rocher stérile, dont l'Angleterre a jugé la possession nécessaire à la sécurité de son commerce, est devenu aujourd'hui la capitale politique des Européens dans les mers de Chine. Ce serait le refuge assuré de tous les résidents étrangers, dans le cas d'un soulèvement général contre eux. L'incendie des factoreries européennes à Canton, en 1856, le massacre de Tien-Tsin, qui, quoique dirigé surtout contre les Français, est passé presque inaperçu en France à cause des événements de 1870, prouvent qu'une telle appréhension n'est pas sans fondements. Le prestige européen, porté si haut en Chine par la guerre de 1860, va s'affaiblissant chaque jour, tant à cause des progrès que les Chinois ont faits eux-mêmes dans les sciences militaires, que des fautes commises par les étrangers. Il suffira d'une occasion jugée favorable pour que les passions populaires brisent encore une fois la digue, plus apparente que réelle, que leur oppose la prudence des mandarins.

La ville de Victoria, chef-lieu de la colonie de Hong-Kong, date de 1841; elle est taillée dans le granit; ses rues escaladent, par de longues séries de rampes et d'escaliers, les hauteurs sur la pente desquelles ses maisons s'étagent en amphithéâtre. Elle est éclairée au gaz depuis 1864. C'est aujourd'hui une véritable grande ville. Le caractère en est original, la physionomie pleine de contrastes. D'un côté, les lourdes, secrètes, mais solides et

Hong-Kong. — Vue prise de Koouloun.

luxueuses constructions du grand commerce européen; de l'autre, les légères maisons des boutiquiers chinois, toutes criblées de compartiments, presque transparentes. Ici, une sorte de recueillement; peu ou point d'indications pour le promeneur; la vie se cache au dedans des édifices; les rues sont silencieuses, quelques chaises à porteurs s'y croisent d'un pas cadencé : le plus souvent, des terrasses, des jardins créés à grands frais, isolent et dissimulent chaque demeure. Là, cette bruyante animation des villes chinoises, ce tapage d'enseignes aux couleurs vives, aux promesses séduisantes, une suite ininterrompue d'étalages, de devantures; pas un coin de terrain perdu, aucun moyen négligé pour arrêter et retenir le passant ; tous les costumes de l'extrême Orient se coudoient dans la foule tourbillonnante, toutes les langues ont leur part de l'incessante rumeur qui s'en échappe.

La rade, vue de la partie haute de la ville, offre un coup d'œil pittoresque. Des navires de toutes les dimensions et de toutes les nationalités s'y entassent dans un apparent désordre. L'ancien vaisseau à trois ponts, ce dieu des combats maritimes d'autrefois, montre les blanches lignes de ses batteries toutes dentelées d'embrasures, à côté des noires carènes de paquebots à vapeur d'une longueur presque double. En comparant les extrémités effilées, les murailles droites, les mâtures grêles des uns, à l'avant massif, à l'arrière monumental, aux formes renflées et arrondies, aux énormes bas mâts des autres, on peut embrasser d'un regard l'étonnante transformation qu'a subie l'art naval, depuis l'introduction de la vapeur.

Les vaisseaux anglais mouillés en rade de Hong-Kong sont maintenant dépouillés de tout appareil guerrier. Un toit recouvre leurs ponts silencieux ; on en a fait des hôpitaux ou des magasins. Immobiles sur leurs ancres, ils se sont résignés à un éternel repos. Sur les puissants steamers mouillés auprès d'eux, règne une activité fébrile. Fumée et vapeur s'échappent incessamment de leurs cheminées ; leurs flancs sont assiégés par des myriades de chalands et d'embarcations. A peine arrivés, ils ont hâte de repartir. Un grand nombre de navires à voiles, de tout tonnage, occupent la partie occidentale de la rade et y font flotter surtout les pavillons anglais, américains et allemands. Malgré la sécurité de ce mouillage, les typhons y occasionnent parfois de sérieux désastres. En 1870 et en 1871, un grand nombre de jonques et de sampans chinois ont été engloutis avec leurs équipages pendant un de ces terribles ouragans.

Hong-Kong a perdu de son importance commerciale depuis l'ouverture des ports du nord de la Chine. Il a cessé d'être l'entrepôt exclusif des thés et de l'opium. Il n'est plus aujourd'hui que le point de chargement des marchandises provenant du sud de la Chine; elles suffisent à alimenter un commerce considérable. L'exportation des soies du Kouang-Tong surtout a pris, pendant ces dernières années, un grand développement. Hong-Kong est d'ailleurs la métropole financière de tout le bassin méridional des mers de Chine, et ses capitaux vont soutenir toutes les exploitations agricoles ou industrielles qui se fondent à Bankok, à Saïgon, à Bornéo et même à Manille. Depuis 1871, un télégraphe sous-marin relie cette colonie anglaise à l'Inde et à l'Europe.

Quelques mois avant notre arrivée, Hong-Kong avait reçu la visite de notre protégé, le roi du Cambodge. Il n'était bruit que des splendeurs de l'accueil officiel qui lui avait été fait. Le naïf indigène a essayé de reconnaître tant d'honneur en faisant pleuvoir au hasard les rubans de l'ordre qu'il a fondé. Les plus humbles fournisseurs n'ont pas été à l'abri de ces faveurs royales.

Beaucoup n'ont vu, dans cet échange de décorations et de coups de canon, qu'une fantasia puérile qu'il eût été plus sage d'éviter, mais qui ne tire pas à conséquence. C'est en juger superficiellement. La vanité des princes asiatiques n'est égalée que par leur ignorance, et le roi Norodom est un type accompli du genre. Émancipé par la

France de la dure tutelle des Siamois, il jouit, depuis plusieurs années, d'une indépendance à peu près complète. Les officiers qui représentent auprès de lui le gouverneur de la Cochinchine ne songent point à s'immiscer dans les affaires de son royaume. La protection française, en étouffant chez ses sujets toute velléité de révolte, n'a eu pour résultat que de le rendre plus absolu. Elle lui permet d'aggraver impunément les corvées et les impôts.

Les Cambodgiens doivent travailler sans relâche pour satisfaire les goûts dispendieux de leur roi, tandis que les quelques Européens qui l'entourent exploitent sans pudeur ses ridicules et ses vices. Il est dangereux de pousser aussi loin nos complaisances vis-à-vis de lui. Il eût mieux valu exiger la suppression de quelques-unes des taxes qui appauvrissent le Cambogde, que d'autoriser Norodom au coûteux voyage de Hong-Kong. Il a été imprudent de lui faire décerner, par une nation étrangère, des honneurs qu'on ne rend qu'aux souverains indépendants. Nous ne l'en trouverons que plus intraitable lorsque nous voudrons enfin lui imposer des réformes administratives devenues indispensables.

Les intérêts bien entendus de notre commerce, l'avenir de nos relations avec l'intérieur de l'Indo-Chine, exigent que nous défendions contre les caprices de ce principicule la bourse de ses sujets.

Les bornes que nous mettrons à son despotisme lui feront bien vite oublier qu'il nous en doit l'exercice. Et qui sait s'il ne sera pas secrètement encouragé dans sa résistance par ceux-là mêmes auprès desquels nous lui avons ménagé une si pompeuse réception? L'Angleterre a toujours soutenu Siam dans sa lutte diplomatique contre la France. Si une complication quelconque menaçait notre autorité au Cambodge, nos rivaux en profiteraient, sans aucun doute, pour engager Norodom à accepter de nouveau la tutelle de Bankok.

Je doute fort que l'amiral Dupré, à son retour à Saïgon, approuve l'odyssée triomphante que l'on a permise, en son absence, au roi du Cambodge.

II

DE SHANG-HAI A HAN-KÉOU

I

18 NOVEMBRE 1872. — 15 JANVIER 1873

Shang-Haï, capitale commerciale des Européens en Chine et tête des grandes lignes de navigation à vapeur autour du monde. — Projet d'un voyage au Tibet ayant son point de départ en Chine. — Difficultés de l'entreprise dès que l'on veut traverser le massif montagneux de l'Himalaya et que l'on abandonne l'itinéraire ordinaire du retour en Europe par la Sibérie. — Intérêt scientifique et commercial du nouveau projet.

Shang-Haï.

Nous voici au terme de notre voyage maritime. En quarante-cinq jours, nous avons franchi l'énorme distance qui sépare Marseille des rivages les plus orientaux de la Chine. Deux continents entiers, l'Asie et l'Europe, s'interposent dans leur plus grande largeur entre la patrie et nous. Mon rêve serait de refaire par terre ce trajet si facilement accompli par eau. Ce ne seraient plus des jours, mais bien des années, qu'il faudrait pour le retour si, au lieu de suivre la route connue et facile de la Sibérie, on essayait de traverser le Tibet. Les difficultés seraient immenses, les résultats scientifiques considérables. Peut-être au début de cette entreprise trouverai-je d'heureuses occasions de servir les intérêts commerciaux et politiques de mon pays. L'exécution d'un pareil projet demande une connaissance suffisante de la langue chinoise, des informations sûres, des références nombreuses, des moyens d'action puissants. La période de préparation sera assez longue pour que j'aie le temps d'étudier notre situation actuelle dans ces mers éloignées. Il n'est pas sans intérêt d'essayer de pénétrer l'avenir de ce monde oriental, qui est encore si peu connu, si diversement jugé. Au point de vue commercial, il est depuis longtemps l'objet de l'ardente convoitise, de l'âpre exploitation de tous les peuples européens. Au point de vue social, il nous offre les plus terribles problèmes à approfondir. Au point de vue politique, il pèsera, demain peut-être, d'une façon inattendue dans la balance de l'univers.

Shang-Haï est la ville d'où l'on peut le mieux embrasser le prodigieux mouvement d'idées et d'affaires dont les mers de Chine sont le théâtre. Si Hong-Kong est la capitale politique des Européens en Chine, Shang-Haï en est la capitale commerciale.

Shang-Haï. — Vue générale.

C'est là que viennent se rejoindre les deux extrémités de ce cercle immense que forment tout autour du globe les grandes lignes de navigation à vapeur. Le courant des échanges avec l'Amérique s'y rencontre avec le commerce européen. Il y est aussi facile d'expédier directement une lettre à New-York ou à Lima qu'à Londres ou à Paris. Les communications avec les deux hémisphères sont si nombreuses, si régulières, si rapides, qu'il semble que l'on touche de là aux extrémités de la planète. Des fils télégraphiques relient Shang-Haï à Hong-Kong, au Japon, à l'Europe par la Sibérie, et par conséquent à l'Amérique. Un câble direct ne tardera pas sans doute à être posé entre les États-Unis et le Japon, et le même courant électrique pourra faire bientôt le tour complet de la terre.

La ville européenne s'est établie à Shang-Haï, à côté de la ville chinoise, sur un territoire neutralisé, concédé par le gouvernement chinois. Les étrangers y vivent sur un pied d'égalité absolue. Ce sont des hôtes auxquels la Chine a accordé le droit de police sur l'emplacement qu'ils habitent. Leurs relations avec les autorités chinoises sont incessantes. Elles ont un caractère plus intime et plus cordial qu'à Hong-Kong. Les canons de la colonie anglaise semblent toujours braqués sur sa voisine chinoise, Canton, dont la population ressent pour les Européens la haine particulière aux gens qui ont été souvent battus.

Shang-Haï, au contraire, a toujours été protégée par les étrangers. Ils ont chassé les rebelles de ses murs en 1853; ils l'ont préservée depuis de toute nouvelle atteinte. Ils ont nourri souvent la foule affamée qui venait y chercher un refuge contre les Taïpings. Un amiral français est mort en combattant pour la tranquillité de la province. Les intérêts locaux des Européens et des Chinois sont ainsi depuis longtemps confondus. Des deux côtés on se juge avec plus d'impartialité, et la barrière que les préjugés élèvent entre les deux races va s'affaiblissant chaque jour.

Les Chinois sont moins rebelles qu'ailleurs aux idées de progrès, moins hostiles à tout ce qui vient du dehors. Les Européens s'intéressent davantage aux destinées d'un pays où ils désirent s'implanter; ils commencent à réagir contre cette morgue haineuse, ces allures intolérantes qui ont si longtemps caractérisé l'attitude des étrangers en Chine. Les communications avec Pékin sont continuelles.

Les actes du gouvernement chinois et des légations européennes, dont les principaux membres viennent souvent en villégiature à Shang-Haï, sont soumis par la presse locale à une critique indépendante et souvent élevée. Une opinion publique se forme : aux vues étroites et égoïstes du début succèdent des appréciations plus larges, plus désintéressées; aux préoccupations purement commerciales, des spéculations économiques et littéraires. Des sinologues, comme Wade, Legge, Wells, Williams, peuvent à Shang-haï imprimer leurs travaux et trouver un auditoire. Cette remarquable évolution des esprits se prononce de jour en jour davantage, et, en comparant le passé au présent, on se sent presque rassuré sur l'avenir.

Han-Kéou, 9 janvier.

Je suis arrivé hier matin à Han-Kéou où je suis installé au consulat de France. M. Blancheton, le gérant, en est parti depuis cinq jours pour aller dans l'intérieur ; mais, en son absence, je suis hébergé par M. Lépissier. J'espère voir, demain ou après-demain, le vice-roi de la province pour ma grande affaire de Ta-ly [1].

---

[1]. Il s'agissait d'une entreprise diplomatique et militaire, dont on trouvera plus loin les détails et qui devait faciliter à Francis Garnier l'entrée du Tibet par les hautes vallées des fleuves indo-chinois.

II

15 JANVIER.—28 FÉVRIER 1873

Excursion à Han-Kéou. — Comparaison entre les Chinois et les Français. — Mgr Dupanloup et les vers latins. — Importance géographique de la première représentation de l'*Africaine*. — Parallèle entre les Japonais et les Chinois. — Les jésuites en Chine. — Leur lutte avec les dominicains. — Il faudrait reprendre l'œuvre des jésuites, influents par la science et devenus Chinois à force de se pénétrer des mœurs et des besoins de la nation qu'ils voulaient civiliser. — Les missionnaires actuels simples propagateurs de dogmes, dans un pays où l'indifférence religieuse est absolue. — Écriture hiéroglyphique conservant le prestige des lettrés et principal obstacle à tout progrès sérieux. — Véritable rôle des Missions catholiques. — Rôle de la France. — Importance du protectorat des Missions.

Han-Kéou, 15 janvier 1873 [1].

Les Français, qui passent pour des gens d'esprit, s'étonneraient fort de ressembler à un peuple auquel, jusqu'à présent, ils n'ont su trouver que des ridicules. Je veux parler du peuple chinois. Cependant, plus je vais et plus cette analogie me frappe. En France, comme en Chine, on dédaigne ou on ignore le monde extérieur. L'éducation se limite au cercle étroit du passé. Les programmes d'enseignement ne tiennent que peu de compte des

---

1. Les lecteurs ont compris sans doute que les étapes indiquées par le voyageur ne se suivent pas toujours sans intervalles. Han-Kéou est situé sur le fleuve Bleu, très loin de la route directe de Shang-Haï à Pékin. Le voyageur supprime les transitions. Il nous donne des notes détachées et non point le récit complet d'un itinéraire.

progrès modernes : fidèles à une tradition routinière, ils désignent exclusivement à l'admiration de la jeunesse les œuvres et les doctrines des écrivains de l'antiquité. Avons-nous beaucoup changé depuis le temps où Pascal pouvait dire que toute sottise trouvait crédit quand on l'appuyait de l'autorité d'un ancien? L'étude de ce champ littéraire et philosophique, riche sans doute, mais depuis longtemps exploré, peut former des écrivains et surtout des rhéteurs. Mais peut-il en jaillir une idée nouvelle? Ce terrain, enfin épuisé, ne peut-il recevoir un puissant engrais de la science moderne? Les penseurs ne doivent-ils pas redemander à celle-ci les vérités et les faits, qui, hier encore inconnus, éclaireront leurs méditations de demain? S'obstineront-ils toujours à repousser cette parvenue qui ne peut citer Cicéron à l'appui de ses calculs, et continueront-ils à lui refuser un peu de ce temps que Mgr Dupanloup réclame pour les vers latins?

« Nous autres Français, nous chinoisons tous les jours davantage, me disait hier un prêtre, savant distingué qui, pour n'être pas de l'Académie française, n'est cependant pas un étranger à l'Institut, et que le hasard des voyages me faisait rencontrer au cœur de la Chine [1].

---

[1]. M. l'abbé David. Il venait d'être élu correspondant de l'Institut, dans la section de géographie et de navigation. Francis Garnier

» Que voulez-vous attendre d'un pays qui laisse passer sans les voir, ou du moins sans les introduire dans l'enseignement de la jeunesse, les découvertes les plus éclatantes de la science? L'histoire du passé du globe, si magnifiquement racontée par la géologie, ne vaut-elle point les rêveries d'Aristote ou de Lucrèce; l'étude des phénomènes de la vie à la surface de la terre, voire les théories de Darwin, n'éveillent-elles pas une curiosité plus saine que les doctrines de Pythagore ou les *Métamorphoses* d'Ovide? L'homme doit-il passer en étranger sur le monde qu'il habite, ignorer depuis quand, comment et avec qui il vit? En France, l'immense majorité de la classe polie et lettrée de la nation en est encore, en fait de physique générale, aux quatre éléments des anciens.

» Les Chinois sont plus avancés; ils en reconnaissent cinq[1]. Malgré les illustrations scientifiques qui ont fait notre gloire, nous sommes, après l'Espagne, la plus ignorante des nations européennes. Nous restons étrangers au mouvement qui, partout

---

avait été son concurrent, et il s'en était fallu de deux ou trois voix à peine, que l'explorateur et le marin ne fût préféré au naturaliste. Ce choix aurait paru légitime puisqu'il s'agissait de compléter la section de géographie et de navigation. Mais l'éloignement de Paris, au moment de l'élection, de plusieurs académiciens favorables à la candidature de Francis Garnier, fit réussir celle de l'abbé David, dont la place était d'ailleurs marquée dans la section d'histoire naturelle.

1. Métal, bois, eau, feu, terre.

ailleurs, passionne les esprits pour le progrès. Je vous défie de trouver, à Paris même, un public qui vous comprenne, si vous lui annoncez la découverte d'une loi d'histoire naturelle. Cette indifférence énerve la puissance scientifique du pays, que représentent seules les subventions officielles. Le Muséum de Paris, qui a été le premier établissement de ce genre, est en train, si l'on n'y prend garde, de devenir le dernier. Il n'a même pas assez de place pour loger toutes ses richesses. On garde sans les ouvrir des caisses d'échantillons pendant plusieurs années. Quand on les ouvre enfin, il se trouve que leur contenu a déjà été décrit et classé par nos rivaux. Savez-vous bien, monsieur, ajouta mon interlocuteur avec enthousiasme, que le Muséum de Philadelphie, créé par des souscriptions particulières, dépense annuellement 33 000 francs d'alcool rien que pour conserver les poissons. Là, c'est le public qui s'occupe de science et non le gouvernement, comme chez nous. Que nous sommes loin de sentir l'éloquence de ce chiffre et l'importance des résultats auxquels arriveront un jour ces collectionneurs patients dont on se raille !

— Monsieur, lui répondis-je, vous avez raison. Ce culte exagéré du passé dans l'enseignement a fait tort au bon sens gaulois, a amoindri les aptitudes pratiques de cette race pleine d'initiative et d'intelligence. Nous avons fourni au monde les plus célèbres inventeurs, tout comme les Chinois, qui ont trouvé les premiers l'imprimerie, la boussole, la poudre à canon; les applications nous sont presque toujours venues du dehors. De même que la civilisation chinoise a conquis à elle seule tout l'extrême Orient et imposé à vingt peuples différents ses lois, ses mœurs, son écriture; de même nous avons été longtemps le foyer de la science et de la civilisation occidentales. Mais, comme les Chinois, nous nous sommes isolés dans notre supériorité; nous n'avons pas vu les transformations qui s'opéraient autour de nous; nous sommes restés immobiles, alors que tout progressait au dehors; nous nous sommes attardés complaisamment à supputer notre gloire et notre puissance, ne daignant honorer les autres peuples ni d'une étude, ni d'un regard. La géographie, cette science féconde qui est comme le cadre où viennent se placer les résultats de toutes les autres, s'est bornée chez nous à l'étude des côtes de la mer Érythrée et du Pont-Euxin. Nous n'avons pas franchi les bornes du monde d'Auguste, et nous sommes bien loin encore de le connaître tout entier. Il a fallu la représentation de *l'Africaine* pour apprendre à bien des gens que l'on doublait le cap de Bonne-Espérance. Naturellement les études économiques, qui ont leur point de départ dans la géographie, n'existent même pas chez nous. Nous sommes, à ce point de vue, d'une ignorance et d'une naïveté incroyables, et en cela bien plus Chinois que les Chinois eux-mêmes. »

Nous plaidions ainsi chacun notre thèse. Mon interlocuteur, on l'a déjà deviné, est un naturaliste ; moi, je m'essaye à être géographe. Un témoin de notre entretien nous affirma que d'importantes réformes avaient été faites en France et que nos critiques allaient cesser d'être fondées. Je m'en réjouis de grand cœur. Il a fallu les désastres d'une invasion pour nous ouvrir les yeux.

C'est également à la suite des humiliations que les barbares ont infligées au Céleste-Empire, que ses gouvernants ont compris la nécessité de rompre quelque peu avec les anciens errements. Ils ont apporté diverses modifications dans la partie de leur administration à laquelle ressortissent les intérêts européens. Mais, à l'intérieur, rien ou presque rien n'a pénétré des idées occidentales. Les lettrés se sont efforcés de maintenir contre elles la barrière des anciens préjugés. Le prestige des armes chinoises était détruit et l'écrasante supériorité militaire des barbares était incontestable. Il fallait sauver à tout prix le prestige littéraire et scientifique, empêcher la science européenne de remporter une victoire plus durable et plus féconde que celle de la force. Aucun emprunt n'a été fait à cette civilisation qui venait de se montrer si puissante. Je me trompe : on s'est appliqué à lui emprunter ses propres armes pour la repousser. Alors qu'un pays voisin, le Japon, qui était depuis deux siècles plus hermétiquement fermé encore à l'Europe que la Chine elle-même, ouvre ses portes toutes grandes aux étrangers, adopte les chemins de fer, les télégraphes, le calendrier et jusqu'aux costumes européens, la Chine, moins enthousiaste, repousse les bienfaits de notre industrie et n'en réclame que les engins de guerre. Elle n'accepte le concours des Occidentaux que pour apprendre d'eux à fondre des canons, à fabriquer des fusils, à construire des navires à vapeur [1]. Elle se prépare encore une fois à une lutte pour éviter la transformation dont la menace le contact des idées européennes et dont ses gouvernants ne veulent à aucun prix.

Cette infatuation des Chinois dans leur propre supériorité, leur profonde ignorance du monde occidental ont trouvé leur contre-partie en Europe. On se rappelle le colloque imaginé par Voltaire entre des savants européens et un lettré chinois. Celui-ci s'étonne de ne pas trouver, dans le *Discours sur l'histoire universelle* de Bossuet, une seule ligne qui se rapporte à son pays. Cet empire,

---

[1]. Allusion à la création de l'arsenal de Fou-Tchéou, dirigé par M. Gicquel, lieutenant de vaisseau de la marine française, qui est devenu plus tard directeur de la mission chinoise d'instruction à Paris.

le plus vaste du monde, dont l'antiquité est prodigieuse, la civilisation remarquable, les arts avancés, n'est pas jugé digne d'une simple mention. L'histoire du peuple juif, des petites républiques de la Grèce et du monde romain défrayent exclusivement les travaux des annalistes de l'Occident. Sommes-nous beaucoup plus instruits depuis cette époque, et les Chinois n'ont-ils pas le droit de railler nos prétentions à un savoir encyclopédique?

Le commerce européen n'a-t-il pas traité ce peuple comme une matière exploitable à outrance? N'a-t-il pas fait prévaloir les exigences les plus révoltantes? La guerre de l'opium ne restera-t-elle pas comme un défi jeté aux droits les plus imprescriptibles d'une nation indépendante, aux notions les plus élémentaires de la justice et du bon sens? Que de préjugés, que d'injures réciproques séparent encore profondément ces deux mondes qui ont tout à gagner à se pénétrer et à se comprendre!

Il fut un temps, le temps même de Voltaire, où l'on a pu espérer que la révolution qui mettrait en rapports intimes, au plus grand bénéfice de l'humanité, deux civilisations et deux races qui résument aujourd'hui toutes les forces vives de la planète, s'accomplirait pacifiquement. C'est celui où la science chinoise se renouvelait peu à peu grâce aux travaux et aux efforts des jésuites, qui ont joué un instant un si grand rôle à la cour de Kang-Hi, ce Louis XIV de l'Orient. C'est celui où les trésors historiques des annales chinoises se dévoilèrent pour la première fois à l'Europe, où l'on apprit à apprécier cette constitution si démocratique et si égalitaire, qui aurait pu faire du gouvernement chinois le modèle des gouvernements, le temps enfin où l'on constata avec étonnement que toutes les découvertes de l'Occident avaient été pressenties depuis longtemps et souvent appliquées dans l'industrie chinoise, et que nous avions beaucoup à puiser dans les trésors d'une expérience cinquante fois séculaire.

On connaît les déplorables querelles à la suite desquelles une congrégation rivale, celle des dominicains, parvint à détruire l'influence des jésuites. Elles arrêtèrent la Chine dans la voie libérale où elle s'engageait. Le gouvernement de Pékin proscrivit le christianisme et se hâta de revenir à son isolement systématique. A son tour, l'Europe oublia tout ce qu'elle venait d'apprendre sur cet Orient mystérieux. Ce fut le commerce qui, un siècle plus tard, lui en rouvrit les portes. L'opium de l'Inde anglaise, prohibé d'abord, introduit ensuite à coups de canon, vint se substituer à la science des jésuites. Son usage se propagea plus rapidement que leurs enseignements. Les conflits que cette funeste drogue fit naître attirèrent l'attention des gouvernements européens sur l'impor-

Une mission catholique.

tance du marché chinois. Les principaux d'entre eux conclurent, à la suite de l'Angleterre, des traités commerciaux avec le Céleste-Empire. La France en profita pour revendiquer pour les missionnaires le droit de prêcher librement le christianisme.

Dans ces conditions nouvelles, l'œuvre des jésuites pouvait-elle être reprise par leurs successeurs? Pouvait-on espérer voir régner encore à Pékin cette influence civilisatrice qui, exercée pendant deux ou trois générations, eût fait disparaître les graves malentendus qui venaient de se produire entre la Chine et l'Europe? Évidemment non. Les jésuites n'avaient derrière eux aucune puissance européenne, n'éveillaient aucune susceptibilité politique. Ils s'étaient faits Chinois. En les élevant auprès de lui, l'empereur paraissait choisir entre ses propres sujets. Derrière les missionnaires actuels, au contraire, on aperçoit toujours l'épée de la France. L'influence qu'on leur laisserait acquérir nuirait au prestige, porterait atteinte à l'indépendance du gouvernement chinois. Elle semblerait l'effet d'une contrainte ou d'une pression. Peut-être les missionnaires ont-ils contribué à justifier et à accentuer ces défiances, en ne recourant que trop souvent à la protection qui les couvre. Peut-être leurs chrétientés gagneraient-elles à n'être pas considérées par les populations comme les auxiliaires ou les amis de ceux qui ont été et

peuvent devenir encore les ennemis de l'empire.
Mais, si délicate et difficile que soit la situation
des missions actuelles, quelque mesure que doive
apporter la France à soutenir leur œuvre, elles
peuvent, bien dirigées, rendre d'immenses services à la cause de la civilisation.

Ce n'est plus, en effet, par en haut qu'il faut
attaquer la Chine. Le gouvernement des lettrés révèle chaque jour son incurable faiblesse. La corruption a sapé toutes les bases de ce majestueux
édifice, dont le travail et l'examen étaient jadis les
conditions d'existence. Ce qui s'obtenait autrefois
au concours, se vend aujourd'hui au plus offrant.
Les rébellions qui, depuis un tiers de siècle, ont
ébranlé l'empire chinois, ont donné lieu à une exploitation sans pudeur des bonnes grâces impériales. Il n'est pas rare de voir un mandarin saccager bravement quelques villages inoffensifs, et
venir ensuite réclamer auprès du trône le prix de sa
facile victoire sur des rebelles imaginaires. La comparaison que font les populations du calme et de la
sécurité que la présence du commerce européen assure aux côtes de l'empire, avec les désordres et les
bouleversements périodiques qui ruinent les provinces intérieures, discrédite une administration
aussi vénale qu'incapable. Les merveilles de l'industrie occidentale frappent l'esprit pratique d'un
peuple sensible surtout aux résultats matériels. Une

seule chose arrête encore la diffusion des idées et de la science européennes et maintient le prestige chancelant des lettrés : c'est cette écriture hiéroglyphique dont ils possèdent le secret et qui a si puissamment contribué à arrêter le développement d'une nation, à laquelle son génie inventif et sa prodigieuse antiquité auraient dû mériter le premier rang parmi les nations qui aiment le progrès.

C'est de cette notation imparfaite à laquelle sont condamnés les Chinois pour exprimer leurs idées que vient surtout leur plus grande faiblesse et que découle la plus grande force de leurs gouvernements. Quelle éducation possible chez un peuple dont la vie se passe à apprendre à lire, où le degré d'instruction se mesure au plus ou moins grand nombre de caractères qu'un homme parvient à retenir et à classer dans sa mémoire ? Et cependant quelles dispositions meilleures, quelles aptitudes plus grandes une race posséda-t-elle jamais pour l'étude ? Le Chinois aime la lecture et il n'est pas jusqu'au moindre hameau qui n'entretienne une école. A la honte de plusieurs nations occidentales, il serait bien difficile de trouver en Chine quelqu'un de complètement illettré. Mais il est des degrés infinis dans l'acquisition de cette première des sciences, la lecture. S'il est relativement facile d'apprendre les quelques milliers de signes indispensables aux relations de la vie ordinaire, il faut une existence pour arriver à lire les anciens, pour pénétrer les mystères de cette tradition qui est la véritable religion du Chinois, où il retrouve ses lois, son organisation sociale, les règles minutieuses qui président à tous les actes de son existence politique et sociale. Telle est la raison d'être du prestige des lettrés, leur droit à l'obéissance du vulgaire et la cause du dédain qu'ils affectent vis-à-vis des étrangers, assez extraordinairement ignorants pour ne pouvoir lire Confucius dans l'original.

Substituer aux hiéroglyphes chinois nos caractères phonétiques, rendre facilement accessible aux Chinois, non seulement notre science et nos procédés industriels, mais encore leur propre philosophie, leur propre histoire, serait détruire à la fois et l'influence des lettrés et les préjugés haineux qu'ils entretiennent contre nous. Ce serait abaisser la barrière la plus puissante qui sépare l'Orient du monde occidental. Il serait trop long d'insister ici sur les moyens à employer et sur l'importance des résultats à obtenir. Je n'ai voulu que faire pressentir l'importance d'une révolution qui ne serait comparable qu'à celle que l'imprimerie opéra en Europe au seizième siècle [1].

Les missions catholiques, répandues à l'intérieur

---

1. Francis Garnier a traité plus complètement la question dans une étude posthume sur le « rôle de la France en Orient », que nous reproduisons à la fin de ce volume.

de la Chine et en possession d'un nombre considérable d'écoles, pourraient contribuer puissamment à cette rénovation, si elles consentaient à entrer dans une voie où se sont engagées déjà quelques missions protestantes du littoral. Les traductions, que MM. Williamson, Edkins, Legge, Hobson, Wylie, Morgan, Loormis ont faites des principaux ouvrages de science européenne, tendent au même but : faire connaître l'Europe à la Chine et changer en estime le dédain que les hautes classes s'efforcent de lui inculquer à notre égard. On regrette de ne plus trouver de noms français dans cette pléiade de savants qui luttent sur les lieux mêmes pour établir la supériorité et les droits de la civilisation occidentale. Nos missionnaires, peu préparés par leur éducation à des travaux de cette nature, sont loin, hélas! des jésuites du siècle passé. Il serait vivement à désirer qu'ils comprissent que la Chine, peu accessible au sentiment religieux, ne peut être séduite que par les avantages matériels. Quelques connaissances élémentaires en physique, en chimie, en astronomie, en hygiène, assureraient à nos prédicateurs plus d'auditeurs et leur vaudraient plus d'influence que le savoir théologique le plus approfondi.

En définitive, la grande utilité des missions est de multiplier les points de contact des Européens avec les Chinois, de contribuer ainsi à faire disparaître les préventions fâcheuses, en commençant à l'intérieur l'œuvre que les bénéfices procurés par le commerce avec les étrangers achèvent dans les ports ouverts. Les populations chinoises sont trop intelligentes pour ne pas sentir que les avantages qu'elles retirent déjà du contact des Européens sont appelés à décupler encore. Si les Européens savent se conduire avec une prudente fermeté et une impartiale justice, ils ne peuvent manquer d'attirer à eux les classes moyennes et inférieures de la nation : ils atténueront ainsi les effets du mauvais vouloir des lettrés. La cour chinoise sera forcée de quitter son attitude hostile et de sortir de son exclusivisme étroit devant la pression des idées et des intérêts. Les éléments de gouvernement ne tarderont pas à se renouveler dans un sens plus favorable à l'Europe, et les malentendus que l'on a pu redouter jusqu'à ce jour s'évanouiront bientôt devant une connaissance plus nette d'une civilisation qu'on ne redoute que parce qu'on l'ignore.

Le rôle de la France est avant tout de maintenir l'intégrité de ce vaste empire, dont la population, habituée de longue date à une centralisation excessive, est beaucoup plus unie que ne se l'imaginent certains esprits superficiels. Loin de renoncer à l'influence que nous donne le protectorat des Missions, nous devons le retenir précieusement entre nos mains pour imprimer plus d'unité aux efforts des missionnaires, leur imposer à l'occasion plus de réserve, les faire servir à la fois à nos intérêts et à ceux de la civilisation, les transformer, en un mot, en un véritable instrument politique [1].

[1]. L'expression familière par laquelle Francis Garnier résumait ordinairement son opinion sur les missionnaires, était « qu'il fallait s'en servir et non pas les servir ».

III

DE SHANG-HAI A PÉKIN

I

1ᵉʳ MARS — 8 MARS 1873

Tche-fou, sa rade, souvenirs qu'elle éveille. — Rivière de Tien-tsin. — Les forts de Ta-kou. — L'amiral Rigault de Genouilly. — Expédition de 1860. — Le général Cousin-Montauban et l'amiral Charner. — Difficultés d'une nouvelle campagne et son inutilité. — Les douanes, clés de l'empire Chinois.

Tche-fou, 4 mars 1873.

Avant de donner suite à mes projets de voyage à l'intérieur, j'ai reconnu la nécessité de me rendre à l'invitation qui m'a été gracieusement adressée par le ministre de France, et d'aller conférer avec lui à Pékin sur la question de mes passe-ports.

Depuis quelques jours, tout Shang-Haï attendait avec impatience la nouvelle de la débâcle des glaces et de la réouverture du Peï-ho[1] à la navigation.

---

1. Le Peï-ho ou « Fleuve blanc » est le nom de la rivière de Tien-tsin. Il gèle complètement du mois de décembre au mois de février.

Cette nouvelle est enfin arrivée. Le 1ᵉʳ mars, cinq vapeurs appartenant à des compagnies rivales quittent le port en même temps et mettent le cap sur Tien-tsin. J'ai pris passage sur l'*Appin*, joli navire construit en Angleterre et que commande un ancien officier de la marine britannique. L'*Appin* a déjà gagné deux fois de suite cette sorte de régate qui se court chaque printemps entre Shang-Haï et Tien-tsin. Sera-t-il aussi heureux cette année?

Le temps est magnifique; la mer est d'huile. Autour de nous, à l'horizon, ondoient les panaches de fumée des navires, nos compagnons de route. L'*Appin*, chargé outre mesure, se trouve le second jour distancé par ses rivaux. Mais la vitesse propre d'un bâtiment n'est pas tout à la mer. Une hardiesse heureuse, une route qui serre la terre de plus près, une clairvoyance plus grande du temps et de la direction prochaine de la brise, compensent souvent et au delà une infériorité de marche. Le capitaine ne perd pas encore l'espoir de gagner la course. Pendant la nuit du 3 mars, nous doublons le cap Shan-tong et nous entrons dans le golfe du Pe-tche-li. Le 4, à une heure de l'après-midi, nous mouillons en rade de Tche-fou.

Notre voyage n'a pas été sans incidents. Nous sommes arrivés en luttant, le dernier jour, contre une fraîche brise de O. N. O., au milieu d'un ouragan de neige qui nous a retenus immobiles jusqu'au lendemain. Nous avons trouvé le *Ta-Kou*, le *Chih-Li* et le *Shan-Tong*, attendant pour passer la barre que le vent cesse.

La rade de Tche-fou avait été choisie, au moment de la guerre de Chine, comme le lieu de rendez-vous et la base d'opérations de l'escadre française, tandis que la flotte de nos alliés se réunissait dans la baie de Ta-lien-wan, sur la rive opposée du golfe. Ce n'est pas sans une certaine émotion que je me retrouve dans ces eaux, où, treize ans auparavant, j'ai vu flotter les pavillons de plus de soixante navires de guerre français. Quelques navires de commerce, parmi lesquels domine le nouveau pavillon allemand, y sont aujourd'hui réunis. Un commencement de ville européenne s'élève sur la plage où furent construites les petites canonnières destinées à l'attaque des forts de Ta-kou et au milieu de laquelle le corps d'armée du général Montauban planta ses tentes. La paisible activité du commerce a remplacé la fiévreuse agitation des préparatifs militaires. Nul souvenir de la France, si ce n'est quelques tombes disséminées sur la grève et dont les inscriptions, à peine lisibles aujourd'hui, cesseront demain de rappeler les noms des officiers du corps expéditionnaire qui ont succombé là. Sur une île qui protège le mouillage contre les vents du large, nous est resté encore un petit établissement hospitalier destiné aux malades de notre station des mers de Chine. Il est question, dit-on, de l'abandonner complètement.

Pourquoi ce découragement qui nous saisit au lendemain de nos désastres? Devons-nous donner raison à ceux qui proclament tout haut que la France va disparaître de la scène politique dans ces régions où elle a joué un si grand rôle? Devons-nous céder partout ainsi la place à une jeune puissance encore tout enivrée de ses succès d'hier? La position de Tche-fou, tant au point de vue sanitaire qu'au point de vue politique, présente des avantages considérables, et le maintien de notre pavillon n'entraîne qu'à des frais minimes. A l'égard du gouvernement chinois, il faut se garder de tout pas en arrière; il interprète volontiers comme un signe de faiblesse, il exploite toujours comme une victoire, auprès des populations, la plus insignifiante concession.

Les Anglais ont été bien loin de trouver à Ta-lien-wan l'équivalent de la situation de Tche-fou. Aussi ont-ils renoncé à tout établissement dans ce mouillage dangereux et sans ressources. Je ne serais pas surpris que le pavillon britannique remplaçât notre drapeau sur la petite île de Tche-fou, le jour même où il cessera d'y flotter.

7 mars.

Nous voici devant l'embouchure de la rivière de Tien-tsin. Pour y pénétrer, il faut franchir une barre sur laquelle, à marée haute, il n'y a que dix à douze pieds d'eau. Nous tentons l'aventure pendant la nuit ; nous ne réussissons qu'à nous échouer fortement sur la vase. La marée suivante nous relève, et nous passons enfin devant les embrasures menaçantes des forts de Ta-kou. Ils ont été pris par l'amiral Rigault de Genouilly, en 1858 ; ils ont vu échouer devant eux, l'année suivante, les canonnières de l'amiral anglais Hope, dont trois coulèrent sous leur feu. Ce grave insuccès motiva l'expédition combinée de 1860. Cet ensemble formidable de fortifications succomba devant une double attaque de terre et de mer. Ce fut là, à vrai dire, la seule opération militaire sérieuse de cette trop célèbre campagne. Le lendemain de la prise des forts, les canonnières anglo-françaises remontèrent à Tien-tsin, qui fut occupé sans résistance. Après quelques jours passés en pourparlers avec les Chinois, les armées alliées marchèrent sur Pékin, croyant ne plus avoir à rencontrer d'ennemis. On allait faire une entrée triomphale dans la capitale du Céleste-Empire et y signer un traité de paix définitif. On s'occupa même de désigner les officiers de toutes armes qui devaient assister au *Te Deum* solennel qu'on voulait chanter dans l'église catholique du Nan-tang.

On fut arrêté en route par la tentative désespérée de l'armée tartare à Chang-kia-wan et à Pa-li-kiao. L'artillerie et les armes perfectionnées de l'Europe eurent aisément raison des fusils à mèche et des sabres des cavaliers de Sang-ko-len-tsin. Nous perdîmes un homme dans chacune de ces deux batailles. Malgré une imprévoyance qui, avec d'autres ennemis, eût pu devenir fatale, ces victoires donnèrent au général Montauban la réputation d'un homme de guerre. Lui-même se compara modestement à Xénophon et son armée aux Dix-Mille. Une couronne de comte simula sur son front l'auréole du génie. C'est sur ces succès faciles, remportés en Algérie, en Chine et ailleurs, que s'est échafaudée la fragile gloire des généraux du second empire. Elle s'est brisée comme verre au choc de la tactique et de la science militaire des Prussiens.

Les forts du Peï-ho ont été soigneusement réparés et armés de canons Krupp. Grâce aux instructeurs européens dont le gouvernement chinois s'est assuré les services, ses soldats savent maintenant manœuvrer les nouveaux engins de guerre mis à leur disposition. Une nouvelle campagne de Chine exigerait des efforts décuples et ne promettrait que des résultats incertains. Il est aujourd'hui

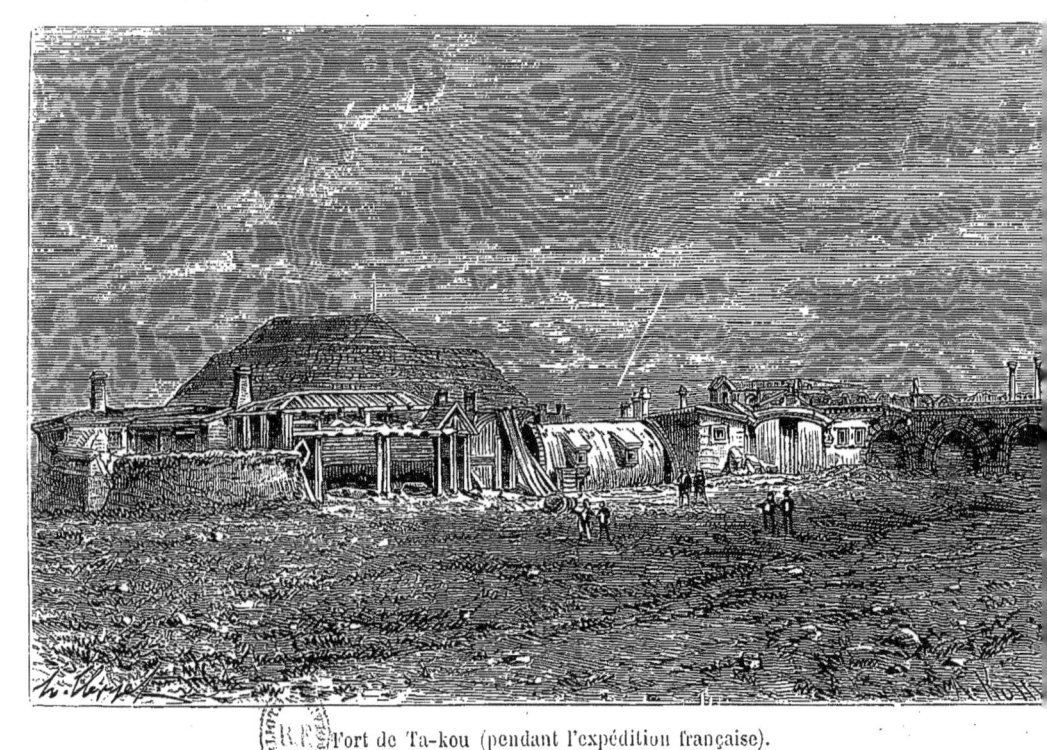

Fort de Ta-kou (pendant l'expédition française).

des moyens moins coûteux et plus efficaces d'amener, en cas de conflit, le gouvernement à composition. Il suffirait de mettre la main sur les revenus des douanes, gérées, dans tous les ports ouverts, par une administration européenne. Ces revenus constituent le plus net des ressources de la cour de Pékin, et elle se montrerait on ne peut plus sensible à leur suppression.

II

8 MARS 1873

Tien-tsin. — Communications difficiles en hiver. — Canonnière française le *Scorpion*. — Route de Pékin. — Véhicules primitifs. — Etat d'abandon des voies impériales. — Changement de lit du fleuve Jaune. — Monotonie du paysage. — Episodes de la campagne de Chine; souvenirs personnels de l'auteur.

Tien-tsin, 8 mars.

Nous sommes arrivés dans la nuit à Tien-tsin, non sans nous être échoués plusieurs fois dans les coudes si brusques que dessine le Peï-ho. Deux vapeurs nous ont déjà précédés, et nous n'avons eu qu'à suivre le large sillon qu'ils ont tracé au milieu des glaces. La concession européenne, établie sur les bords du fleuve, à quelques milles en aval de la ville chinoise, est tout en mouvement. La longue réclusion de l'hiver a pris fin : les communications avec Shang-Haï vont redevenir presque quotidiennes.

Les canonnières russe, anglaise, française, américaine, qui, depuis le massacre de 1870, passent chaque année l'hiver à Tien-tsin pour protéger leurs nationaux, se hâtent de quitter le costume de ponton qu'elles ont revêtu au début de cette période d'emprisonnement au milieu des glaces. Elles enlèvent leurs toitures, hissent leurs mâts, passent leurs cordages. Sur les quais, un monde de portefaix s'emploie au déchargement des paquebots. Les maisons de commerce de Shang-Haï ont su réunir dans leurs envois l'agréable à l'utile : des paniers d'oranges s'entassent par terre à côté des balles de cotonnades. Je traverse à la hâte cet encombrement de gens et de choses, et je vais me réfugier à bord de la canonnière française *le Scorpion*. Son capitaine me donne avec l'empressement le plus cordial tous les renseignements et tout le concours dont j'ai besoin pour la continuation de mon voyage. Je passe une journée charmante à causer avec des camarades de notre pauvre chère France, de notre marine, de nos amis communs.

Le lendemain, au point du jour, je me mets en route pour Pékin. Il fait un froid extrêmement vif, et, malgré les durs cahots que l'on subit dans les chars non suspendus en usage dans le nord de la Chine, je préfère me blottir dans celui qui contient mes bagages que d'enfourcher le cheval qui m'a été amené. La grande plaine où se déroulent les sinuo-

Tien-tsin. — Le consulat de France.

sités infinies du Peï-ho est en partie inondée. Cette inondation persistante est due au changement de lit du fleuve Jaune. On sait qu'en 1870 cette capricieuse rivière s'est créé une nouvelle embouchure dans le golfe du Pe-tche-li, à plus de cinq milles au nord de l'ancienne. Les variations qui se sont produites plusieurs fois dans le cours de ce fleuve amenèrent toujours des perturbations considérables dans le régime hydrographique de la région plate et à pentes indécises qui s'étend au nord-ouest de son embouchure.

La route que nous suivons est une large levée de terre qui domine la plaine et vient parfois border comme une digue la rive droite du Peï-ho. Peu ou point entretenue, elle s'effondre en beaucoup d'endroits, et les profonds sillons que tracent les roues des chars dans ce terrain sablonneux se dispersent au hasard au milieu de la campagne. Les propriétaires des champs traversés s'efforcent de limiter cet envahissement en creusant des tranchées de distance en distance. Vaine précaution. Les charretiers, peu soucieux de repasser dans les ornières creusées par leurs prédécesseurs, font un plus grand détour et la route s'élargit encore. A coup sûr, un paysan français ne laisserait ni voitures ni piétons circuler dans son champ labouré. Le Chinois est plus résigné, plus patient. Qui pourrait d'ailleurs indiquer exactement le parcours et les limites de la route officielle? Elle est souvent transformée à son tour en culture maraîchère ou en champ de blé.

Le pays est d'une monotonie fatigante : quelques légères ondulations, mamelons de sable où croissent quelques arbres, et sur lesquels en général se groupent les fermes et les villages, accidentent seules cette vaste plaine. La circulation est très active et la campagne très peuplée. La poussière suffocante de la route et les rayons du soleil me décident à sortir de mon affreuse prison roulante et à utiliser les services du coursier paisible qui suit la voiture depuis le matin. La vue du Peï-ho, dont nous côtoyons souvent les rives, me ramène à treize ans en arrière. Je retrouve ces barques étroites, dans lesquelles l'amiral Charner, de l'état-major duquel je faisais partie, remonta la rivière avec une faible escorte pour aller assister à l'entrée triomphale dans Pékin. Je reconnais nos haltes du soir, les villages, alors désertés devant nous, aujourd'hui populeux et bruyants, la pagode où nous parvinrent les premières et inquiétantes rumeurs de la reprise des hostilités, avec la nouvelle de l'enlèvement de M. d'Escayrac de Lauture et de plusieurs autres notabilités du corps expéditionnaire. Que mes impressions d'alors étaient différentes de celles d'aujourd'hui !

J'étais dans toute l'ardente curiosité de la jeu-

Bords du Peï-ho.

nesse ; je cherchais des émotions de guerre ; je voyais des ennemis partout. Ces populations affolées, qui se cachaient à la fois et devant les Tartares et devant les envahisseurs de leur sol, ne m'inspiraient qu'un sentiment de colère et de dédain.

Un jour, je m'écartai du fleuve que nos barques remontaient lentement à la cordelle et je me hasardai dans un village qui paraissait absolument abandonné. Les maisons étaient closes ; dans les rues se montraient quelques chiens errants qui me fuyaient en aboyant d'une façon sinistre. Le silence seul répondait à leurs cris. Pris de curiosité et pressé par la soif, je frappai à la porte de l'une des principales demeures. Personne ne vint, mais la porte céda à ma pression. Je me trouvai dans un de ces étroits couloirs, si communs à l'entrée des maisons chinoises. Toutes les issues intérieures en étaient hermétiquement fermées. Un vagissement d'enfant frappa mon oreille. J'appliquai les yeux sur la fente d'une porte et je pus distinguer l'intérieur d'une petite salle où se trouvait réunie toute une famille. L'expression anxieuse des physionomies, les efforts que faisait une jeune femme pour apaiser les cris de son enfant à la mamelle me disaient assez qu'on s'était aperçu de ma présence. Je heurtai la porte en demandant à boire ; on se consulta quelque temps à voix basse. A la fin, un vieillard vint m'ouvrir et m'apporta une tasse de thé. Je la bus debout sur le seuil pendant que tous les regards étaient fixés sur moi. J'étais à coup sûr le premier Européen que ces pauvres gens eussent jamais vu.

L'étrangeté de mon aspect, le revolver passé à ma ceinture, la terrible réputation des barbares donnaient à leurs physionomies un singulier caractère d'avide curiosité et de frayeur superstitieuse. Je ne pouvais les rassurer que par des gestes et par des sourires. Je ne laissais pas moi-même, je l'avoue, d'être un peu inquiet sur les suites de mon équipée. Les autres maisons du village devaient être habitées comme celle-ci; je pouvais être entouré, enlevé; la nuit allait venir, j'avais un peu perdu ma route. J'essayai de faire comprendre à mes hôtes que je voulais regagner le fleuve par le chemin le plus court. Un homme se détacha et me fit signe de le suivre. Je pris mon revolver à la main, et je me laissai conduire. Nous sortîmes du village par une série de petits sentiers, où, de temps à autre, j'apercevais glisser des ombres. N'allais-je pas donner dans un piège semblable à celui où avaient été attirés M. d'Escayrac de Lauture et ses compagnons? J'en fus pour mes frais d'imagination. Nous ne tardâmes pas à nous retrouver sur les bords du fleuve et à découvrir les feux de bivouac de l'escorte de l'amiral. Mon guide me les montra du doigt, puis s'enfuit à toutes jambes, sans toutefois oublier de ramasser la pièce de monnaie que je lui jetai.

Le jour suivant, nous arrivions auprès du champ de bataille de Chang-kia-wan. C'était le lendemain de ce combat où l'armée tartare, établie dans un camp retranché situé sur les bords d'un petit affluent du Peï-ho, avait essayé d'arrêter la marche des alliés sur Pékin. On achevait d'enterrer les morts que l'on avait réunis dans une grande fosse. Quelques blessés gémissaient encore çà et là sur le théâtre de l'action. L'un deux s'était traîné au bord de l'eau et s'efforçait de laver ses blessures. A notre vue, il s'étendit de tout son long et contrefit le mort, croyant sans doute que nous venions pour l'achever. Un coup de baïonnette lui avait traversé la poitrine et, à chaque mouvement respiratoire, une bulle sanglante apparaissait aux deux orifices de la plaie. Nous le fîmes porter à une ambulance qui avait été organisée à la hâte dans une pagode voisine, et que gardait un poste de chasseurs de Vincennes. Il y mourut dans la nuit.

Le soir, le général de Montauban envoya un officier à l'amiral. Surpris par le retour offensif de l'ennemi, il lui faisait demander s'il ne pouvait pas expédier à Tien-tsin un courrier sûr qui porterait au commandant de place de ce point l'ordre d'envoyer en toute hâte des munitions au petit corps expéditionnaire. Comme toujours, on n'avait eu garde d'assurer les communications de l'armée avec sa base d'opérations : des cavaliers porteurs d'ordre avaient été, disait-on, enlevés en route. Le général pensait que l'amiral serait plus heureux par la voie du fleuve que lui par la voie de terre. Je fus chargé d'aller porter à Tien-tsin l'ordre verbal du général de Montauban et l'amiral me recommanda de marcher nuit et jour pour remplir cette mission. Je partis immédiatement dans une petite embarcation du pays, avec quatre chasseurs de Vincennes pour escorte. La lune éclaira la première partie du voyage. Vers minuit, sa lumière nous fit défaut. Le fleuve était parsemé de bancs de sable, sur lesquels nous nous échouions à chaque instant. Nos rameurs indigènes, obligés de traîner la barque sur le sable, furent bientôt exténués de fatigue. Il était d'autant plus sage de réserver leurs forces pour le jour suivant, qu'il eût été impossible de les remplacer en route. Je fis donc amarrer notre barque le long de la rive gauche de la rivière et je descendis à terre, accompagné du caporal, chef de ma petite escorte, pour voir si les alentours de notre halte ne contenaient rien de suspect.

A peine avions-nous fait quelques pas, qu'un bruit de chevaux se fit entendre ; nous n'eûmes que le temps de nous cacher dans les broussailles : un parti de cavalerie tartare arrivait au galop ; il ralentit son allure près de nous, tira au hasard quelques

Barques sur le Peï-ho.

coups de fusil dans la direction où il avait aperçu nos ombres, puis se remit en marche, sans avoir découvert notre sampan qui s'abritait derrière une berge à pic. Nous nous hâtâmes de le rejoindre, et, pendant que le caporal racontait à ses subordonnés le péril auquel nous venions d'échapper et supputait la distance à laquelle il avait entendu siffler les balles autour de sa tête, je faisais remettre en marche, dégoûté de l'immobilité par cette première alerte. A peu de distance de là, sur la rive opposée, j'entendis avec la satisfaction la plus vive, le cri de veille des factionnaires anglais régulièrement répété par de nombreux échos. Je fis aussitôt ramer dans cette direction. C'était un convoi d'artillerie qui remontait le fleuve et transportait sur des allèges les pièces de 24 destinées au siège de Pékin.

Une forte escorte l'accompagnait par terre et avait dressé ses tentes sur la rive. Au bruit que fit ma petite barque en se glissant au milieu du convoi, une sentinelle cria : qui vive! et, sans attendre de réponse, déchargea son fusil et appela aux armes. Toute la rive fut bientôt en rumeur. Je me hâtai de joindre un officier et de lui expliquer la cause de ce tumulte. Peine inutile. On n'en prit pas moins les armes ; des patrouilles furent envoyées dans toutes les directions, pendant que je regagnais mon sampan, certain cette fois de dormir en toute sécurité.

Je parvins à Tien-tsin sans autre incident. Il y

régnait l'anxiété la plus vive. Des bruits fort exagérés circulaient au sujet de la capture que j'ai mentionnée de quelques notabilités des corps expéditionnaires et de la bataille de Chang-kia-wan. Je rectifiai ces bruits, je transmis à qui de droit les ordres dont j'étais porteur, et je me remis en route pour rejoindre l'amiral Charner. Je le rencontrai à peu de distance de Tien-tsin. Il était arrivé au camp le surlendemain de la bataille de Pa-li-kiao [1]. A ce moment il ne restait plus qu'à piller le palais d'Été : la présence de l'amiral cessait d'être utile. Il alla reprendre le commandement de l'escadre, mouillée devant les forts du Peï-ho.

III

15 MARS. — 20 MAI 1873

Pékin. — Aspect désolé des faubourgs de cette capitale. — Ville Chinoise, ville Tartare, ville Jaune. — Légation de France. — Nouvelles de la prise de Ta-ly par l'armée impériale. — Projets déçus. — Incertitudes de la diplomatie. — Affaire dite de « l'Audience ». — Demande de passeports pour le Tibet. — Colonie européenne à Pékin. — Église des lazaristes. — Temple du Ciel.

Pékin.

Treize années ont passé sur ces souvenirs. Elles m'ont appris à être indulgent, et pour la faiblesse des populations chinoises devant l'invasion, et pour

---

1. Littéralement « Pont qui est à huit lis » de Pékin. Le lis est une mesure itinéraire chinoise qui vaut environ 400 mètres. C'est à tort que dans le titre donné au général de Montauban, on a

les actes de vandalisme que l'on a justement reprochés au corps expéditionnaire. Dans des pays plus civilisés, n'ai-je pas assisté récemment à des défaillances aussi attristantes et à des scènes plus barbares !

Sur cette route, que je parcours paisiblement au pas de mon cheval, quelques pagodes en ruines et les restes du camp retranché de Chang-kia-wan rappellent encore la guerre de 1860. Les populations, habituées à l'incessant va-et-vient des Européens entre Tien-tsin et Pékin, ne témoignent plus à l'étranger que de l'indifférence. Les aubergistes et les muletiers se distinguent par l'âpreté avec laquelle ils exploitent son passage. L'indifférence cache-t-elle un ressentiment secret? Le souvenir de notre invasion éveille-t-il parfois une colère patriotique chez ceux qui en ont été les témoins? Je ne le crois pas. Ce peuple a déjà vu son sol conquis tant de fois qu'il ne s'étonne sans doute que d'une chose, c'est que nous n'en soyons pas restés les maîtres.

D'innombrables tombeaux se dressent de toutes parts et annoncent le voisinage de la capitale. La plupart sont entourés de bosquets de cyprès, sortes de bois sacrés qui donnent un aspect solennel à

---

adopté l'orthographe *Palikao*. La réputation de ce pont a été d'ailleurs fort surfaite. C'est un travail des plus ordinaires et qui, en Chine même, ne mérite que fort peu d'attention. (*Note de l'auteur.*)

cette campagne aride et silencieuse. Les créneaux de Pékin se découpent enfin dans l'azur du ciel. Les portes de l'enceinte élèvent hardiment au-dessus des murailles les courbes de leurs toits étagés et leurs multiples rangées d'embrasures. Guidé par mon *ma-fou*[1], je franchis l'une d'elles et je pénètre pour la première fois dans la capitale du Céleste-Empire. Son aspect est peu séduisant, et la première impression est un sentiment de déception profonde. Je traverse tout d'abord un terrain marécageux et désert, bordé de maisons en ruines et où les égouts à peu près détruits de la ville déversent leurs produits nauséabonds.

Après avoir respiré quelque temps les émanations de cet affreux cloaque, j'arrive devant l'enceinte de la ville tartare, à laquelle une nouvelle porte voûtée me donne accès : des rues larges et régulièrement percées surprennent ici le voyageur habitué aux ruelles étroites et sinueuses des villes chinoises. Une chaussée centrale, qui laisse des deux côtés les maisons en contre-bas, sert à la circulation des chevaux et des chars. Cette disposition, jointe au peu d'élévation des constructions chinoises, qui, en général, n'ont pas d'étages, fait ressembler Pékin, malgré le luxe décoratif de certaines devantures, à un vaste camp dont les baraquements peuvent être

---

[1]. Nom chinois des cochers ou des palefreniers.
(*Note de l'auteur.*)

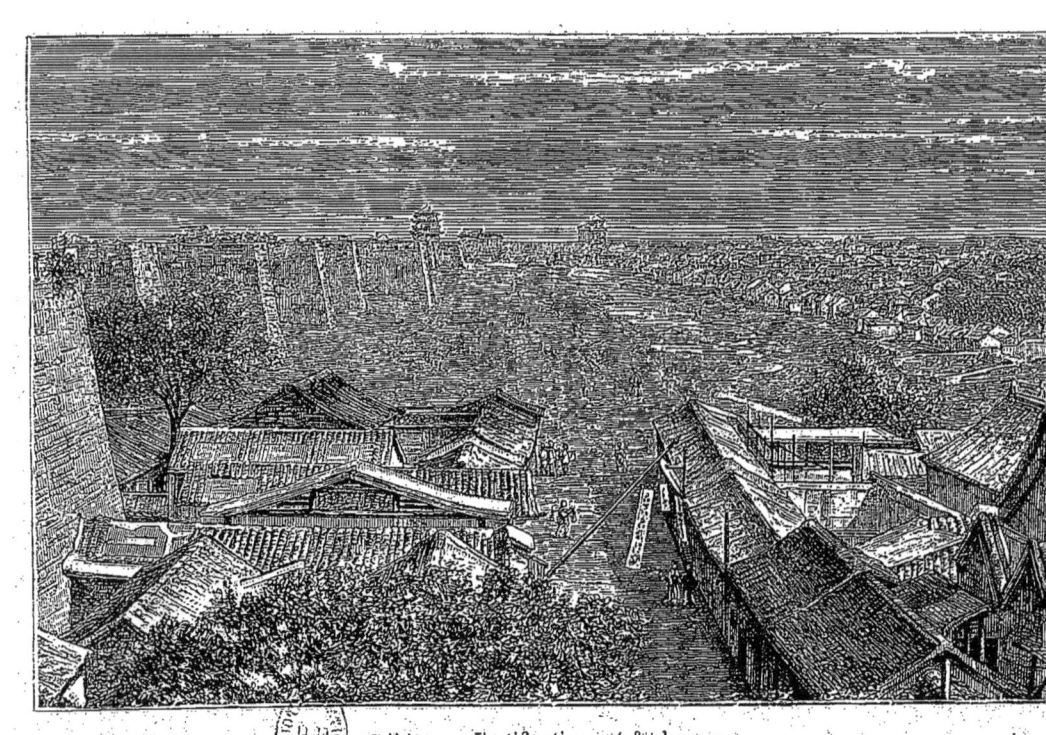

Pékin. — Fortifications et faubourgs.

transportés ailleurs d'un jour à l'autre. Un nuage de poussière plane continuellement sur cette ville sans eau et en rend le parcours un véritable supplice. Heureusement, la légation de France n'est pas loin, et j'y trouve une hospitalité aussi confortable qu'empressée et cordiale.

Pékin, 11 mars 1873.

M. de G... me fait le meilleur accueil, mais je savais déjà que mon voyage n'avait plus d'objet. La nouvelle officielle de la prise de Ta-ly avait été annoncée dans la *Gazette de Pékin* du 24 février. Le sultan a été décapité.

M. de G... m'a dit avoir écrit au sujet de mes passeports à M. Godeaux, consul à Shang-Haï. Mais c'est là une affaire relativement insignifiante que je retraiterai ici même avec le ministre.

A peine arrivé d'ailleurs je vois qu'il me faudra abréger le plus possible mon séjour. Malheureusement, tous les bateaux du service de Tien-tsin étant partis à la fois, il va y avoir probablement un intervalle assez long sans départs pendant la semaine qui va suivre. Ici, on n'est pas prévenu des arrivées à Tien-tsin, de sorte qu'il faut s'en fier à sa chance, c'est-à-dire au hasard, pour s'en aller.

Il y a beaucoup de choses à voir, mais je n'ai pas

le cœur à me promener. Nos diplomates sont du reste vraiment étranges : parlez-leur sciences, géographie, belles-lettres, ils vous écoutent encore ; une histoire de voyage ou de marine est bien accueillie par eux; parlez-leur commerce, transit, passes, intérêts français en Chine, ils vous regardent comme si vous veniez de la lune. On dirait que tout cela n'a exactement rien à faire avec leur mission.

Cependant, depuis que je suis ici, je sens que je prends pied auprès de M. de G... Il est tout converti à mes idées. Il en est à regretter amèrement la prise de Ta-ly [1] et il me demande s'il n'y aurait pas moyen de renouer cette affaire de façon ou

1. Ta-ly, capitale d'un royaume fondé à l'ouest du Yun-nan, sur la frontière de la Chine et de l'Inde, par les populations musulmanes de ces contrées, révoltées contre la domination de Pékin, était resté longtemps inconnu aux Européens. Francis Garnier, à la tête d'une partie de la mission d'exploration du Mékong, avait réussi à y pénétrer le premier, en 1868. Au mois de mars 1873, cette ville venait d'être livrée par la trahison aux troupes impériales chinoises. La rébellion musulmane, dont l'ouest de la province du Yun-nan était le centre, paraissait donc étouffée. Francis Garnier regrettait amèrement de n'avoir pas contribué à cette victoire. En allant en Chine avec l'intention de pénétrer au Tibet, il voulait faire de Ta-ly sa première étape. Le gouverneur de la Cochinchine devait lui fournir deux canonnières démontables, portant chacune un obusier de marine, dont les feux auraient suffi à réduire la capitale du nouveau royaume musulman. Les relevés géographiques et topographiques faits par le voyageur en 1868, auraient permis d'employer cette formidable artillerie dans les conditions les plus favorables. Francis Garnier se rendait bien compte du prestige qu'une semblable intervention donnerait à l'influence française, et des facilités qu'elle assurerait à ses projets de voyage.

d'autre. Puisqu'il y a trois villes qui résistent encore, je n'en vois pas l'impossibilité. Nous allons voir ce que dira le gouvernement chinois, d'une offre de concours. Il a accordé en principe les passeports pour le Tibet. J'en suis encore abasourdi.[1]

J'ai eu l'occasion de m'assurer que M. de G... avait la plus excellente opinion de l'affaire télégraphique de M. V... ; malheureusement l'affaire de l'audience écarte et domine en ce moment toutes les autres.

Pékin, 17 mars.

Le ministre est toujours charmant pour moi. C'est avec ses chevaux que je me promène. Il a grande bonne volonté, mais il connaît bien peu la Chine. L'affaire de l'audience occupe toujours les esprits, bien plus que les affaires plus importantes du traité de commerce.

Une demi-heure de travail par jour, le reste du temps employé à acheter des bibelots et à examiner des curiosités, telle est l'existence des légations. Il y a ici des soieries admirables, et des cloisonnés

---

1. C'est à cette occasion que Francis Garnier offrit au prince Kong la relation officielle du *Voyage d'exploration en Indo-Chine* (2 vol. in-4°, avec atlas in-f°) dont quelques exemplaires avaient été expédiés à Shang-Haï par la maison Hachette, dès l'apparition de l'ouvrage.

de premier ordre. Ces derniers donnent déjà lieu à un commerce considérable.

Je partirai demain de bonne heure pour un voyage de touriste de quatre jours aux tombeaux des Ming et à la grande muraille.

. . . .

En raison des trois villes qui tiennent encore dans le Yun-nan, M. V... pourrait charger le mandarin, avant son départ, de propositions nouvelles. M. de G... me donne carte blanche et m'appuiera.

Pékin, 20 mars 1873.

Tous les esprits sont préoccupés de la grave question de l'audience. Je m'imaginais que l'on s'occupait aussi de la revision des traités de commerce. Il n'en est rien ou pas grand'chose. J'ai hasardé un petit plaidoyer et de longues explications en faveur de mes projets scientifiques. Ils ont été accueillis d'une oreille bienveillante. En attendant le résultat des démarches qu'il faut encore tenter auprès du gouvernement chinois, j'ai accepté les offres amicales qui m'ont été faites de me guider dans mes promenades de touriste ou de me présenter aux notabilités diverses du monde pékinois.

Pékin est peut-être le seul point de la Chine où l'on puisse trouver une société sans mélange et des relations sans désagréments. Les rapports les plus

Pékin. — Vue de la légation de France.

cordiaux existent entre les différentes légations; elles vivent là entièrement isolées de ce monde disparate des affaires qui s'agite bruyant à Shang-Haï et ailleurs. Beaucoup de jeunes gens, apprentis diplomates ou étudiants sinologues, studieux à leurs heures, mais aimant le plaisir, donnent à cette colonie européenne, perdue au milieu de la capitale de la Chine, une animation nécessaire. La présence de quelques femmes y ajoute le liant, la discipline, la grâce. Il n'y avait pas eu à Pékin de Française depuis Mme de Bourboulon, de regrettable mémoire. La femme du ministre actuel de France, quoique Américaine, remplit ce rôle mieux qu'une Parisienne. Une instruction plus solide, une bonté plus sérieuse, une grâce plus simple font des lundis de la légation des soirées charmantes. Mme H..., femme de l'inspecteur général des douanes, laissera aussi de vifs regrets dans ce petit cercle qu'elle doit, dit-on, bientôt quitter.

Les espérances ou les déboires de ce monde diplomatique se traduisent d'une façon assez plaisante par des préparatifs de départ ou des travaux d'installation. Aujourd'hui la femme du ministre d'Angleterre vend ses conserves. Demain au contraire, Mme H... met ses armoires en ordre et fait des améliorations à son jardin; les négociations ont pris meilleure tournure. La cour impériale fournit ample matière aux cancans; les voiles épais qui cachent l'intérieur du palais sont transparents, dit-on, pour certains regards. Les chagrins réels ou supposés de la jeune impératrice attendrissent plus d'une imagination : on parle avec mystère de deux jeunes Européennes qui, arrivées il y a quelque temps à Pékin, ont disparu soudainement dans les profondeurs du gynécée tartare.

Tout à côté de la résidence du Fils du Ciel, les cloches d'une cathédrale empêchent le Tsong-li-ya-men[1] de dormir. C'est l'église du Pe-tang récemment construite par les lazaristes ; sa hauteur a été fixée par les Chinois eux-mêmes. Mais leurs mathématiciens se sont trompés dans leurs calculs, et du haut de la tour catholique le regard peut plonger dans la demeure impériale. Grand sujet de scandale pour tout l'empire et de discussions sans fin pour la diplomatie. Annexés à l'église se trouvent un musée d'histoire naturelle créé par le savant P. David, et une bibliothèque, dont une partie a été léguée aux lazaristes par les jésuites. Ce sont là bien des raisons pour aller visiter un établissement dont Mgr Delaplace fait les honneurs avec une bienveillance parfaite. Il me prend à témoin que le gabier le plus agile ne pourrait grimper dans la tour où nulle échelle ne conduit, et il me fait entendre avec un orgueil bien naturel un orgue de Cavaillé-Coll

---

1. Nom du conseil suprême qui régit l'empire chinois.
(*Note de l'auteur.*)

nouvellement monté dans l'église. Ce magnifique instrument possède un registre de voix humaine qui produit sous la nef une illusion vraiment saisissante.

Pour en revenir à la couleur locale, je vais, un dimanche, en compagnie de plusieurs membres de la légation, voir le temple du Ciel, vaste et solennel édifice qui fait pendant, au sud de la ville chinoise, au temple non moins fameux de l'Agriculture. Nous sommes tous à cheval et nous pénétrons à l'intérieur du parc qui entoure le monument par une brèche pratiquée à l'un des angles de l'enceinte. Il importe de ne pas blesser le sentiment public qui veut que les portes ne s'ouvrent que dans les circonstances officielles, et que les barbares ne soient pas admis dans un lieu que l'empereur honore parfois de sa présence. La brèche est d'ailleurs des plus praticables ; elle est « entretenue » avec soin par les gardiens du temple, qui tirent des visites des étrangers un bénéfice certain auquel tous les préjugés du monde ne les feront pas renoncer.

Nos poneys de Mongolie, s'excitant les uns les autres, ne tardent pas à prendre le parc pour un champ de course. Nous parcourons au triple galop les longues allées plantées, dit-on, par les jésuites, et qui se déroulent tout autour de la rotonde sacrée. Une branche trop basse démonte un de nos écuyers indigènes ; son cheval s'empresse de jouir de la liberté qui lui est laissée. L'écuyer heureusement n'a pas la chevelure d'Absalon : il se relève et court après son coursier. Sur ces entrefaites, deux lévriers qui nous accompagnaient ont dépisté un renard. L'animal se reposait sur la foi des traités dans un lieu où tuer un être vivant est un crime épouvantable : il essaie en vain par des crochets de dérouter ses agiles adversaires. En vain, le maître des lévriers, secrétaire de la légation, épouvanté du sacrilège qui va se commettre, les rappelle de la voix et du geste. Ses cris les animent davantage. Entraînés par l'exemple, nous finissons par prendre tous part à cette chasse à courre improvisée. Le pauvre renard fait une vaillante défense : acculé enfin par les chiens et terrassé par eux, il a la consolation de mourir, non de leurs morsures, mais du coup de grâce que lui administre savamment le médecin même de la légation. Ce renard était prédestiné : tous ne meurent point ainsi suivant les règles.

Cependant, il faut éviter un scandale, étouffer dans son germe cet incident que pourrait exploiter la diplomatie chinoise. La chasse est passée inaperçue des gardiens du temple. Les profondeurs du parc ont étouffé les aboiements des chiens. Mais on ne peut laisser le corps de la victime porter témoignage contre eux. Vite des courroies et des couvertures. Les équipements des chevaux fournissent le nécessaire. Mon renard est soigneusement enveloppé, ficelé et chargé comme un sac d'avoine sur la croupe d'un poney.

Il nous fallut ensuite retrouver le cheval échappé; ce ne fut pas une petite affaire. Nous y réussîmes après une heure et demie d'une chasse effrénée, et nous dûmes quitter le temple sans l'avoir visité. En revenant en ville, nouvel incident : le cheval porteur du renard jette son cavalier par terre et arrive seul à la légation de France. Découvrira-t-on ce que contient le paquet mystérieux? Heureusement, le ministre est absent; nous arrivons à temps pour faire disparaître le corps du délit. Des ordres sont donnés pour son ensevelissement nocturne et secret. J'espère que ma tardive révélation ne provoquera pas d'interpellation diplomatique. Je préférerais qu'elle rappelât à M. de B... qu'il m'a promis, en souvenir de l'aventure, une dent du renard montée en épingle.

IV

22 MARS. — AVRIL 1873

Le Palais d'été. — Vandalisme inutile. — Excursion classique en Mongolie. — Nang-Hao. — La grande Muraille. — Ligne de partage des eaux. — Les tombeaux et l'avenue des Ming. — Retour à Pékin. — Prolongation de séjour. — Espoir d'arriver à Ta-ly avant la répression complète de l'insurrection mahométane. — Politique habile et prudente de la Russie. — Départ pour Tien-tsin et Shang-Haï.

22 mars.

Je commence aujourd'hui, par la visite du Yuen-ming-yuen, l'excursion obligée que tout nouveau venu à Pékin doit faire à la grande Muraille et aux tombeaux des Ming. Je ne reviendrai pas, que le lecteur se rassure, sur des descriptions souvent faites. En visitant ces jardins déserts et dévastés, un profond sentiment de tristesse saisit et ne tarde pas à dominer le voyageur. Plus il se sent obligé d'admirer l'art infini avec lequel ils ont été dessinés, la beauté des sites, l'inspiration souvent bizarre, mais presque toujours gracieuse, qui a présidé à leur décoration, plus il est près de maudire ceux qui ont détruit ces grandeurs, mutilé ces bronzes, renversé ces pagodes. Versailles a été respecté par les Prussiens! Et les deux nations qui prétendent marcher à la tête de la civilisation occidentale n'ont pas craint d'accumuler ces ruines, de laisser à la Chine ce souvenir ineffaçable de leur passage, ce témoignage de vandalisme et de haine!

Au lieu de se venger sur cette résidence isolée, conservatoire historique de l'art chinois, que n'est-on entré dans le palais impérial? que n'a-t-on, aux yeux de la population de Pékin et de la Chine entière, brisé ce trône aux pieds duquel les représentants de l'Europe veulent être reçus aujourd'hui? C'étaient là les droits de la guerre. On eût ainsi détruit, au profit de la civilisation, un prestige suranné, et fait évanouir cette prétendue inviolabilité de la ville Jaune[1]. On ne se serait pas exposé, treize ans plus tard, à s'en voir refuser l'entrée. Mais enlever ou détruire des objets d'art, dissiper sans profit pour personne les produits accumulés du génie et de l'industrie de plusieurs siècles, n'était-ce pas donner des armes contre nous-mêmes et justifier ce mot sanglant que l'on a prêté au prince Kong après le pillage du Yuen-ming-yuen : « Jusqu'à présent, nous vous appelions barbares; aujourd'hui quel nom faut-il vous donner ? »

C'est en compagnie d'un officier suédois et d'un médecin de notre marine que je fais cette excursion. Nous quittons le Palais d'Été vers deux heures du soir. Il a été laissé par le gouvernement chinois dans l'état même où il se trouvait au départ des armées alliées. Pas une tentative de réparation ou de clôture n'a été faite. Les murs à demi renversés de la résidence impériale longent quelque temps la chaussée en pierre qui conduit vers le nord à Shang-ping-chou et à la grande Muraille. Quelques villages tartares, régulièrement construits et semblables à des camps retranchés, bordent la route. Ils contrastent, par leur propreté et le calme qui y règne, avec les gros bourgs chinois que nous tra-

---

1. Le palais impérial et les bâtiments qui en dépendent forment au centre de la ville tartare une troisième ville que l'on appelle la ville Jaune, où nul ne peut pénétrer, que les hauts fonctionnaires de l'empire. Elle est isolée du reste de la cité par une enceinte rectangulaire.   (*Note de l'auteur.*)

versons. C'est là que vivent en famille les soldats mandchoux que la dynastie actuelle entretient pour sa défense.

Bientôt, la chaussée se perd au milieu d'une plaine sablonneuse, où les routes de chars, profondes ornières creusées dans le sable, lui succèdent en se multipliant à l'infini. Sur notre gauche s'élève une chaîne de montagnes aux croupes arides et rougeâtres. Nous traversons sur un pont de marbre, dans le voisinage duquel reparaissent quelques traces de chaussée, le Cha-ho, rivière large et peu profonde. Le pont, construction lourde, massive, mais magnifique, est dans un déplorable état d'abandon. Les abords sont encombrés d'énormes blocs de pierre, au milieu desquels les chars ont grand'peine à se frayer un passage. Les parapets menacent ruine. Rien ne raconte plus éloquemment la décadence actuelle de la Chine que l'incurie avec laquelle, à quelques lieues à peine de la capitale de l'empire, de magnifiques travaux de viabilité sont livrés ainsi à la lente destruction du temps. Et cependant ce pays possède tant de ressources, que peu d'années d'une administration honnête suffiraient pour en faire une nation riche et puissante entre toutes.

La nuit nous surprend en route et nous nous remisons dans une petite auberge à cinq ou six kilomètres de Nang-hao, village situé au pied des

Colline et lac de Ouane-Cheou-Chane (Palais d'Été).

montagnes que nous devons franchir demain. Des feux s'allument sur leurs pentes et en projettent les ombres sur le ciel étoilé. Notre chevauchée a été longue; le froid est vif : nous nous blottissons sous nos couvertures où nous ne tardons pas à trouver un profond sommeil.

Au point du jour, les cris des muletiers qui attellent nos voitures de bagages nous remettent en selle. Les cultures disparaissent de la plaine qui se ravine profondément et se transforme en un désert de cailloux. Nous arrivons à Nang-hao à huit heures du matin. C'est un gros bourg construit à l'entrée de la vallée d'un torrent que nous devons remonter pour parvenir à la Grande Muraille. Nang-hao est le lieu de halte de toutes les caravanes de chameaux, d'ânes et de mulets qui circulent entre Pékin et la Mongolie. Il y règne toujours une animation considérable. Il ne faut pas songer à nous engager à cheval dans la gorge pierreuse et sur les rampes escarpées qu'il nous reste à traverser. Nous laissons nos coursiers dans une auberge, et, renonçant aux ânes traditionnels dont se servent pour cette excursion les touristes européens, nous entreprenons à pied cette promenade pyrénéenne.

Le torrent dont nous suivons le cours promène au hasard ses eaux limpides dans une vallée de plus en plus étroite dont il couvre de cailloux les moindres replis. Jadis une belle chaussée pavée en larges dalles traversait cette vallée et donnait accès au sommet même de la chaîne qui sépare ici le bassin du Peï-ho de celui de l'Amour. Ce travail gigantesque est tombé en ruines et les vestiges qu'on en retrouve sont aujourd'hui plus gênants qu'utiles. On suit un sentier tortueux, qui tantôt se suspend en corniche aux flancs de la vallée, tantôt franchit le torrent sur de grosses pierres, tantôt se perd au milieu d'une véritable mer de galets et de roches écroulées des cimes voisines. Nous croisons de longues files de chameaux du haut desquels un Mongol nous adresse de temps en temps un amical bonjour. Des chaises fermées, portées par des mules, nous indiquent le passage de quelque personnage officiel. A deux lieues de Nang-hao un premier col fortifié nous donne un avant-goût de la Grande Muraille. C'est là que s'arrêtent en général les touristes qui ne font ce voyage que pour l'acquit de leur conscience. Mais nous sommes gens curieux et marcheurs intrépides. Le docteur se fait suivre par un appareil photographique dans lequel il compte bien réfléchir les créneaux de Cha-tao, ville où nous voulons arriver le jour même et qui se trouve sur le versant opposé de la chaîne.

Le paysage devient plus pittoresque et la route moins pénible. La vallée se resserre; le torrent se bifurque successivement en plusieurs bras, et ces ramifications annoncent sa fin prochaine. Malgré un

Passage de Nang-hao.

brillant soleil, de longues plaques de neige apparaissent sur les pentes ; nous cheminons sur le lit même du torrent, sur une épaisse couche de glace, plus commodément qu'au milieu des rochers. Le torrent n'est plus qu'un ravin dominé de toutes parts par des cimes déchiquetées. Tout d'un coup il se relève brusquement à 45 degrés sur les flancs de la montagne, et, au sommet de cette haute et longue traînée de glace, nous apercevons la Grande Muraille, dessinant majestueusement dans toutes ses sinuosités la ligne de faîte de la chaîne, et attachant ses créneaux et ses tours aux pics les plus aigus, aux pentes les plus abruptes.

Il était trop tard et nous étions trop fatigués pour admirer et visiter en détail ce prodigieux ouvrage. Une porte voûtée fermait jadis le col auquel nous étions parvenus. Elle est minée aujourd'hui et ouverte nuit et jour à tous passants. Nous contemplâmes un instant le magnifique panorama de montagnes que l'on découvre du seuil et nous descendîmes prendre gîte à Cha-tao, petite ville dont les murailles s'apercevaient à peu de distance au-dessous, sur les bords d'un torrent qui adosse ses sources à celles du torrent que nous venions de quitter.

Le lendemain, de bonne heure, nous étions de retour à la Grande Muraille et nous parcourions le large parapet qui la couronne. Des escaliers intérieurs en facilitent l'accès de distance en distance.

Des pièces de canon de très petit calibre se voient encore çà et là aux embrasures pratiquées au-dessous et entre les créneaux. De lourdes pièces de 24 gisent par terre aux abords de la porte. A des intervalles réguliers, des tours carrées, dont la saillie extérieure est à peine suffisante pour balayer la face des courtines, élevaient autrefois plusieurs étages de feux. Le climat est ici d'une sécheresse tellement constante que c'est à peine si la rouille a attaqué l'artillerie de fonte abandonnée depuis des siècles aux intempéries des saisons. Il ne reste plus trace des affûts qui ont servi sans doute aux paysans voisins de bois de chauffage, mais on peut lire facilement sur les canons le nom du constructeur et la date à laquelle ils ont été fondus. La plupart remontent aux premières années du dix-septième siècle, époque à laquelle, suivant une inscription placée dans une tour voisine de la porte, cette partie de la muraille a été entièrement reconstruite aux frais des villes voisines.

On reste frappé et de l'énorme somme d'efforts que représente ce travail défensif, et de son inutilité absolue sur les neuf dixièmes de son parcours. Comme je l'ai déjà dit, il couronne sans interruption le faîte de la chaîne jusque dans ses parties les plus inaccessibles, et il serait un excellent point de repère pour un géographe qui voudrait dominer la ligne de partage des eaux.

La Grande Muraille. — Vue prise à la passe Nang-hao.

Mais la muraille n'ajoute rien à la défense naturelle que constituent ces montagnes à pic : jamais envahisseurs ne songeront à en escalader les pentes du haut desquelles quelques pierres suffiraient à tout balayer. Les cols seuls sont attaquables et devaient être fortifiés. C'est là précisément que, grâce à une circulation incessante et à un abandon complet, la muraille se trouve dans le plus déplorable état.

A midi, nous retrouvions à Nang-hao nos montures et nos gens : après un déjeuner bien gagné par le rude exercice que nous venions de faire, nous nous dirigeâmes vers les tombes des Ming.

Ces tombes se trouvent dans une vallée d'un aspect triste et sévère, sorte d'amphithéâtre fermé de tous côtés par des croupes jaunâtres et dénudées. Chaque monument funèbre est adossé à un contre-fort, au milieu d'une sorte de bois sacré. Ces bouquets de verdure sombre donnent à cet aride paysage un air solennel et une teinte lugubre. Nous prîmes le tombeau de Yung-lo pour le but de notre pèlerinage. Cet empereur, le troisième de la dynastie des Ming, fut celui qui transporta de Nankin à Pékin la résidence de la cour impériale[1] (1410), après avoir détrôné son neveu

---

1. Il régna de 1403 à 1424. Les tombeaux des premiers Ming sont également une des curiosités de Nankin.

(*Note de l'auteur.*)

Kien-wen-ti. Il a laissé une grande réputation de sagesse. Sa tombe, entretenue avec soin, ainsi que celle de ses successeurs, par les empereurs de la dynastie actuelle, est, paraît-il, la plus grande et la plus riche de toutes.

Elle se compose, comme toutes les constructions funéraires voisines, d'une enceinte rectangulaire contenant un temple, puis d'une immense salle où se trouve la tablette du décédé, enfin du tombeau lui-même, sorte de tumulus dont la forme rappelle celle des Stoupas de l'Inde. Les colonnes qui supportent la toiture de la salle des ancêtres sont en bois de teck amené à grands frais de l'Indo-Chine : quelques-unes sont d'une dimension prodigieuse.

Comme dans tous les édifices chinois, on ne saurait reconnaître là un style architectural quelconque. Cet amas de constructions, symétriquement isolées par des cours, n'est remarquable que par une grande richesse d'ornementation : les sculptures sur bois, les dorures, les bronzes, les cloisonnés donnent à l'intérieur un grand air de richesse et témoignent de l'habileté des ouvriers chinois ; mais on peut dire qu'*à l'extérieur* il n'y a pas de monument. Nulle part on ne retrouve une conception grandiose ou le cachet d'originalité qui révèle un artiste. Ces temples, ces salles, on les a déjà rencontrés cent fois en Chine, plus ou moins grands, plus ou moins décorés. La fatigante uniformité des constructions offi-

Arc de triomphe à l'entrée des tombeaux des Ming.

cielles est-elle, dans ce singulier pays, le résultat d'une fidélité exagérée à des traditions, à des rites cinquante fois séculaires? Vient-elle d'un manque absolu d'esprit d'invention? Et l'isolement systématique où a vécu le peuple chinois n'a-t-il pas, en cela comme en bien d'autres choses, atrophié d'heureuses dispositions naturelles?

Une chaussée dallée conduit de la tombe de Yung-lo au centre de la vallée; elle franchit sur un beau pont de marbre un torrent en ce moment sans eau; au delà commence ce que l'on appelle l'avenue des Ming. Une double rangée de statues en pierre borde la chaussée. Ce sont d'abord des mandarins civils, puis des mandarins militaires, en grand costume; viennent ensuite tous les animaux réels ou légendaires qui tiennent une grande place dans la vie domestique ou les traditions chinoises: le cheval, le chameau, l'éléphant, le lion, le tigre, le griffon, la licorne, etc. Toutes ces sculptures sont monolithes et d'une dimension qui est environ le double de la grandeur naturelle; elles font face en dedans et regardent le promeneur d'un air grimaçant ou placide.

Nos chevaux passent avec défiance devant les mandarins de pierre; leur taille les étonne, leur immobilité les rassure; mais, à la vue des animaux inconnus qui ouvrent devant eux leurs gueules menaçantes, ils se cabrent et nous emportent à travers champs. A vrai dire, c'est là l'effet le plus frappant et le plus immanquable que produise cette avenue si vantée : elle laisse les touristes assez froids ; elle épouvante leurs montures. Ces statues n'ont de remarquable que leurs dimensions. Ces ponts, ces portes triomphales qu'elles réunissent sont disséminés sur une trop vaste étendue, sans aucune entente de la perspective, sans recherche d'aucun effet d'ensemble. L'avenue n'est même pas en ligne droite et on n'y distingue, au premier abord, que des masses noirâtres confusément jetées au milieu d'une immense plaine. La ligne de la chaussée ne se détache pas du cadre bizarre qui la borde et la cache aux yeux. En somme, tant d'efforts et de travail ne laisse dans l'esprit que l'impression d'une chose puérile et grotesque.

A l'extrémité de l'avenue se trouve un pavillon où le passant peut lire, sculptée sur le marbre, une pièce de vers due au pinceau de l'empereur Kien-long [1]. La construction de l'avenue et la restauration des tombeaux des Ming sont l'œuvre de ce prince éclairé. Il a écrit aussi une histoire de la célèbre dynastie qu'ont renversée ses ancêtres. Ce monument littéraire vaut mieux sans doute que les statues que je viens de décrire.

Nous sommes allés coucher le soir même à

---

1. Il a régné de 1736 à 1796.

(*Note de l'auteur.*)

Shang-ping-chou, ville murée peu importante, située à une dizaine de lieues au nord de Pékin. Nous sommes rentrés le lendemain dans la capitale, couverts de poussière, suivant l'inévitable nécessité du climat, et un peu fatigués de notre excursion.

Pékin, 23 mars.

Tous mes préparatifs de départ étaient faits, mon domestique déjà en route, ma voiture et mon bateau retenus, quand hier au soir, au moment où je prenais congé de M. et de Mme de G..., le ministre m'a prié de rester encore quelques jours à Pékin, en me disant que je pourrais emporter peut-être la solution de mon affaire du Yun-Nan. Je ne veux pas avoir l'air de déserter ma propre cause et j'ai consenti à ce nouveau délai. M. de G... est l'homme du monde le plus indécis et qui vous échappe le plus facilement. On sort d'un entretien avec lui, le laissant convaincu, enthousiaste même de vos idées ; quelques heures après, il a tout oublié et il reproduit ses premières objections, celles mêmes qu'on avait cru détruire. Il faut pourtant que je lui aie enfoncé bien profondément la flèche dans le cœur, pour qu'il m'ait demandé une prolongation de séjour. Je suis sûr que, sans la grave affaire de l'audience, qui exige de la part de tous les ministres une entente parfaite, j'aurais déjà enlevé la chose ; mais l'affaire du Yun-nan est dirigée contre l'influence des Anglais et M. de G... a quelques scrupules à se déclarer en ce moment leur antagoniste aux yeux des Chinois.

La dernière forme qu'ont prise mes propositions est celle-ci : créer une agence politique à Yun-nan même. Le titulaire de cette agence aidera le vice-roi à déjouer les intrigues anglaises, à combattre les rebelles, traitera la question douanière du fleuve du Tong-King et mettra en relation le vice-roi avec le gouverneur de la Cochinchine.

Pékin, 29 mars.

Il n'aurait pas été sage, avec un esprit aussi indécis que M. de G..., de me confier à lui pour mener à bien la négociation qu'il a entamée avec le prince Kong. J'ai donc préféré attendre qu'elle fût assez avancée pour en faire prévoir les résultats. Il est probable — mais probable seulement — que j'obtiendrai pour le vice-roi du Yun-nan deux lettres : l'une, du prince Kong, me recommandant chaudement à lui comme officier français et comme voyageur ; l'autre, du ministre de France, m'accréditant auprès de lui comme agent politique, chargé de renseigner la légation sur les progrès de la pacification de la province et de procurer au besoin au vice-roi l'appui du gouverneur de la Cochinchine.

Avec ces deux pièces diplomatiques, nous verrons ce qu'il sera possible de faire dans l'état actuel du pays. Une ville, Mong-hoa, et deux camps retranchés résistent encore. Si les Anglais s'en mêlent, comme l'installation d'une agence à Bahmo semble le faire prévoir, la révolte peut se rallumer. C'est ma seule espérance.

2 avril. En barque sur le Peï-ho.

Je pourrais compléter le récit de mon séjour à Pékin en conduisant le lecteur dans tous les temples de la ville. Mais leur description a été souvent et trop minutieusement faite. Quelques-uns offrent un intérêt spécial aux personnes livrées à l'étude du bouddhisme et curieuses de suivre ses diverses transformations. J'ai pris surtout plaisir à visiter l'Observatoire impérial créé par les jésuites. De magnifiques instruments d'astronomie en bronze : sphères, cercles déclinatoires, etc., y témoignent à la fois de la science de ces hardis missionnaires et du parti que l'on peut tirer de l'habileté et de l'art chinois. Ce bel établissement tombe malheureusement en ruines, et les pitoyables successeurs des PP. Goubil, School, etc., y mettent les pieds le plus rarement possible. Ils s'y sont rendus récemment, à l'occasion du mariage de l'empereur, pour faire semblant de lire dans les astres l'heure propice à laquelle il fallait consommer cette heureuse union. Voilà à quel usage est descendu aujourd'hui un Observatoire jadis célèbre.

A l'angle nord-est de l'enceinte s'élève un Observatoire plus modeste où l'astrologie n'a rien à faire et où la vraie science reprend ses droits. C'est l'Observatoire russe. Je conserve un reconnaissant souvenir de l'accueil que m'a fait son directeur, M. H. Fritsche. On lui doit une excellente détermination de Pékin et des observations très nombreuses, qui permettent de tracer dans tout le nord-est de l'Asie les courbes représentant les trois éléments du magnétisme terrestre. L'église et la mission russes sont à côté de l'Observatoire. Le touriste qui cherche à s'instruire est sûr de trouver auprès de M. l'archimandrite Palladius les ressources d'un vaste savoir et le charme d'une intelligence aussi élevée que sympathique.

C'est par la science que la Russie attaque aujourd'hui le Céleste Empire : elle multiplie les explorations sur ses frontières : elle conquiert les sympathies des populations nomades de la Mandchourie ; elle témoigne en toute circonstance au gouvernement de Pékin une condescendance amicale. Elle n'affiche jamais de prétentions ; elle n'élève jamais

Pékin. — Cour de l'ancien Observatoire des jésuites.

de conflits : elle se contente de profiter de l'ignorance et de la faiblesse du gouvernement des lettrés pour lui faire payer en belle monnaie territoriale les conseils ou l'appui secret qu'elle lui prête parfois contre les bruyantes exigences des puissances occidentales. C'est ainsi que, pendant la guerre de 1860, elle a obtenu la cession de toute la partie du littoral de la Mandchourie comprise entre l'embouchure de l'Amour et la frontière de la Corée [1].

N'assistons-nous pas maintenant à une manœuvre analogue? La note demandant au gouvernement chinois une audience de l'empereur pour les cinq ministres européens résidant à Pékin a été remise collectivement par eux, au mois de février dernier. Avec sa lenteur habituelle, le Tsong-li-yamen vient à peine d'en accuser réception et d'en promettre l'examen. Mais on annonce le départ du général Vlangaty, représentant de la Russie. M. Lowe, ministre des États-Unis, et M. de Rehfues, ministre d'Allemagne, sont, dit-on, sur le point de l'imiter. Ces messieurs ne seront remplacés que par de simples chargés d'affaires. On donne à la manœuvre du ministre russe la portée d'un désistement dans la question de l'au-

---

[1]. Depuis cette époque la politique russe n'a pas varié. Le traité conclu récemment par la cour de Pékin avec le tzar et l'envoi d'un ambassadeur chinois à Saint-Pétersbourg, le prouvent avec évidence.

dience : on peut y voir, au moins, qu'il n'y attache qu'une importance secondaire. L'Angleterre et la France restent seules pour combattre les exigences du cabinet de Pékin et faire honneur à la note rédigée en commun par les cinq ministres. Si elles réussissent, tous les signataires de cette note viendront partager le succès, mais la Russie ne manquera pas de se prévaloir auprès du gouvernement chinois de son désintéressement dans une affaire destinée à faire échec à l'amour-propre des lettrés.

Ces préoccupations diplomatiques absorbent tout Pékin, où l'on ne saurait parler maintenant d'autre chose que de l'audience. J'aurais mauvaise grâce, après de si longs et de si vains efforts, à insister plus longtemps sur la cause scientifique et patriotique, ce me semble, que je suis venu plaider. Je me résigne donc à partir sans avoir rien obtenu de décisif, sans savoir même avec certitude de quelle façon le gouvernement chinois accueillera ma demande de passeports tibétains. J'emporte le meilleur souvenir de la petite colonie européenne de Pékin et de l'hospitalité de la légation de France. J'emporte aussi la crainte que nos véritables intérêts en Chine ne soient sacrifiés à une question de pure forme, devenue pour nos diplomates une question d'amour-propre.

S'il est plus court de venir de Tien-tsin à Pékin à

cheval, qu'en remontant le fleuve, il n'est pas plus long et il est beaucoup plus agréable de faire en barque le trajet inverse ; le courant nous favorise et, en cette saison, le vent n'est pas contraire. J'ai eu la chance de trouver deux aimables compagnons de voyage, le docteur C..., avec qui j'ai déjà fait l'excursion à la Grande Muraille, et M. R..., jeune interprète de la légation, qui va gérer le consulat de Tien-tsin.

Il faut aller s'embarquer à Tung-chou, ville bâtie sur les bords du Peï-ho, à peu de distance de Pékin. Nous expédions de bonne heure nos bagages dans trois chars, avec un domestique chargé de louer des barques. A midi, par un gai soleil, nous montons à cheval, et, accompagnés de quelques amis, nous nous mettons en route pour Tung-chou. La route impériale est encombrée de chars : le jeune empereur doit aller le lendemain faire un pèlerinage au tombeau de son père, et l'on a mis en réquisition toutes les voitures des villages environnants pour transporter les bagages de la cour. Nous prenons des chemins détournés pour éviter la cohue et la poussière, et nous arrivons vers le soir sur le port de Tung-chou, où se pressent des multitudes de jonques. Nos bagages ne sont pas encore arrivés. Nous visitons nos barques : l'une servira de cuisine et de logement pour nos domestiques, l'autre sera notre salon et notre dortoir. Le soleil est à son déclin : nos bagages ont été retardés sans doute par l'encombrement de la route. Deux chars enfin paraissent sur la plage. Ce sont ceux de mes compagnons de route. Ils ne peuvent donner aucune nouvelle du mien, qui est parti cependant bien avant eux. Le voiturier a-t-il pris la clef des champs avec mes malles? Tout me le fait croire. Une attente plus longue semble inutile. J'écris à la hâte quelques mots à la légation pour demander des recherches et donner le signalement du coupable. Nous nous embarquons et bientôt nos jonques prennent le courant.

La nuit est venue : ce n'est pas sans de vifs regrets que je songe aux quelques livres précieux, aux travaux ébauchés, aux notes nombreuses que contiennent mes bagages et qui sont peut-être perdus sans retour. M. R... m'affirme avec chaleur que les voituriers chinois sont fidèles, que l'absence du mien provient d'un cas de force majeure que nous connaîtrons plus tard, que tous mes bagages seront bientôt fidèlement rapportés au consulat de Tien-tsin ou à la légation de Pékin. Mon expérience de la Chine corrobore cette opinion. Mais j'aimerais mieux être témoin que victime de cette épreuve du degré de confiance que méritent les Chinois.

Le lendemain matin, nous nous éveillions à peine, qu'un char apparaît sur la berge et fait à

Charrette chinoise.

nos barques des signaux multipliés. Nous accostons : ce sont mes bagages. L'essieu de la voiture s'est rompu entre Tien-tsin et Tung-chou. Il a fallu réparer l'avarie, ce qui a pris beaucoup de temps. Le voiturier, arrivé à Tung-chou quelque temps après notre départ, a changé ses mules et continué sa route toute la nuit pour nous rattraper. Au lieu des reproches auxquels il s'attend pour son retard involontaire, il reçoit une large gratification. Nous nous séparons enchantés l'un de l'autre.

. . . .

Nous sommes arrivés aujourd'hui à Tien-tsin sans nouvel incident [1].

. . . .

---

1. La suite du récit fera comprendre que le voyageur a dû regagner Shang-Haï pour retourner à Han-Kéou et reprendre la voie du fleuve Bleu, qui devait le conduire dans la Chine centrale.

IV

UNE EXCURSION DE TROIS MOIS AU CENTRE DE LA CHINE

I

1ᵉʳ MAI. — 15 MAI 1873

Le Yang-tse-kiang ou fleuve Bleu. — Encore Han-Kéou. — Excursion préparatoire au voyage du Tibet. — Engagement d'un lettré chinois. — Le P. David. — M. Blancheton. — Passeports obtenus à grand'peine. — Fret d'une barque mandarine. — Éclipse de lune. — Paysages. — Curiosité tyrannique des foules chinoises. — Retour sur le passé.

1ᵉʳ mai 1873. Sur le Yang-tse.

Me voici naviguant sur cet immense fleuve « fils de l'Océan », qui est ouvert à la navigation européenne sur un trajet de plus de 1100 kilomètres et qui lui réserve encore un parcours presque double, avant de s'engager définitivement dans les gorges du Yun-nan et du Tibet. J'ai pris passage pour Han-kéou sur le *Plymouth-Rock*, beau steamer américain sur lequel, il y a cinq ans, je faisais pour la première fois le même voyage en sens inverse, à mon retour de l'exploration du Mékong. Pendant que la diplomatie à Pékin, et la science à Paris, me préparent les moyens d'arriver au Tibet, j'ai résolu de faire une excursion de quelques mois au centre de la Chine et de tenter le levé hydrographique de ces fameux rapides, qui, au-dessus de Han-Kéou, semblent devoir interrompre pendant quelque temps la navigation à vapeur du fleuve. Je me lance seul dans ce voyage, sans un interprète, sans un domestique européen. C'est là, sans doute, le meilleur moyen de se *chinoiser* et d'apprendre la langue : il n'est pas de professeur comparable à la nécessité. J'engagerai cependant un lettré, qui me servira de factotum. Je ne suis pas sans escorte : deux jeunes épagneuls la composent et doivent partager avec moi le fardeau de la curiosité indigène. Ils sont plus joueurs que méchants ; mais je compte sur leur taille élevée et leur forte apparence pour inspirer une frayeur salutaire.

Tchin-kiang, — grande ville située vis-à-vis l'embouchure du canal, devenu aujourd'hui en partie impraticable, qui reliait jadis Hang-tcheou à Pékin, — Nankin, ancienne capitale de l'empire, bien déchue de sa splendeur passée, — Ngan-Ning, chef-lieu de la province du Ngan-Hoei, — Kioukiang, bâtie à l'entrée du lac Po-yang et entrepôt des célèbres manufactures de porcelaines de Kingte-tching, sont les principaux points où s'arrêtent les vapeurs dans ce voyage de trois jours entre Shang-Haï et Han-Kéou. A Tchin-kiang, Kiou-kiang, et Han-Kéou, s'élèvent, à côté des villes chinoises, des commencements de villes européennes. Han-Kéou, centre du commerce des thés et limite actuelle de la navigation à vapeur sur le Yang-tse, a une importance considérable.

Dans cette saison, de nombreux steamers et quelques navires à voile remontent le fleuve pour aller charger du thé. A côté de la ligne régulière de paquebots américains qui dessert le Yang-tse depuis plusieurs années, vient de se créer une compagnie anglaise rivale. La lutte s'est ardemment engagée, d'un côté pour conserver, de l'autre pour partager un fructueux monopole. Le commerce y gagne des diminutions de fret; les voyageurs, des réductions dans les prix de passage. Le fleuve offre une animation qui fait de cette courte et paisible traversée une promenade charmante.

Han-Kéou, 8 mai.

Je viens de déjeuner avec le P. David qui est arrivé inopinément du Chen-si hier au soir. Il va dans le Kiang-si se reposer quelque temps de ses fatigues et continuer ses études d'histoire naturelle dans les montagnes qui séparent cette province du Fo-Kien; puis il retournera en France.

Je ferme mes malles et me dispose, malgré la pluie battante qui tombe, à m'embarquer demain matin. Dans une barque chinoise, la pluie n'est pas à craindre.

9 mai.

Je ne suis pas parti ce matin. Les bateliers ont pensé que la pluie était de nature à faire retarder mon départ et ils ont été surpris de voir que je ne partageais pas leur avis. J'ai de bonnes raisons pour cela. Un jour de perdu est pour moi un siècle. J'ai oublié d'ajouter hier que le P. David a abrégé son voyage dans le nord de la Chine, à cause de l'état troublé de la province du Kan-sou où le gouvernement chinois est toujours en guerre contre les Mahométans. Il voulait explorer la région du Kou-kou-noor, mais il a dû renoncer à son projet. En somme il n'a pu dépasser les frontières du Chen-si. En revenant par le Hang-kiang, la rivière qui se jette dans le fleuve Bleu à Han-Kéou, sa barque s'est brisée contre des rochers, et il a perdu une partie des échantillons d'histoire naturelle qu'il avait recueillis pendant cette tournée de sept ou huit mois.

Tous les consuls sont venus me voir et il n'est pas de politesse que l'on ne me fasse.

M. Blancheton est fort aimable et me fait successivement dîner avec toute la colonie européenne d'Han-Kéou.

10 mai.

Encore un contre-temps. Un mandarin a voulu prendre le bateau que j'avais déjà loué. De là une querelle qui dure encore et qui retarde mon départ. Je suis furieux. Le vent est favorable, le temps est redevenu beau. Je perds donc doublement mon temps. Mes journées se passent à faire des observations et à apprendre le chinois. *Taly* et *Lassa*[1] commencent joliment à aboyer après les indigènes. Ce seront de bons gardiens pour ma barque.

11 mai. En barque sur le Yang-tse.

Je me suis arrêté quelques jours à Han-Kéou pour fixer mon itinéraire et obtenir du vice-roi du Hou-pe les passeports nécessaires. La capitale du Hou-pe s'appelle Wou-tchang et n'est séparée d'Han-Kéou que par le fleuve dont elle occupe la rive droite. C'est là que réside le haut fonctionnaire auquel je dois soumettre mes projets.

Le gérant du consulat de France, M. Blancheton, m'indique, pour arriver à Tchong-Kin-fou, grande ville du Se-tchouen, qui doit être le terme de mon présent voyage, une route autre que celle du

---

1. Noms de ses deux chiens.

fleuve, et que, le premier, il vient de suivre dans une récente excursion. Il me parle avec enthousiasme de la région pittoresque qu'il a traversée. Il me fait pressentir d'importantes rectifications géographiques. Bien entendu, je n'hésite pas un instant à prendre une route nouvelle pour moi. Le fleuve grossit de jour en jour; le remonter en barque jusqu'à Tchong-Kin serait long, pénible et peu instructif; les jonques, halées à la cordelle, doivent rester constamment collées aux rives; je ne puis songer à faire des sondages qu'en redescendant. Ce sont là autant de raisons pour adopter la route d'aller qui m'est proposée. Il s'agit de traverser le lac Tong-ting, qui se déverse dans le Yang-tse à 200 kilomètres en amont d'Han-Kéou, de remonter un affluent de ce lac, le Yuen-kiang, puis de franchir une région montagneuse extrêmement curieuse pour aller rejoindre une autre rivière venant de la province du Kouy-tcheou et se jetant dans le Grand-Fleuve à peu de distance de Tchong-Kin.

Ma résolution prise, M. Blancheton la communique au vice-roi. Celui-ci fait des objections : les populations que je dois traverser ne connaissent pas les Européens; quelques-unes sont hostiles. M. Blancheton a fait, il est vrai, le même voyage sans encombre, mais il avait un caractère officiel et il était escorté par un officier chinois; je suis

Wou-tchang. — Vue prise devant la tour de la « Grue-Jaune ».

seul; on ne peut répondre de rien, etc., etc. Nous alléguons l'article 8 du traité de Tien-tsin, qui autorise un Français à circuler partout à l'intérieur de la Chine, et qui n'admet le refus de délivrance d'un passeport par les mandarins chinois que pour les localités occupées par les rebelles. Or, la région que je veux visiter est parfaitement tranquille. Le vice-roi finit par céder; il me recommande, dans mon propre intérêt, de ne pas me montrer dans les villes populeuses. J'ai trop souvent éprouvé les inconvénients de la curiosité chinoise pour ne pas apprécier toute la sagesse de ce conseil.

M. Blancheton me communique avec une obligeance inépuisable tous les renseignements qui peuvent faciliter mon voyage. Il me remet diverses lettres de recommandation pour les autorités des villes comprises dans mon itinéraire. Il se charge enfin de faire à Han-Kéou, avec des instruments que je lui laisse, les observations qui me permettront plus tard de rapporter les hauteurs barométriques de ma route à une hauteur connue. Je suis parti aujourd'hui à 10 heures du matin dans une jonque mandarine, petite mais commode, emportant le plus reconnaissant souvenir de l'obligeance et de l'activité de notre consul. Il est impossible de rendre service de meilleure grâce, et avec une connaissance plus parfaite des hommes et des choses. Que n'en peut-on dire autant de tous nos agents diplomatiques à l'étranger !

11 mai. Sur le Yang-tse.

Ma barque s'est glissée au milieu de l'innombrable forêt de jonques qui signale l'entrée de la route des lacs. La présence d'un Européen, annoncée à grands cris, fait mettre le nez dehors à tous les habitants des barques voisines. Hommes, enfants, chiens s'empressent, parlent, crient, aboient à qui mieux mieux. *Taly* et *Lassa*, attirés par le tumulte, sortent de ma chambre et se répandent en vrais fous sur les jonques qui forment autour de nous comme un pont flottant. Les femmes s'effraient, les enfants hurlent, je rappelle mes deux démons noirs, je leur administre une correction, je ferme les portes de ma chambre et je m'isole au milieu de ce peuple de bateliers.

. . . .

Je passe mon temps à installer le compartiment qui me servira de salle à manger, de cabinet de travail et de salon et celui dont j'ai fait ma chambre à coucher. Vérification faite, mes caisses ont bien supporté le voyage de Shang-Haï à Han-Kéou. A l'exception d'une bouteille d'eau-de-vie et d'une bouteille d'huile qui sont cassées ; d'un fromage qui est dans un état de moisissure complète, tout est en bon état. Mon *boy*, comme il m'en avait prévenu, n'est cuisinier que par occasion. Ses beefsteacks sont durs et ses sauces trop salées. Mais il a eu l'heureuse idée de faire une provision de cresson et je me suis régalé.

La journée est chaude et orageuse; nous cheminons lentement à la cordelle. Après avoir donné quelques soins à l'installation de mon domicile flottant, je me plonge dans l'étude du chinois; les hiéroglyphes bizarres qui me passent devant les yeux ne récréent que médiocrement mon intelligence, et ne captivent mon attention qu'à demi. D'un autre côté, le pays est sensiblement plat, le fleuve peu animé. Je finis par m'endormir, en rêvant à tout ce que je laisse derrière moi.

13 mai.

Une petite brise du sud-est ride les eaux du fleuve, qui se couvre en un instant d'une foule de blanches voiles. Les bateliers se reposent. On n'entend plus le bruit sourd de leurs pas sur les flancs de la barque. Celle-ci, doucement inclinée, fend l'onde avec un clapotis argentin. Quel calme et pour moi quelle solitude! Quel contraste entre la période de fiévreuse activité que je viens de traverser et cette monotone existence en jonque! Combien je me sens profondément seul au milieu de tous ces gens, dont la plupart voient en moi un ennemi, dont aucun ne me comprend, et que je comprends à peine. J'aimais jadis à me sentir ainsi complètement livré à moi-même, je sens qu'aujourd'hui je ne pourrais plus supporter longtemps un pareil isolement; mon imagination n'a plus assez de ressort et le pays des rêves lui reste fermé.

J'ai excité hier l'étonnement et l'admiration de mes bateliers, en leur prédisant l'heure exacte d'une éclipse de lune. Ce phénomène a provoqué, suivant l'usage, un effroyable vacarme dans tous les villages environnants. Pendant plus d'une heure, ce n'ont été que pétards, coups de canon, battements de gongs et de tam-tams, clameurs de la foule qui montrait le poing au ciel. Le tout avait pour but d'effrayer le dragon qui était en train de dévorer l'astre des nuits. Chose étonnante, cela a fini par réussir : à huit heures, un petit coin de la lune avait recouvré tout son éclat ; petit à petit, l'ombre glisse, s'affaiblit et disparaît. Une canonnière chinoise n'en a pas moins tiré le canon toute la nuit, pour assurer la déroute du monstre malfaisant. Ses coups sont répercutés par deux échos puissants et lointains. Ce fait, produit sans doute par quelque colline isolée que je n'aperçois pas, est un phénomène surprenant au milieu de cette immense plaine.

Nous passons la nuit dans une petite crique dont

le nom est charmant : Hoa-kéou, « bouche fleurie ». Les mots en Chine sont plus poétiques que les choses.

14 mai.

La brise continue favorable. Presque tout le monde dort à bord. Seuls, mes deux chiens animent le paysage; ils s'ébattent sur l'étroite plateforme qui permet de circuler autour de la barque. Leurs folies ne laissent pas que de m'inquiéter un peu. Ils sont plusieurs fois tombés à l'eau sans accident, mais c'était le long de la rive, alors que nous allions lentement à la cordelle. En ce moment nous sommes au milieu du fleuve et nous marchons toutes voiles dehors. Je me laisse distraire de mes ennuyeux travaux par le panorama du fleuve dont les bords commencent à s'accidenter. Des chaînes de petites collines, aux formes bizarres, et que couronnent de grands arbres, chevauchent sur la rive droite. Des falaises d'un rouge vif encadrent l'immense nappe d'eau : on dirait au loin comme un filet de sang qui sépare l'eau jaunâtre de la terre verdoyante.

Tout à coup, j'entends le bruit sourd d'un corps qui tombe à l'eau. Je me précipite sur la plateforme et je vois, déjà loin de nous, la tête noire de *Taly* émerger sur l'onde ; ses deux pattes battent l'eau avec désespoir. On amène les voiles.

Je siffle la pauvre bête pour lui indiquer la direction qu'elle doit suivre. Mais elle est loin, il y a du clapotis. Par une température de 30 degrés un bain est chose tentante. Je fais un bout de toilette nautique et je vais chercher la chienne affolée, qui aboie de plaisir en me voyant arriver près d'elle.

Peu à peu le temps se couvre, des éclairs sillonnent l'horizon, de lourdes ondées de pluie s'abattent avec fracas sur le fleuve. Il faut nous réfugier à l'embouchure d'une petite rivière où un grand nombre d'autres jonques vont chercher également un asile. Je subis pendant tout le reste de cette longue journée l'indiscrète curiosité de leurs habitants. Les enfants se glissent sur les bords de ma barque et passent leurs têtes à mes fenêtres. Je ne puis lever les yeux sans rencontrer vingt regards fixés sur moi. Encore si ces affreux gamins se contentaient de m'observer en silence ! Mais ils crient à pleins poumons leurs découvertes à la foule : « L'étranger écrit, il marche, il s'assied ! oh ! il mange ! Que mange-t-il ? Il a deux chiens ! » etc.; etc. Ceux-ci grondent depuis un bon moment; impatienté, je les lance d'un geste sur mes admirateurs : ils sortent comme des fous de ma chambre, en aboyant et en faisant tout fuir devant eux. Les hommes s'enferment, les femmes crient, les enfants pleurent. J'ai toutes les peines du monde à rappeler mes deux démons noirs, qui sautent de jonque en jonque en répandant au loin la terreur, et qui trouvent bien court le moment de liberté que je leur ai donné.

La nuit vient enfin qui me délivre de l'obsession de la foule. Je ne suis, hélas! qu'au commencement de mes peines. Heureusement la nature m'a doué d'une forte dose de patience et de résignation.

Pour chasser le spleen qui m'envahit, je me donne vacance ce soir. Étendu dans mon fauteuil, je songe, en suivant des yeux les capricieuses spirales de la fumée de ma cigarette. « Que faire en un bateau, à moins que l'on ne songe! » Et je revois mon existence déjà si remplie de projets et de souvenirs. Me voici sur l'autre penchant de la montagne. Le passé est bien loin et l'avenir, hélas! bien obscur!... Il n'y a cependant pas de découragement chez moi. Est-ce infatuation? Est-ce aveuglement? Non; j'ai une confiance inébranlable en ma volonté. J'ai semé pendant des années; j'attends la moisson. Et en l'attendant il faut m'imposer un travail acharné et faire ce que je puis : le destin fera le reste!

II

16 MAI. — 18 MAI 1873

Le lac Tong-ting. — Richesse du pays. — Yao-tchéou. — Navigation pénible. — Tentatives de déterminations géodésiques. — Scènes violentes. — Dangers courus par l'explorateur menacé de perdre ses instruments. — Découragement momentané.

16 mai.

Nous arrivons aujourd'hui à l'entrée du vaste entonnoir que forme le fleuve au confluent du bras du lac Tong-ting. Il est semé de bancs de sable et apparaît comme un lac paisible aux bords verdoyants et légèrement ondulés. La brise tombe. La barque vient se ranger le long de la rive orientale et continue sa route à la cordelle. Je me fais mettre à terre. Pas un nuage au ciel. Le soleil s'éteint peu à peu dans les chaudes brumes de l'horizon ; son disque rouge et sans éclat disparaît lentement au milieu des arbres. L'eau se moire un instant de mille reflets dorés. Des troupes de gros poissons analogues aux souffleurs viennent respirer bruyamment à la surface. Ils semblent jouir, eux aussi, de cette belle soirée.

Quel riche et beau pays ! Quel avenir est le sien s'il sait vouloir ! Dans deux siècles nos neveux auront plus d'égards que nous pour la race jaune. Seront-ils même assez forts pour lui résister ?

Je suis le sentier de halage et je respire avec plaisir un air plus frais. Mes deux chiens s'ébattent comme deux fous et se dédommagent de la tranquillité que je leur impose dans la jonque depuis l'accident de *Taly*.

La rive est déserte : les bateliers, qui redoutent de passer la nuit en pleine campagne, hâtent le pas pour gagner un endroit habité. Mais la nuit devient bientôt trop sombre pour faire éviter à la jonque les rochers du bord et il faut s'arrêter quand même.

On vient me prier de charger mes armes et de tirer quelques coups en l'air afin de bien annoncer à... la solitude que nous n'avons pas peur, et que nous sommes prêts à nous défendre. Je suis trop heureux d'avoir à côté de moi une plage déserte et au-dessus de ma tête un ciel étoilé pour rien refuser à ces braves gens. L'isolement qui fait leur crainte fait mon bonheur. Je vais donc enfin pouvoir observer sans avoir à redouter la curiosité de la foule. Vite ma lunette astronomique ! Il y a justement ce soir une éclipse du premier satellite de Jupiter.

17 mai. Devant Yao-tchéou (Hou-nan).

Les astres m'ont été contraires ; j'ai fait grasse matinée, toujours à cause de Jupiter ! Habituellement, c'est moi qui réveille mes chiens et qui leur ouvre la porte de ma chambre. Ce matin, ils se sont réveillés bien avant moi et, ne sachant que faire — ces démons n'ont rien de sérieux dans l'esprit — ils se sont emparés d'une de mes pantoufles, et l'ont mise en lambeaux. Je suis furieux et mes deux coquins en savent quelque chose : il suffit maintenant de leur montrer une pantoufle pour qu'ils s'enfuient à toutes jambes.

. . . .

Nous franchissons ce matin les frontières du Hou-pe et du Hou-nan, et à midi nous mouillons devant Yao-tchéou, grande ville préfectorale située à l'entrée du lac. J'appréhendais ce passage. La population est ici, dit-on, fort hostile aux Européens. Les officiers anglais qui ont fait, il y a quatre ans, le levé du fleuve en amont d'Han-Kéou, ont été accueillis à coups de pierres et ont dû renoncer à déterminer sa position et à pénétrer dans le lac.

Un peu avant la ville est un poste militaire et douanier, flanqué de plusieurs canonnières. Ma jonque a dû s'y arrêter. Mon factotum chinois, sorte de lettré qui me sert aussi de pourvoyeur et d'intermédiaire, montre mes passeports ; ceux-ci constatent que je suis un noble étranger, voué aux sciences astronomiques et ne se livrant à aucun autre commerce qu'à celui des astres. Cette assertion ne suffit pas aux gens de la douane. Ils veulent visiter mes caisses. Le procédé est insultant, après

Canonnière chinoise sur le Yang-tse-kiang.

la lecture de mes passeports. Il n'est motivé d'ailleurs par aucune suspicion sérieuse : on veut avoir un prétexte d'apercevoir le voyageur français, qui est resté jusque-là enfermé dans sa chambre. Voilà tout. Par esprit de conciliation, mes gens, comprenant une curiosité qu'ils ont partagée, conduisent les soldats dans la cuisine et dans l'office, d'où l'on peut m'apercevoir à quelque distance. Tout le poste passe successivement l'inspection de mes casseroles et de mes assiettes et, ce faisant, chacun me lorgne du coin de l'œil. Cette furtive contemplation ne satisfait pas un soldat, plus myope ou plus grossier que les autres. Au mépris de toutes les règles de l'étiquette chinoise, il se fait fort de parvenir jusqu'à moi et ouvre brutalement la porte de ma chambre. Je lisais du chinois, étendu dans un fauteuil. Je lève la tête au bruit, je fixe l'intrus et je me soulève à demi. Je n'ai pas eu besoin d'achever le mouvement : il court encore.

Bien entendu, j'ai renoncé à descendre à terre ici. J'ai fait mouiller ma jonque à l'extrémité de la rade et, pendant que mes bateliers font leurs provisions et leurs préparatifs pour la traversée du lac, j'examine le vivant paysage qui s'offre à mes regards.

Yao-tchéou est bâti dans une situation très pittoresque, au sommet d'une haute falaise rocheuse qui le met à l'abri des inondations. Une belle plage s'étend en demi-cercle au pied de la falaise et sert de port à la ville. De longues séries d'escaliers, que terminent des portes triomphales, montent de la plage aux remparts, dont les créneaux couronnent la falaise et se perdent parfois au milieu des grands arbres des yâmens. Au nord et au sud, sur le sommet de deux collines, s'élèvent deux de ces hautes tours à étages, spécimens classiques de l'architecture chinoise. Elles dominent l'enceinte et annoncent au loin la cité. Au premier plan, c'est-à-dire dans le port, un mouvement infini.

D'énormes jonques s'alignent perpendiculairement à la plage en rangées régulières et livrent à la brise leurs banderoles multicolores. Leurs formes arrondies, leurs arrières pyramidaux font songer à nos anciennes galères. Une foule d'embarcations se croisent dans tous les sens, transportant des marchands et leurs étalages. C'est un véritable marché qui se tient sur l'eau. Le regard ne tarde pas à se fatiguer du tableau qu'offrent cette masse de navires, cette forêt de mâts, de voiles, de pavillons se mouvant constamment sur une eau jaunâtre où le vent entretient un clapotis perpétuel. Il se reporte avec plaisir sur les parties plus lointaines du paysage. La terre présente les couleurs les plus vives; le rouge des falaises, le vert de la végétation, le blanc des édifices s'y mélangent en proportions heureuses. Les lignes courbes des toits des pagodes se dessinent hardiment dans le bleu du ciel et délimitent nettement le paysage. Les clameurs et l'agitation du port semblent s'arrêter aux portes de la ville. Ici le chaos et le bruit, les couleurs les plus changeantes, les aspects les plus fugitifs ; là, l'immobilité et le silence, des contours bien arrêtés, des teintes harmonieuses ne subissant que les lentes transformations du jour à son déclin.

En considérant ce panorama, je crois voir animée devant moi une estampe du moyen âge : ces fortifications, de forme antique, dont on conserve précieusement en France le spécimen à Avignon et à Guérande, ces canonnières à rames, armées d'espingoles, ces lourdes jonques, appartiennent à cette époque. Dans cet ensemble si vivant, dans cette agglomération si considérable d'hommes et de travail humain, on cherche en vain quelque chose qui caractérise la civilisation moderne et rappelle le dix-neuvième siècle : pas un bruit de vapeur, pas une fumée d'usine, pas un sifflet de chemin de fer, pas un poteau télégraphique. Je sens que j'ai brusquement changé de milieu. A une si faible distance du dernier port ouvert aux Européens, je me retrouve déjà dans la Chine immobile des Ming et des Yuen [1].

Le crépuscule arrive : je puis, sans trop éveiller

1. Nom des deux dynasties chinoises qui ont précédé la dynastie actuelle. (Note de l'auteur.)

la curiosité, prendre l'air sur le pont de ma barque. La rade et la plage s'éclairent peu à peu. L'arrière des grandes jonques se crible de trous lumineux. Des lanternes de couleur se hissent des deux côtés du gouvernail des jonques mandarines. La mienne a déjà ses deux fanaux rouges allumés. D'autres lanternes montent lentement au sommet des mâts. A cette illumination permanente viennent s'ajouter les feux errants des *sampans* sur lesquels circulent, en chantant leurs denrées, les petits marchands du port.

La nuit est tout à fait venue. Pour faire honneur au « grand homme [1] » de l'Occident qu'il accompagne, mon factotum fait battre à l'avant de ma barque un gong retentissant et partir quelques pétards. Il annonce ainsi la première veille : ce bruit, hélas! ne trouve que trop d'écho. Tambours, gongs, tam-tams, coups de canon, pièces d'artifice, se font entendre avec frénésie d'une extrémité de la rade à l'autre. Si le Chinois évite volontiers les balles, il n'a pas la même répugnance pour la poudre. Amour-propre d'auteur, sans doute, puisque c'est lui qui l'a inventée.

A ce tintamarre guerrier succèdent des distractions plus musicales. Dans toutes les grandes jonques qui nous entourent se donnent des concerts.

---

1. *Ta-jen*, expression honorifique qui désigne en Chine les personnes d'un certain rang. (*Note de l'auteur.*)

Des voix glapissantes, s'accompagnant sur des instruments à timbre aigu, modulent ces rythmes monotones, mais parfois entraînants, chers aux compositeurs chinois. Entendus à distance, quelques-uns de ces chœurs ne laissent pas que d'être agréables. Le Chinois, surtout le batelier, s'endort de bonne heure et cette récréation nocturne, si bien gagnée par le dur travail de la journée, ne se prolonge guère au delà de dix heures. Peu à peu, les chants et les lumières s'éteignent à l'intérieur des jonques. Le silence n'est plus troublé que par les aboiements de quelques chiens sur la plage. L'heure du repos a depuis longtemps sonné pour tous que je me surprends griffonnant encore mes impressions de la journée.

18 mai. Sur le lac Tong-ting.

Les jours se suivent sans se ressembler. Si la journée d'hier a été intéressante, celle d'aujourd'hui a été des plus maussades. Nous sommes entrés dans le lac ce matin, de bonne heure. Des rives basses et noyées entourent cette vaste dépression de terrain où les perches des bateliers trouvent partout fond à 2 mètres. Une chaleur étouffante règne sur cette énorme masse d'eau jaunâtre et prédispose mes gens à la paresse. Vers 10 heures, une apparence de grain s'est levée à l'horizon. Ils se sont hâtés de virer de bord et de reprendre la route de Yao-tchéou. Je m'y suis formellement opposé, et, après une longue discussion, j'ai obtenu que l'on abordât sur la côte d'une île située à mi-distance. Ce n'était perdre que la moitié du chemin fait dans la matinée. Une fois mouillé près de terre, j'ai voulu utiliser mes loisirs. J'avais devant moi une belle plage de sable formant la base d'une petite colline verdoyante et se prolongeant au loin sous l'eau. Nulle habitation en vue. En revanche, un horizon fort étendu : les tours lointaines de Yao-tchéou apparaissaient dans le nord-est comme de magnifiques points de repère. Nulle station ne pouvait être mieux choisie pour lever une partie des rivages du lac. J'ai fait transporter mes instruments à terre, et me voilà en devoir de les disposer pour l'observation. Mais j'avais compté sans les bateliers du voisinage.

De tous les plis de la rive surgissent des pêcheurs que mon aspect étrange et les singulières machines étalées devant moi enflamment de curiosité et transportent d'admiration. Le piétinement et le brouhaha de cette foule autour de moi rend impossible tout travail sérieux. On interroge mon lettré chinois sur le but de mes agissements. Il répond que je suis astronome et que je lis dans le ciel les destinées de la terre. Dans le Céleste Empire, être astronome et astrologue ne font qu'un. Chacun alors de de-

Pêcheurs chinois.

mander à contempler le soleil dans mon théodolite. J'y consens, espérant, à force de concessions et de patience, apaiser les curieux et obtenir quelque répit. L'un regarde dans la lunette les yeux fermés et s'étonne de ne rien voir; un autre en change la direction et n'aperçoit que les nuages; un troisième enfin découvre un disque rouge et s'écrie que par mes maléfices j'ai changé la couleur du soleil.

La situation devient dangereuse, quand je veux relever les principaux points de l'horizon. On s'inquiète, autour de moi, de me voir viser la plus haute tour de Yao-tchéou. Un orateur, qui gesticule fort, soutient que les Européens peuvent à de grandes distances allumer des incendies ou propager la peste. Ne serais-je pas un de ces sorciers maudits, venu pour jeter un sort sur la contrée? On me bouscule : on veut regarder de nouveau dans la lunette. O monstruosité! ô scandale! que découvre-t-on! La tour est renversée, la ville de Yao-tchéou, les montagnes qui la dominent ont suivi son exemple. Tout est sens dessus dessous; la terre domine les nuages. N'est-ce pas là la fin du monde? Les murmures éclatent. Mes gens s'enfuient. Je paie d'audace. J'affirme à ces imbéciles que s'ils ne s'éloignent pas je vais les faire tous marcher sur la tête et je fais mine de braquer sur eux ma lunette. Chacun se retire avec précipitation et s'applique à se tenir hors de portée du redoutable instrument. J'enlève mon théodolite et, suivi par mes chiens qui forment l'arrière-garde, je bats en retraite.

En raison du peu de déclivité de la côte, ma barque est mouillée à plus d'un kilomètre. J'y parviens sans encombre en ayant de l'eau jusqu'à la ceinture et je mets en sûreté mon précieux fardeau. Heureusement pour moi, mes stupides adversaires n'ont pu trouver un seul caillou dans le sable vaseux de la plage; ils s'en sont vengés en assommant à demi, à coups d'aviron, un de mes chiens qui hésitait à se mettre à la nage.

En sûreté maintenant dans ma citadelle flottante, je passe le reste du jour à maugréer contre l'ignorance et la sottise; je ne retrouverai jamais un point d'observation aussi favorable sur les bords du lac. J'avais fait, pieds nus, plus d'un mille avec de l'eau jusqu'aux genoux en portant moi-même mon théodolite. Si je l'avais confié à un batelier, il n'aurait certainement pas pu résister à la pression des curieux et il aurait fini par leur abandonner mon instrument « pour voir un peu »! Il a fallu me résigner à perdre cette journée entière, sans en avoir profité pour faire de la géographie. J'en suis exaspéré, fatigué, désappointé, furieux. Que n'ai-je eu quelques matelots bien armés pour faire le cercle autour de moi! Ou plutôt, au lieu de faire de la géographie sur le terrain, que ne suis-je enfin devenu géographe de cabinet comme MM. Vivien de Saint-Martin et Petermann? Un dieu, dans mes vieux ans, ne me fera-t-il pas ces loisirs?

III

19 MAI. — 24 MAI 1873

Immense marécage formé par le lac Tong-ting. — Le Yuen-kiang. — Nouveaux paysages. — Populations bienveillantes; pays florissants, depuis longtemps à l'abri des invasions et des guerres civiles. — Tchang-te. — Changement d'embarcation. — Mauvais vouloir des bateliers. — Approche des rapides.

19 mai.

Une bonne brise de nord-est nous a fait franchir en quelques heures la plus grande partie du lac. A midi, elle nous a faussé compagnie, nous laissant au milieu des bancs de sable le long desquels nous nous sommes péniblement traînés à l'aviron. Le soir nous surprend dans ce monotone travail. L'embouchure du Yuen-Kiang — c'est la rivière que je dois remonter — n'est plus loin; on distingue devant nous une plage basse et noyée formant la rive occidentale de ce singulier lac, qui n'est en définitive qu'une vaste dépression de terrain. Sa profondeur pendant l'hiver n'est guère que de 2 à 3 pieds dans les endroits les plus profonds; en ce moment elle est de 5 ou 6. Nous mouillons au milieu des herbes qui commencent à encombrer la surface du lac. Le ciel et l'eau se confondent de tous côtés. Le temps est couvert et la teinte grise des nuages donne aux eaux un reflet métallique qui s'éteint peu à peu avec les dernières lueurs du jour. Il fait bientôt noir comme dans un four. Des myriades de moustiques et d'insectes de toute espèce viennent tourbillonner autour de ma bougie et me couvrir de morsures. Ces essaims ailés semblent sortir de l'eau et produisent à sa surface un murmure continuel, pareil au bruit de la vapeur qui s'échappe d'une chaudière. Il est inutile de lutter contre eux. J'éteins ma lumière et je me réfugie sous ma moustiquaire.

21 mai. Sur le Yuen-kiang.

Nous sommes arrivés hier soir à l'embouchure du Yuen-kiang, après avoir traversé une véritable « plaine des joncs ». J'aurais pu me croire dans cette partie inondée de la Cochinchine. Ce matin, de très bonne heure, nous avons commencé l'ascension de la nouvelle rivière à la hauteur de laquelle nous sommes parvenus. Elle se dirige vers le sud ; la rive gauche est une plaine basse cultivée en rizières, où l'on ne découvre pas un arbre. Çà et là quelques huttes noires apparaissent au milieu des épis jaunissants. La rive droite offre, au contraire, le paysage le plus varié et le plus agréable. Une ligne continue d'ondulations boisées ménage sur le bord de l'eau une série de petites vallées qui s'ouvrent en amphithéâtre sur le fleuve. Quelques blanches pagodes se cachent dans leurs replis. De grands arbres dessinent la ligne du faîte principal, qui court parallèlement à la rive. Ses contreforts se terminent par des falaises rouges, à pic, qui isolent chaque vallon, charmante et fraîche retraite, où il y aurait mieux à faire que des stations au théodolite.

Ces jolis paysages disparaissent bientôt. Les rives redeviennent basses et noyées. Une chaleur accablante me fait trouver la journée bien longue, malgré les logarithmes dont je l'émaille. Je m'aperçois avec effroi que le lettré chinois[1] que j'ai tâché de dresser à lire l'heure sur mon chronomètre pendant que j'observe, commet mainte erreur; cette découverte me plonge dans le découragement : je regrette maintenant mon isolement trop complet.

21 mai.

Accablé de chaleur et fatigué de géographie, je m'étends dans mon fauteuil et je me mets à rêver, les yeux à demi clos. Je me récite lentement une

---

1. Francis Garnier avait commencé dès 1869 à étudier sérieusement le chinois. Pendant le cours du présent voyage, il eut sans cesse à ses côtés (voy. p. 158, 163, 177, 194 et 205) un lettré professeur avec lequel il poursuivait ses études sur les caractères, peints et chantés.

méditation de Lamartine, heureux de retrouver au fond de moi-même et de faire vibrer encore cette corde du sentiment à laquelle mes longs isolements ont conservé son élasticité et sa fraîcheur.

22 mai[1].

Le voyage, aujourd'hui, a été une promenade délicieuse dans d'étroits canaux bordés d'arbres, de cultures, de maisons. Il y avait longtemps que je n'avais vu défiler devant moi de plus gracieux et de plus vivants tableaux. Ces cours d'eau, qui enlacent tout le pays comme les mailles d'un filet, en répandant

---

1. Le 4 mars 1874, au moment où cette partie des notes de voyage, datées du 22 mai 1873, paraissait dans le *Temps*, on connaissait depuis deux mois déjà à Paris la mort de leur auteur et la rédaction les faisait précéder des lignes suivantes :

« En reprenant une publication fatalement écourtée par la terrible catastrophe du Tong-King, nous conservons aux dernières feuilles de la correspondance de notre héroïque et malheureux ami le titre qu'ont porté les premières : *De Paris au Tibet*. Comme Francis Garnier en avait le pressentiment, il écrivait ici « les premières pages d'un récit qui devait rester inachevé ». C'est à un autre, aussi hardi, mais plus heureux, qu'il appartient aujourd'hui de résoudre le grand problème dont les difficultés mêmes avaient séduit l'éminent voyageur. »

Depuis, le vœu exprimé par la rédaction du *Temps* s'est en partie réalisé. M. Prjevalsky, de 1876 à 1880, et, plus récemment, M. et Mme de Ujfalvy, ont tenté de pénétrer au Tibet. Le premier, par la Chine septentrionale, s'est élevé jusqu'aux sources du Hang-Ho; les autres, par l'Asie centrale, ont rapporté du pays de Cachemire, à la fin de l'année 1881, des renseignements précieux et une superbe collection d'objets rares dont ils ont fait don au musée ethnographique du Trocadéro. Mais le principal but poursuivi par Francis Garnier : l'origine des grands fleuves indo-chinois, n'est pas encore atteint.

Pompe à irrigation dans la Chine centrale.

sur leur passage la fertilité et la richesse, ces jardins soignés, cette active circulation de barques, m'ont rappelé la Cochinchine et mes jeunes années. J'ai vu pour la première fois des plantations de thé; j'ai admiré ces systèmes d'irrigation, simples et ingénieux comme tout ce que le Chinois tient de l'expérience des siècles; j'ai eu affaire à une population bienveillante, moins grossière dans sa curiosité que les bateliers riverains du lac Tong-ting. Malheureusement il est difficile d'en tirer quelques bons renseignements. Les Chinois ont sur la géographie des idées qui me déroutent. Les mots d'île, de rivière, sont loin d'avoir pour eux la signification précise que nous y attachons. Il est impossible de leur faire comprendre ce que c'est qu'un versant ou un bassin. Des bateliers passeront vingt fois devant un village ou une ville où ils n'auront pas l'habitude de s'arrêter, sans songer à demander son nom, et ils restent profondément étonnés qu'on les interroge à ce sujet. En toutes choses, le peuple chinois regarde ce qui l'entoure par le petit bout de la lorgnette.

Mes chiens étaient, comme moi, si enchantés du paysage, qu'ils ont plusieurs fois sauté à terre. Nous étions si près du rivage que la tentation devenait irrésistible et qu'il a fallu faire comme eux.

J'ai beaucoup d'ordres à donner pour demain, notamment pour la location de mon nouveau bateau et, comme je ne m'exprime pas en chinois avec grande facilité, il me faut prendre mon temps et parler posément.

23 mai.

Le pays offre toujours le plus riant aspect. Les îles ont disparu ; toutes les eaux du fleuve sont réunies dans un seul bras large d'un demi-kilomètre. Ses bords sont admirablement cultivés, ombragés et peuplés. Une jolie brise d'est nous fait refouler rapidement le courant. A quatre heures du soir nous arrivons en vue de Tchang-te, chef-lieu du département, où je dois changer de barque. Quelle immense agglomération d'hommes ! La ville s'étend sur une longueur de plus de deux milles sur la rive gauche. Je ne retrouve plus ici la Chine du Nord ou la Chine du Yun-nan. Là, tout porte le sceau de la décadence, tout est en ruines : ici tout est neuf ou admirablement entretenu ; le luxe des ponts, des quais, des routes qui décorent le paysage est vraiment surprenant. Les rébellions qui ont agité toute la Chine pendant les trente dernières années, n'ont fait qu'effleurer cette partie du Hounan. En 1855, les rebelles ont occupé un instant Tchang-te ; ils ont dû l'évacuer presque aussitôt, sans avoir eu le temps d'exercer leurs dévastations ordinaires. Ils n'ont pas pénétré plus loin dans la vallée du Yuen-Kiang. C'est d'ailleurs un admirable pays. Quel malheur que je doive me cacher pour l'étudier !

Afin de tromper la curiosité de la foule, je fais accoster la nouvelle barque que je dois prendre à quelque distance du gros des jonques mouillées devant la ville, et nous procédons au transbordement de mes bagages. Je quitte un palais pour une chaumière. Ici je me promenais, là je me tiendrai accroupi. Les rapides que nous n'allons pas tarder à rencontrer exigent cette réduction de domicile. J'envoie mes lettres à la poste locale qui relie Tchang-te à Han-Kéou. 24 sapèques d'affranchissement (12 centimes) par pli cacheté quel qu'en soit le poids. On voit qu'aucun *post-office* ne peut lutter avec la poste chinoise comme modicité de prix.

C'est inutilement que j'avais cherché à passer incognito ; mon factotum vient m'annoncer que les autorités du lieu exigent que ma barque, que j'avais fait arrêter à l'écart sur la rive opposée du fleuve, vienne mouiller vis-à-vis le Yà-men. Me voilà offert en holocauste à la curiosité de la foule.

Je fais fermer les portes et les fenêtres de ma barque et je donne le signal du départ. Je suis en prison cellulaire : mais j'en ai vu de plus dures. O géographes de cabinet, qu'il est agréable de faire de la science au coin de son feu ou dans une salle de bibliothèque !

24 mai.

Je n'ai pas décoléré de toute la journée et Dieu sait si mes voyages m'ont donné une forte dose de patience ! Je comptais partir vers dix heures du matin ; je suis parti à six heures du soir. La barque qu'avait louée mon factotum était incomplètement gréée. Quand on a voulu armer un aviron ou hisser une voile, tout était à faire, même la voile qui n'était qu'un tissu de lambeaux. Une jolie brise de nord, qui nous aurait fait faire une lieue et demie à l'heure, est passée au travers des lambeaux et adieu la navigation ! Il a fallu faire côte pour réparer l'avarie. Je suis persévérant de ma nature : quand tout a été prêt, pour prouver à mes gens qu'ils ne gagneraient rien à être imprévoyants, j'ai fait remettre en route malgré l'heure avancée. Nous avons été coucher à quelques milles plus loin. Je voulais au moins avoir laissé Tchang-te derrière moi.

IV

25 — 31 MAI 1873

Pays accidenté. — Hautes montagnes à l'horizon. — Les *tats* du Laos. — Rapides sans importance. — Campagne magnifique. — La pluie commence. — Excursions à pied. — Tcheng-tchéou. — Le Peï-ho de la Chine centrale. — La Suisse chinoise. — Regrets et souvenirs.

25 mai.

Nous sommes partis hier assez tard de Tchang-te. Ma nouvelle habitation est décidément des plus incommodes. Nous y sommes fort entassés, mes gens, mes chiens et moi. Aussi, je me fais mettre à terre dès que la rive me paraît un peu déserte. Une route excellente en suit les contours. Elle ressemble souvent à l'une de ces petites allées qui serpentent au milieu des gazons et des arbustes du bois de Boulogne.

Des ponts de pierre sont jetés par intervalles sur les petits cours d'eau. Une ligne de grands arbres, à verdure sombre, borde la route et délimite les cultures avoisinantes. Parfois, à l'extrémité des courbes que décrit la rivière, la berge, partout ailleurs à pic et d'une hauteur de 12 à 15 mètres, s'abaisse en pente douce vers l'eau et forme de vertes pelouses. Bientôt quelques chaînes de collines accidentent les rives. En arrière-plan se dessinent les silhouettes de vraies montagnes. Leur vue étonne et charme le voyageur, qui depuis Shang-Haï a fait quatre cents lieues en pays de plaine. La vase disparaît des bords de la rivière; les galets la remplacent avec avantage pour le coup d'œil, avec désavantage pour les bateliers, qui ont maintenant à franchir quelques pointes où le courant devient assez fort. Les habitants appellent cela des rapides. Je les renvoie à ceux du Mékong.[1] Ma co-

---

[1]. Allusion aux difficultés presque insurmontables que Francis Garnier avait dû vaincre lorsqu'il avait remonté, quelques années auparavant, certaines parties du grand fleuve de l'Indo-Chine.

lère d'hier a fait de l'effet et mes bateliers vont comme des anges Si ma barque est incommode, elle est légère et battrait facilement la lourde jonque mandarine qui m'a amené à Tchang-te.

Ce soir, nous nous sommes enfoncés entre deux rangées de collines, dont l'une est complètement à pic et forme la rive droite de la rivière ; on dirait une série de pains de sucre couchés sur le flanc et allongés bout à bout. Leurs bases rongées par l'eau laissent voir les énormes assises de grès rouge qui en forment le squelette. Le tout, — chose peu commune en Chine, — est superbement habillé de végétation. Des lignes de pins couronnent tous les sommets ; leur sombre verdure tranche vivement sur la teinte carminée des falaises qu'éclairent fortement les rayons du soleil près de son coucher. Les sommets les plus en vue sont coiffés d'un kiosque élégant et surmontés d'une de ces tours à cinq ou sept étages que les indigènes appellent des Pao-ta et qui ne sont que la transformation chinoise des Dagobas bouddhiques de l'Inde. Ce sont mes *Tats* du Laos [1] : le bouddhisme a partout laissé des traces uniformes et une architecture religieuse facile à reconnaître.

Plus nous allons, plus cette « scenery », comme disent les Anglais, devient variée et intéressante. Que j'ai vu de paysages semblables ! Avec quel plaisir

1. Allusion aux monuments bouddhiques découverts au Laos pendant le voyage d'exploration en Indo-Chine.

cependant je les contemple encore ! La nature se reproduit souvent, mais elle ne se copie jamais. Il lui suffit d'une ombre ou d'un rayon de soleil pour transformer un tableau; de même un regard baissé ou un sourire fait découvrir chez une femme une beauté qu'on ne soupçonnait pas.

Nous sommes arrivés à la nuit close à Rao-yuen, chef-lieu d'arrondissement situé sur la rive gauche. La ville est coquettement bâtie au pied de hauteurs boisées; elle mire dans les eaux du fleuve trois petits kiosques qui sont jetés comme trois points d'exclamation aux deux extrémités et au milieu du demi-cercle de la rive qu'elle occupe.

26-29 mai.

Temps sombre; fleuve plus encaissé, plus pittoresque; montagnes plus hautes. On me dit qu'elles contiennent des mines d'or et d'argent dont le gouvernement défend l'exploitation. Là-dessus j'ai beaucoup réfléchi à ce que je ferais d'une grande fortune, si j'arrivais jamais à la posséder, et j'ai reconnu que, s'il est facile de beaucoup dépenser, il faut beaucoup de discernement pour bien dépenser.

Une pluie diluvienne nous surprend à notre halte du soir. Nous passons près d'une heure à parer aux gouttières qui se déclarent dans le toit de ma barque. Il est fait en grosses nattes de bambous, que nous ne réussissons guère à rendre imperméables. Mon lit surtout est inondé. Je songe à propos à mon caoutchouc qui se morfond dans ma valise. Après avoir passé un bon moment à le décoller, je l'étends au-dessus de ma couchette et j'arrive à me préserver de l'inondation.

Les soirées sont longues en de pareilles circonstances. Impossible de lire si l'on ne veut pas voir son livre marbré de taches d'eau. Je profite d'un moment entre deux averses pour griffonner ces quelques lignes. Qu'il me tarde d'être à Long-than et d'en avoir fini avec cette pénible navigation ! Voilà juste un mois que je suis parti de Shang-Haï.

L'aspect du pays se transforme insensiblement. La population devient moins dense ; les villages, moins bruyants, sont propres, coquets, respirent l'aisance. La curiosité n'est plus aussi indiscrète. Je me sens plus à l'aise et je ne discontinue plus mes promenades à pied le long des rives. Leur végétation est superbe; des haies de bambous, frais et mobiles rideaux, dissimulent toutes les fermes éparses dans la campagne. Quelques palmiers apparaissent çà et là.

Les pains de sucre que je décrivais hier se redressent par intervalles. Dans un espace de moins d'un kilomètre carré surgissent parfois jusqu'à vingt petites montagnes, coniques à leur sommet, et sur lesquelles ondoie, comme un panache, un bouquet d'arbres qui se penchent pour regarder à leurs pieds. Voici un coude où l'une de ces aiguilles fait saillie sur la rive : l'eau s'est plu à y creuser une grotte ou une cascade naturelle, qu'elle remplit de ses bouillonnements. D'autres collines se terminent en plateaux d'où suintent de nombreuses sources. L'eau coule goutte à goutte le long des parois du rocher et le strie de raies verticales rouges et noires. Que tout cela est frais et tranquille ! Une source d'eau glacée s'est trouvée sur notre route : mon *boy*, qui est plein d'attentions pour moi, m'en a fait rapporter une carafe frappée ! Ces jours passés, en buvant de l'eau à 30 degrés, je me disais que, dans les villes civilisées comme Shang-Haï, par exemple, on avait de la glace à pareille époque, mais qu'il était bien plus hygiénique de s'en passer. Ma philosophie s'est évanouie à la vue de la carafe. — J'en ai bu avec délices !

Une pagode, à laquelle conduit un hardi sentier tracé en zigzags sur les flancs escarpés de la colline, fait miroiter au sommet ses murailles blanches et ses toits jaunes. Peu à peu la rivière cesse de décrire les courbes infinies qui variaient ses aspects et multipliaient les horizons. Elle se dirige au sud-ouest entre deux murailles rocheuses régulièrement inclinées et recouvertes d'une végétation rabougrie et uniforme. Aucune échappée qui permette au regard de franchir cette espèce de fossé. Le lit du fleuve se sème de roches qui le transforment en torrent et ralentissent notre marche.

30-31 mai.

Encore une grande ville, Tcheng-tchéou, qui profite d'un abaissement momentané des rives pour asseoir ses maisons et développer son enceinte sur un terrain fortement ondulé. Ce chef-lieu de département est sur la rive gauche du Yuen-kiang, à l'embouchure d'un affluent important, le Peï-ho, ou « rivière blanche », qui vient de l'ouest-nord-ouest. C'est cette dernière rivière que je vais remonter. Beaucoup plus étroite que celle que je quitte, elle offre des paysages dont les gracieux détails n'échappent plus au regard. Elle court encaissée entre deux rangées de collines abruptes et verdoyantes. Suspendus à quinze ou vingt mètres au-dessus de l'eau, deux sentiers serpentent en corniche sur les rives et franchissent sur des arches de pierre les torrents ou les ravins qui, çà et là, les déchirent. De nombreuses cascades tracent leur sillon d'argent au milieu de la verdure.

A demi cachées sous la feuillée, quelques maisons s'étagent sur les pentes; des escaliers de pierre y conduisent. Sur les crêtes, les roches calcaires

Paysage dans la Chine centrale.

du sous-sol apparaissent en assises régulières qui surplombent. Brunies par la mousse, elles ressemblent de loin au soubassement incliné de quelque château détruit. Ces apparences de ruines sont habillées de fleurs. Des buissons d'aubépine, des touffes de glycine suspendent à leurs flancs des festons blancs et roses. Des lianes réunissent dans une piquante antithèse les pins frileux aux palmiers amoureux du soleil.

Un peu plus loin les pins surgissent de tous côtés et forment comme un grand bois, où les jeunes pousses du printemps terminent d'un jet vert tendre les branches plus sombres des années antérieures. C'est une petite Suisse chinoise, à laquelle les pagodes qui parfois couronnent les sommets donnent un cachet tout national, et qui mériterait la visite des touristes. Je ne croyais pas qu'il existât en Chine un pays aussi boisé et aussi pittoresque. La population dissimulée au milieu des frais replis de tous ces vallons, plus nombreuse qu'on ne le croirait au premier abord, est timide et bienveillante.

Cette belle nature, quelque peu sauvage, ces fraîches retraites, ces eaux bouillonnantes, ce calme cependant, me rendent incapable de tout travail. Je frissonne d'ennui en voyant venir l'heure où mon lettré chinois va continuer de me débiter, sur un ton chantant et nasillard, un millier ou deux de caractères. Les logarithmes ont perdu pour moi leur attrait ; jadis, j'aurais entendu mugir sous ma barque toutes les cataractes du monde sans lever les yeux de la page où j'alignais des chiffres. Bref, je me surprends à rêver comme à vingt ans. Une foule de vieux airs me reviennent en mémoire ; j'en fredonne les premières notes et je sens les larmes me couper la voix. Quelle impression douloureuse ou triste peut évoquer une phrase musicale ? C'est le passé, ce sont les choses qui ne sont plus qui, en ces heures d'isolement, chantent en moi et pleurent. Sous quelle planète retrouverons-nous les sensations d'autrefois, les ardeurs, les désirs, les belles croyances de la jeunesse !

V

1er — 10 JUIN 1873

Curiosité qu'excite l'astrologue étranger. — Femmes du pays qui n'ont pas les pieds mutilés. — Écroulement de falaises fluviales. — Pao-tsing-hien. — La pluie continue. — Entrée dans le Se-tchouen. — On quitte le Peï-ho pour remonter le Che-ti. — Le paysage change. — Campagnes d'Angleterre et campagnes de l'Ile-de-France. — Long-than. — Fin de la navigation. — Passage du bassin du Yuen-kiang à celui du Wou-kiang. — Toujours la pluie. — Politesse chinoise. — Cadeaux obligatoires. — Repas pris en présence d'une garde d'honneur.

1er juin.

Les moments où j'observe sont pour mes bateliers des moments de « great attraction ». J'ai beau choisir sur la rive un campement désert, laisser ignorer l'heure où je compte dévisager les astres, il se trouve toujours, au moment précis où mes instruments sortent de leur boîte, un nombreux public réuni sur la plage et attendant silencieusement l'effet de mes conjurations. Je ne serais pas étonné que mes bateliers se fissent payer pour prévenir du lieu de la halte les villages ou les fermes avoisinantes. Je me suis amusé hier aux dépens des curieux. J'ai annoncé à mon lettré, au moment où nous nous arrêtions le long de la rive, pour y passer la nuit, que, vers minuit, j'observerais une certaine étoile.

A onze heures et demie, j'étais réveillé par un bruit confus de voix sur la rive; il y avait bien là trois ou quatre cents personnes attendant l'apparition du magicien astrologue; je me suis mis à la fenêtre de ma barque, j'ai allumé une cigarette et j'ai écouté les conversations qui se tenaient à voix basse tout autour de moi : les bateliers décrivaient aux curieux, dont quelques-uns paraissaient venir de fort loin, une grande lunette qui ressemble à un canon et dans laquelle on peut voir ce qui se passe à Pékin, mon théodolite qui éteint le soleil et renverse les montagnes, mes chiens et enfin ma personne. L'impatience était vive de s'assurer de la réalité de tant de merveilles ou de tant de monstruosités. A minuit précis, deux bateliers entrèrent dans ma chambre pour prendre mes instruments. Je leur déclarai que j'avais changé d'avis, que j'allais me coucher et que je les engageais à m'imiter. La mauvaise nouvelle se répandit avec la rapidité de l'éclair. Un murmure de désappointement s'éleva sur la rive. Le gros des curieux se retira. Quelques groupes plus obstinés restèrent longtemps accroupis sur le bord. Je n'attendis pas leur départ pour regagner ma moustiquaire.

2 juin.

Nous franchissons aujourd'hui de véritables rapides. La rivière est un torrent dans lequel les cimes avoisinantes ont fait pleuvoir les cailloux. Dans les passages les plus étroits, le dénivellement de l'eau atteint deux ou trois mètres ; il faut faire remonter à notre barque ce plan incliné d'eau bouillonnante. Nos bateliers n'y suffisent plus. Nous faisons appel aux habitants des maisons voisines : une vingtaine d'hommes et de femmes s'attellent à notre amarre ; quelques sapèques payent largement ce service, qu'on eût rendu gratis rien que pour avoir l'occasion d'apercevoir l'étranger. Je remarque avec plaisir que les femmes, ici, ne se mutilent pas les pieds. Aussi courent-elles sur les roches avec une agilité qu'on est tout surpris d'admirer chez des Chinoises.

3 juin.

Je voudrais avoir un parc pour y placer la charmante petite rivière dont nous avons aujourd'hui remonté le cours. Ce n'est plus ce torrent aux eaux écumantes dont je vous ai parlé hier. C'est une eau calme, profonde qui coule sans bruit entre deux falaises rocheuses de vingt à trente mètres de haut, murailles construites en blocs énormes et presque réguliers que surmontent quelques bouquets de pins et qu'enguirlandent dans toutes leurs fissures des plantes grimpantes, des arbustes, des touffes d'iris et des fougères. Çà et là s'ouvrent des grottes ; de leurs profondeurs s'échappe une cascade qui vient mêler sa blanche écume aux eaux noires de la rivière.

Pas un vestige humain. Les avirons de la barque, retombant en cadence, troublent seuls de leur bruit sonore cette charmante solitude. La nuit arrive : un pâle reflet de lune perce le cercle de nuages qui plane au-dessus de nos têtes. Nous nous arrêtons sous un rocher qui surplombe. Les grillons chantent et la paroi voisine redit leur cri monotone qui vibre argentin à la surface de l'eau. Ce sont de ces moments où l'on voudrait pouvoir arrêter la pensée et se contenter de jouir du sentiment de l'existence.

Je ne le puis : il me semble que constamment

retentit à mon oreille ce cri : « Marche, marche, marche, plus vite encore. Tu ne saurais t'arrêter. Hâte-toi, le temps presse et l'avenir n'attend pas. » Hélas ! quand pourrai-je un peu jouir du repos ? Sans doute, dans une autre planète !

4 juin.

Les falaises qui endiguaient ma petite rivière, se sont écroulées et nous ont découvert un pays bien cultivé dont les pentes douces sont couvertes de champs de blé déjà récoltés et de rizières verdissantes.

Des bancs de sable, des îles de cailloux interrompent et élargissent la rivière dont la navigation devient pénible. Un chef-lieu d'arrondissement, Pao-tsing-hien, est le terme de notre journée. Nous y arriverons à huit heures du soir.

5 juin.

De hautes montagnes de forme bizarre surgissent à l'horizon. Quelques-uns des sommets rocheux qui nous entourent ont été précipités dans le fleuve. D'énormes blocs, de formes presque régulières, gisent dans les eaux, ou restent disséminés sur les pentes. On dirait les débris d'une construction pélasgique. Des pans de roches sont debout sur les crêtes comme les murs ruinés de quelque gigantesque édifice. L'illusion est saisissante.

7 juin.

Il pleut, l'humidité est pénétrante. Le thermomètre descend à 19 degrés. Il fait presque froid. Je suis triste. Ce voyage est long! — Nous entrons aujourd'hui dans la province du Se-tchouen.

8 juin

Nous avons quitté le Peï-ho pour remonter un affluent de la rive droite, le Che-ti. C'est cette dernière rivière qui passe à Long-than, ville où je prendrai la route de terre. Le paysage a perdu de sa grandeur. — La rivière — un ruisseau de 30 à 40 mètres de large — trace péniblement son cours au milieu de hauteurs couvertes d'une végétation rabougrie et dont les pentes de marbre étagent çà et là quelques champs de maïs, quelques cultures de pavots. Les hautes falaises, les grands rochers, ne reparaissent qu'à de longs intervalles; les grands arbres ont disparu presque complètement. Parfois quelques pelouses fleuries viennent mourir au bord de l'eau. Nous nous sommes arrêtés ce soir auprès de l'une d'elles. Tout à côté coulait un petit ruisseau qui se perdait au milieu de roches polies par les pluies. J'ai inscrit sur l'une d'elles la date de mon passage. Les habitants du pays n'auront garde de déchiffrer ces hiéroglyphes. Avant que quelqu'un, capable de les lire, ne passe par là, le temps les aura effacés et nous aura peut-être aussi emportés dans son vol.

9 juin.

Le pays s'est transformé à vue d'œil ; les paysages d'hier n'étaient que la transition entre le beau et le joli, le grand et le gracieux. Il me semble que je suis transporté en Angleterre. De grasses prairies s'étendent partout sur les bords aplanis de la rivière. Des ormes, l'arbre à cire mélangent leurs feuillages et, au lieu de rochers, un fouillis de buissons en fleurs bordent les rives et trempent leurs rameaux dans l'eau. Des vaches, des chevaux, paissent çà et là et animent le tableau. De riantes demeures se dissimulent au milieu des vergers. Pour compléter la ressemblance avec les environs de Londres, un brouillard pluvieux reste suspendu sur les pentes et attache à chaque feuille, à chaque brin d'herbe, des perles liquides qui donnent à la verdure comme une sorte de scintillement.

La rivière est capricieuse comme la plus jolie Parisienne ; elle va du nord au sud et de l'est à l'ouest avec une brusquerie inattendue faite pour dérouter une compagnie de géographes. Les bouquets d'arbres noyés qui forment des îles au milieu de son lit, me rappellent la Marne aux environs de l'île d'Amour. Ces deux rivières sont d'égale grandeur. Le *Che-ti* n'a plus guère en moyenne qu'un mètre d'eau et en certains endroits on traîne le bateau comme sur les cailloux d'un ruisseau.

10 juin.

Ma navigation a pris fin. Je suis arrivé au point où je dois prendre la route de terre pour passer du bassin du Yuen-kiang dans celui du Wou-kiang, rivière que je redescendrai ensuite jusqu'au grand fleuve pour me rendre à Tchong-kin. Depuis cinq jours règne une pluie battante qui assombrit le paysage et m'a rendu tout travail impossible. Je suis remisé dans la plus belle auberge de Long-than; cette ville est située sur la rive droite du Che-ti-ho, petite rivière qui se jette dans le Peï-ho; elle appartient à la province du Se-tchouen, dont j'ai franchi les limites avant-hier.

Le mandarin du lieu, prévenu de ma qualité par les lettres de recommandation que je lui ai fait parvenir, se montre à mon égard d'une prévenance inimaginable. Des soldats sont placés à ma porte et écartent la foule. Le public en est réduit à me contempler par les trous, heureusement nombreux, pratiqués dans les vitres de mes fenêtres. Une fenêtre, en Chine, se compose d'un treillis en bois sur lequel on applique un papier transparent. Il suffit de passer ses doigts au travers de l'un des carrés du treillis pour se procurer une vue de l'intérieur. J'habite la salle d'honneur de l'auberge; elle est isolée du reste du logis par des cours et possède une fenêtre sur chacune de ses faces. Aussi, de quelque côté que je me tourne, je puis apercevoir des yeux braqués sur moi par les déchirures du papier; le nombre de celles-ci et de ceux-là augmente à chaque instant. Je plains les curieux qui supportent stoïquement, pour me voir, une pluie battante renforcée des douches que l'égout des toits déverse sur leurs épaules. Il est vrai que je les dédommage en leur donnant le spectacle d'un *yang ke jen*, « étranger européen » qui écrit. Pour peu qu'ils restent encore là une heure ou deux, je leur donnerai celui d'un « yang ke jen », qui mange. Cela fera époque dans leur existence. J'aurais bien désiré, pour que leur bonheur fût complet, leur donner aussi une représentation astronomique, mais, hélas! voilà cinq jours que l'astre le plus minime n'a lui sur nos têtes. C'est à s'arracher les cheveux. Je ne sais plus où je suis, cela me gêne. On aime à connaître le parallèle et le méridien sous lesquels on se couche!

Mes deux chiens causent, comme toujours, une

sensation aussi grande que moi-même, ce qui ne laisse pas d'être très flatteur. Malheureusement, ils ne se comportent pas avec la gravité nécessaire. Le premier exploit de *Taly*, en arrivant à l'auberge, a été d'étrangler un coq qui chantait dans la cour. Cette chienne est un vrai démon. *Lassa* est beaucoup plus calme et beaucoup plus obéissant, mais il ne va pas à la cheville de sa sœur pour l'intelligence. Cette petite futée comprend à demi-mot, mais n'en fait souvent qu'à sa tête, ce qui lui attire de vertes corrections que toutes ses caresses ne lui évitent pas.

Voici venir la grande carte rouge du mandarin du lieu. Celui qui la porte me présente, au nom de son maître, les compliments d'usage, et m'annonce sa prochaine visite. Je fais remercier le Fen-se[1] de son attention et je le dispense de sa visite en raison du temps. Cet excellent fonctionnaire m'informe que des soldats accompagneront mes bagages jusqu'à You-yang, ville importante qui doit être mon étape du lendemain. J'accepte à regret cette politesse. Si mes bagages ne s'en porteront pas mieux, ma bourse s'en portera plus mal.

Enfin, les autorités mettent le comble à leurs attentions en m'envoyant une jarre de vin de riz,

---

1. Titre de mandarin correspondant à peu près, au point de vue administratif, à celui de chef de canton.

(*Note de l'auteur.*)

soixante kilogrammes de cette céréale, deux canards, des œufs, etc. Je refuse. On renvoie de nouveau. Je refuse encore, en disant que, venu en simple voyageur et avec peu de bagages, je n'ai rien pour reconnaître ces présents magnifiques. Ce que l'on envoie au « grand homme », me répond-on, est une bagatelle. On n'attend rien en retour. On le supplie de vouloir bien souffrir cette marque de respect, tout indigne qu'elle est de lui : mais le pays est pauvre, il ne produit rien, etc. De guerre lasse, je finis par accepter en donnant aux porteurs des cadeaux une gratification au moins égale à leur valeur et en pestant contre la politesse chinoise, qui m'impose cet inutile surcroît de bagages.

L'heure de mon repas arrive. Avec une rigueur assez peu commune chez les soldats chinois, les deux satellites préposés à ma garde refoulent impitoyablement les curieux entassés à ma porte. Ils veulent être les seuls à jouir d'un spectacle aussi intéressant. Ils auront le monopole des récits fabuleux qu'ils feront courir en ville après mon départ. La cuisine anglaise de mon domestique chinois leur paraît aussi étrange que je la trouve mauvaise. Mes couverts Ruolz, ma faïence à dessins et surtout mes cristaux leur semblent le superlatif du confort, de l'ingéniosité et du luxe. Accoudés sur la table, dont j'occupe l'autre extrémité, ils suivent avidement tous mes gestes et se posent du regard mille questions. Ce qui les intrigue le plus, c'est de savoir quelle est cette liqueur rouge qui remplace le thé et qui brille limpide dans mon verre? A la fin de mon repas, je leur donne gravement la bouteille... vide. Ils paraissent fort satisfaits. Mais comment vont-ils se la partager?

La nuit vient enfin clore cette longue journée et renvoyer au lendemain les impatiences de la foule et les ennuis du voyageur.

VI

11 — 14 JUIN 1873

Départ de Long-than. — Voyage à pied sur la ligne de faîte de deux bassins. — Les instruments de l'observateur en chaise à porteurs. — Rencontre d'un « lis ». — Vallée de You-yang. — Arrivée et séjour à cette Mission. — Honnêteté et ignorance des missionnaires. — Restes d'une organisation féodale en Chine. — Cadeaux refusés officiellement et secrètement acceptés.

11 juin.

Je pars de Long-than à cinq heures et demie du matin. Le temps, toujours couvert, a cessé d'être pluvieux. Je vais à pied. La chaise à porteurs qui me suit et que mon rang m'impose, ne contient qu'une boussole, un baromètre, un thermomètre et un compteur. A quelque distance, portés tout aussi délicatement sur des civières, viennent mes autres instruments, la caisse qui contient mon trésor et mes livres, enfin le panier de mon déjeuner. Le gros de mes bagages fera le voyage en deux jours, mais tout ce que je viens d'énumérer doit arriver en même temps que moi, ce soir, à Youyang qui est à 36 kilomètres.

La route, sentier étroit dallé en gros blocs de marbre, serpente au milieu des rizières en se dirigeant sur le nord-ouest. L'aspect de la campagne est riant et animé. On achève de repiquer le riz. Les travailleurs accourent sur mon passage, leurs bottes de riz à la main, et me regardent avec stupéfaction, moi, mes chiens et ma chaise, sans comprendre à quoi celle-ci peut me servir. Mes porteurs ne le comprennent pas davantage, mais cette énigme n'est pas faite pour leur déplaire.

C'est avec un plaisir infini que je respire l'air frais du matin et que je délasse, par un salutaire exercice, mes jambes rouillées par un séjour d'un mois en bateau. Mes chiens partagent ma satisfaction, mais ils n'apportent pas dans leurs ébats une modération suffisante. Ils ignorent la longueur de l'étape à laquelle ils sont condamnés. Les poules, les cochons, qui se promènent aux environs des fermes, les troupes de canards qui barbottent dans les rizières, sont tour à tour l'objet de leurs poursuites et la cause de mes réprimandes. Par contre, à chaque village que nous traversons, les chiens de la localité se réunissent pour accabler les pauvres bêtes, qui n'ont

Fermiers de la Chine centrale.

d'autre ressource que de se réfugier entre mes jambes. C'est une ombre au tableau, la contre-partie des plaisirs de cette excursion à travers champs.

Nous quittons la plaine pour escalader les hauteurs qui la bordent, je me rapproche de ma chaise pour consulter mes instruments. Mes porteurs s'arrêtent, abaissent le voile et soupirent. Je prends quelques notes et je m'éloigne. Mes porteurs respirent. Les soldats qui m'accompagnent ne l'entendent pas ainsi : « Nous avons à gravir une montée très rude. Le « grand homme » ne peut aller à pied ; il serait trop fatigué. » Et ils font rapprocher la chaise. Mes porteurs ont l'air contrit de gens qui se sont grossièrement trompés. « Quand je voudrai ma chaise, je la demanderai, » dis-je aux soldats, et j'attaque vigoureusement l'ascension de la montagne. La physionomie de mes porteurs témoigne autant de joie que de surprise.

Au bout d'une demi-heure, nous sommes arrivés à mi-côte. Les soldats essoufflés ont peine à me suivre. Je m'arrête pour contempler une dernière fois la vallée de Long-than, sur laquelle, à mes pieds, le brouillard étend lentement ses voiles. Une chaise bleue, hermétiquement fermée, apparaît au-dessus de ma tête. La route est tellement à pic qu'il m'est impossible de ne pas voir deux pieds mignons posés sur un marchepied capitonné et emprisonnés dans des souliers en satin cramoisi, richement brodés et démesurément pointus. Leurs dimensions et leurs formes attestent que la pauvre voyageuse est martyre au plus haut degré de la coquetterie et des préjugés chinois. Un regard furieux vient croiser le mien et troubler ma méditation. C'est celui d'un cavalier qui accompagne la chaise : il paraît choqué au suprême degré de l'impertinente audace avec laquelle je considère les « tiges »[1] du lis de ses pensées. Au même moment un ongle rouge, d'une longueur exagérée, soulève à demi un rideau de la chaise, et le lis curieux m'examine d'un regard furtif. Puis la vision se perd dans le brouillard. Je plains la dame, sans envier le mari.

Nous continuons à monter. Nous voici au faîte de la chaîne. La croupe de la montagne ressemble à une immense pelote sur laquelle des aiguilles de marbre sont rangées en ordre presque symétrique. Leurs têtes noirâtres et pointues font saillie de tout côté et leurs bases pyramidales ne laissent entre elles aucun espace pour la culture.

Des buissons de roses sauvages croissent seuls et drus, et jonchent la route de leurs pétales. Au milieu de leurs épines, j'aperçois des fraises dont l'aspect est aussi séduisant que trompeur. Elles n'ont ni parfum, ni goût, et je ne m'étonne plus, après en

---

1. Dans le style poétique de la Chine, on appelle les pieds d'une femme des « tiges de lis ».

(*Note de l'auteur.*)

avoir goûté, que personne ne se baisse pour les cueillir.

Nous cheminons sur la ligne de faîte à laquelle nous sommes parvenus. Au-dessous de nous, des deux côtés de la route, se creusent de petits vallons où s'étagent des rizières et des champs de maïs. Nous traversons un ou deux cols fortifiés et nous arrivons à un village. C'est jour de marché. Mes gens s'arrêtent dans une auberge pour déjeuner et la foule, accourue aussitôt, s'entasse à la porte, dans l'espoir que je vais les imiter. Je trompe leur attente et, dès que mes porteurs ont englouti les trois ou quatre bols de riz qui composent leur modeste repas, nous nous mettons en marche. A quelque distance de là, j'avise une maison isolée, sur un sommet d'où l'on découvre un panorama magnifique.

La vallée de You-yang s'étend à mes pieds; les montagnes qui la limitent du côté de l'ouest ondulent à flots aigus à l'horizon. Je suis arrivé à la ligne de partage des eaux, et je vais maintenant descendre rapidement dans le bassin du Wou-kiang. Je m'arrête pour jouir de ce coup d'œil, et je fais ouvrir mon panier de provisions. Une bouteille de vin, un poulet froid, une boîte de sardines, du riz en guise de pain, me sont servis sur une table branlante. Je n'ai d'autres témoins de mon repas que mes porteurs et les habitants de la case, en tout douze ou quinze personnes. Il serait chimérique pour un Européen d'espérer dîner en Chine à moins de spectateurs que cela. La maîtresse de la maison, vieille femme ridée comme une pomme reinette, regarde avec envie les os que je jette à mes chiens. Je lui fais cadeau de la moitié de ma volaille, et je donne le signal du départ.

Il fait chaud. Le chemin est désert et rocailleux. La fatigue de la marche et la somnolence de la digestion commencent à agir sur mes jambes. Ma chaise est là derrière moi comme une tentation permanente. « Pourquoi n'y monterais-tu pas? dit le démon de la paresse. — Garde-toi bien de le faire, dit le démon de la géographie. Tu ne verras plus aussi bien la route. Tu évalueras mal la distance parcourue. — Le chemin est pénible, les porteurs seront bien fatigués, » ajoute l'humanité. J'ai honte de l'avouer, mais l'humanité et la géographie n'ont remporté qu'une demi-victoire. Je me suis fait porter près d'une heure, avec ma boussole sur mes genoux.

Le paysage change et m'invite à quitter cette allure nonchalante. La route suit en corniche les flancs d'une gorge boisée; à mes pieds s'ouvre un vallon qui la continue et où le torrent qui gronde à mes côtés se transforme en une paisible rivière. Les rizières qui la bordent sont encadrées par de grands arbres et apparaissent comme des miroirs, où le riz nouvellement repiqué dessine un semis régulier de points verts. Nous nous enfonçons entre deux haies d'arbustes en fleurs. Une muraille basse et épaisse nous sépare de la rivière dont elle endigue les eaux. Les habitations reparaissent, la vie avec elles. Mais mes chiens restent maintenant insensibles à la vue des canards et des poules. Ils commencent à trouver l'étape trop longue. Voici qu'un pont de pierre montre son arche arrondie à un coude de la rivière. Une sorte de porte triomphale s'ouvre à son extrémité sur une longue rue de maisons basses, mais bien construites. Nous sommes arrivés à You-yang. Je monte en chaise pour ne pas compromettre ma dignité et surtout pour échapper aux regards. Mes chiens se rangent sous les brancards pour éviter les morsures de leurs adversaires, dont les aboiements retentissent déjà. Au bout d'un quart d'heure d'un pas accéléré, nous arrivons à la mission catholique française. La porte se referme sur la foule curieuse. Pour la première fois depuis mon départ d'Han-Kéou, j'ai la chance de rencontrer ici deux Européens, nos compatriotes, les Pères H... et P... Je laisse à penser si l'accueil est cordial et si notre conversation a de l'entrain. J'oublie en un instant toute ma fatigue; il y a plus d'un mois qu'il ne m'est arrivé de me sentir l'esprit aussi tranquille.

Mission de You-yang, 12 juin.

Une partie de la nuit s'est passée à répondre aux questions de mes hôtes et à leur en adresser. Ils sont depuis sept ou huit ans en Chine. La Mission qu'ils administrent est une des plus sauvages, celle où les communications avec l'extérieur sont le plus difficiles. Quel abîme ne tardent pas à creuser cette séquestration, cette préoccupation d'un but exclusif, ces lacunes de l'éducation première, entre ces pauvres jeunes gens et la civilisation. Le monde, qu'ils n'avaient fait qu'entrevoir, s'est fermé pour eux à vingt-cinq ans. Si la plupart ont perdu cet enthousiasme un peu fragile que l'on appelle une vocation, tous ont conservé de grandes illusions et se sont affermis dans leurs croyances. Morts à la politique, à la littérature, à la science, à tout fait nouveau, tenus à l'écart par la classe polie et instruite de la nation qu'ils sont venus convertir, ils vivent, fidèles au précepte évangélique, au milieu des pauvres de fortune et d'esprit. Ils en épousent les préjugés comme ils en partagent les souffrances ; on trouve souvent la même crédulité naïve, les mêmes idées superstitieuses chez les pasteurs que dans le troupeau.

Les esprits d'élite savent réagir contre cette nuit intellectuelle qui s'est faite subitement autour d'eux, contre ces influences de milieu qui ont le temps

Habitation de l'évêque, directeur des Missions de la Chine centrale.

pour auxiliaire. Mais le plus grand nombre ne disposent même pas d'éléments suffisants pour se créer un but d'étude, pour utiliser leur séjour en pays inconnu. J'ai eu souvent déjà l'occasion de le dire, c'est par la supériorité de la science européenne, par les bienfaits de ses applications immédiates et non par les subtilités d'une théologie que les Chinois se refusent à examiner, que les missionnaires pourront reprendre en Chine le haut rang qu'y avaient conquis les jésuites, leurs devanciers ; que leur dévouement, leur abnégation pourront porter des fruits nombreux ; qu'ils parviendront enfin à faire renoncer ce grand peuple à son isolement, pour le lancer dans le courant de la civilisation moderne.

Telles sont les pensées qui me viennent pendant que j'interroge mes hôtes sur la géographie et l'histoire naturelle du pays qu'ils habitent. Ils mettent le plus grand empressement à me procurer les spécimens d'animaux ou de plantes que je désire, et je crois qu'il me faudrait peu de temps pour arriver à les intéresser eux-mêmes à ces recherches. Mon *boy* fait la cuisine pour tout le monde. Les Pères ne sont pas fâchés de quitter, un jour ou deux, le vin de riz et les petits plats chinois pour le vin de France et les mets à l'européenne. Un nuage cependant paraît se lever à l'horizon. Ils chuchotent quelque temps. « C'est demain vendredi, finissent-ils par me dire.

— Eh bien ! mon cuisinier vous fera faire maigre. — Mais vos gens sont païens. Faut-il leur donner de la viande ? — Ne leur en donnez pas, ils en trouveront bien tout seuls. » — Ce gros poids enlevé de la conscience des Pères, ils redeviennent les plus aimables des hommes. Il est regrettable qu'ils ne soient pas plus instruits. Mes instruments m'attirent de leur part une foule de questions étranges. Quelle éducation que celle du séminaire des Missions étrangères ! qu'elle est peu faite pour former des élèves capables de diriger, d'éclairer et d'instruire les « païens » auxquels ils se consacrent ; d'améliorer leur sort, d'acquérir sur eux une influence salutaire !

Le logement des Pères est en reconstruction. Il y a quelque temps, une sorte de guerre civile entre les chrétiens et les païens a coûté la vie à deux missionnaires et amené l'incendie de la Mission. On me fait voir les décombres et les murs noircis de la chapelle. Dans un petit réduit se trouve le cercueil de l'un des prêtres assassinés. L'évêque se refuse à le faire enterrer jusqu'à ce que satisfaction complète soit donnée à ses demandes. En Chine, l'enterrement d'une victime clôt définitivement toute action en justice contre ses meurtriers. Ce n'est pas ainsi que l'entend l'énergique et remuant prélat qui administre cette partie du Se-tchouen.

La population de ce coin perdu de la Chine semble conserver un reste d'organisation féodale. De vieilles familles y jouissent d'une grande fortune territoriale, et des rivalités, des haines se perpétuent entre elles. De temps à autre, ces haines font explosion. Les adversaires recrutent des soldats parmi les gens sans aveu qui abondent dans ce pays frontière, refuge de tous les criminels et de tous les déclassés des quatre provinces auxquelles il confine. L'autorité légale est impuissante à rétablir la paix, et les belligérants ne craignent pas, non seulement de dédaigner ses sommations, mais encore de résister à ses troupes. La lutte où les Pères Mabileau et Rigault ont perdu la vie a eu pour origine l'inimitié existant entre une famille païenne et une famille chrétienne. Les chrétiens, attaqués les premiers, furent encouragés à se défendre par les mandarins mêmes de la province. Un certain nombre se retranchèrent dans une petite citadelle, Ho-che-ya, au nord de You-yang, et, dirigés par un prêtre courageux, ils résistèrent longtemps à leurs ennemis, auxquels ils infligèrent des pertes cruelles. Mais, à You-yang, la Mission fut entourée, les chrétiens sans défense qui s'y étaient réfugiés furent massacrés, leurs maisons pillées et incendiées.

Notre chargé d'affaires à Pékin menaça le pays de l'intervention des canonnières françaises. L'absence d'artère navigable pour y pénétrer rendit sa menace illusoire. Il crut cependant devoir faire avec un ou deux bâtiments une démonstration assez inoffensive sur les rives du fleuve Bleu. A force de réclamations, le gouvernement chinois consentit à payer une indemnité de près d'un million, mais il se fit plus tard un argument, dans le mémorandum qu'il publia après les massacres de Tien-tsin, de la part active prise par les missionnaires aux troubles civils de You-yang. Ses accusations motivèrent de la part de l'évêque une demande d'enquête. Telle avait été la raison d'être du voyage de M. Blancheton[1], gérant du consulat de France d'Han-Kéou qui m'avait précédé à You-yang.

Ce voyage et les concessions qui en avaient été la conséquence, paraissaient avoir tout arrangé. Les relations des missionnaires et des chrétiens avec les autorités et le peuple avaient repris leur cours ordinaire. Le préfet, homme fort énergique et qui mène avec une verge de fer cette population remuante, m'envoya, dès mon arrivée à la Mission, un repas splendide que je refusai. Pour ne pas être en reste de politesse avec lui, je fis porter au Ya-men deux boîtes de sardines, deux savons de toilette et une bouteille de cognac, tous objets rares, impossibles à se procurer dans la ville. Le préfet déclina

---

1. Ce sympathique fonctionnaire est mort récemment consul à Bankock. Il a été remplacé par le Dr Harmand, un des plus vaillants compagnons d'armes de Francis Garnier au Tong King.

Fonctionnaire chinois

officiellement mes présents, « n'osant pas, dit-il, les accepter, puisque le grand homme avait refusé les siens »; mais le soir il fit redemander secrètement les sardines et le savon dont sa femme avait grande envie. Il n'y a que le premier pas qui coûte. D'ailleurs, tout le monde est à mon service. Toutes les autorités grandes ou petites m'adressent leurs cartes. Des courriers sont envoyés à Koun-tan pour retenir une barque au « grand homme ». Le mandarin de Peng-shui, ville qui dépend de You-yang et par laquelle je vais passer, reçoit avis de m'accueillir avec le même empressement. Rien ne manque à mon bonheur, qu'un peu de soleil ou de lune : il pleut toujours.

14 juin.

Il fait toujours un temps épouvantable et je prolonge en vain mon séjour à You-yang. Le soleil, la lune et les étoiles me tiennent absolument rigueur. Impossible de faire une détermination. Ce pays est vraiment inhabitable et je conseille d'y envoyer les astronomes qui auraient mérité une peine sévère. Aujourd'hui sont arrivés précipitamment un jeune missionnaire français, M. L..., et un prêtre chinois que la renommée a prévenus de mon passage. Ils viennent de plusieurs lieues serrer la main, l'un à un compatriote, l'autre à un coreligionnaire. Le prêtre chinois me donne d'excellents renseignements géographiques, et je me trouve n'avoir pas perdu ma journée. Le soir, une éclaircie se fait et, espérant que le beau temps va revenir, je demande à l'un des Pères s'il voudra bien me compter[1] le lendemain matin de bonne heure, moment où j'espère pouvoir prendre des hauteurs de lune. Il fait des difficultés. Je finis par m'apercevoir que c'est un dimanche. On peut se demander si observer les astres ce jour-là, n'est pas un péché.

VII

15—18 JUIN 1873

Route en escaliers dans un pays montagneux. — La pluie qui tombe presque sans interruption depuis six semaines empêche toute observation. — Impossibilités géographiques apparentes. — Bizarreries du système hydrographique. — Cours souterrain des fleuves et des rivières. — Le parc de Versailles dans le Se-tchouen. — Koun-tan sur le Wou-kiang. — Rapides infranchissables. — Falaises calcaires. — Barques bizarrement construites.

15 juin.

Je me décide à continuer mon voyage. Il pleut toujours. La route se compose de montées et de descentes en escaliers dans le plus singulier pays de montagnes qui se puisse voir. J'ai compté jusqu'à 1250 marches de suite. Le marbre dont elles sont faites

---

[1]. C'est-à-dire suivre le chronomètre pendant que l'observateur a l'œil à la lunette.

est horriblement glissant. La route devient souvent le point d'écoulement des eaux et les escaliers se transforment en cascades; à la montée, je ne prends pas ma chaise par humanité, à la descente par prudence. Beaucoup de marches manquent, d'autres sont trop inclinées. Un délégué du mandarin de You-yang me comble d'attentions; il s'efforce de me tenir son parapluie sur la tête et ne me fait bénéficier que des gouttières. Sur les crêtes on jouirait de panoramas magnifiques, si les nuages qui se déversent à nos pieds ne s'interposaient comme un voile entre nous et le paysage. Dans tous les villages que je traverse, j'entends murmurer mon nom chinois et ceux qui me croisent me font de grands saluts. Je ne me savais point si populaire. Trempés jusqu'aux os, nous nous arrêtons à sept heures du soir dans une auberge isolée qui, pour mieux retenir les voyageurs, s'est mise en travers sur la route : il faut absolument passer dans la maison. Je change d'habits, je dîne et je griffonne à la hâte quelques lignes de notes pendant que mes chiens, exténués de fatigue, dorment à mes pieds, sans avoir le courage d'achever le riz qu'on leur sert.

Dans une auberge à Koun-tan, 16 juin.

Le pays que j'ai parcouru aujourd'hui, est certainement l'un des plus pittoresques et des plus curieux que j'aie encore vus. Figurez-vous une série de mamelons de formes bizarres jetés sans ordre sur un sol présentant des dépressions profondes. Ni vallées, ni chaînes de montagnes. Aucune direction générale que l'on puisse saisir. Les eaux coulent dans tous les sens. On se heurterait à chaque pas à des impossibilités géographiques, si l'on ne s'apercevait bientôt que la plus grande partie du cours des rivières est souterrain. Il faudrait faire la carte du dessous en même temps que celle de la surface.

Après avoir franchi un col peu élevé, je me trouve dans un petit vallon cultivé en rizières et entouré d'un cercle de collines abruptes. Un bruit sourd se fait entendre. De chaque côté du vallon qui, en cet endroit, n'a pas plus de deux cents mètres de large, s'ouvrent deux grottes, où retentit le grondement d'une eau rapide. Une véritable rivière sort de l'une d'elles, traverse le vallon et disparaît dans l'autre. D'où vient-elle? où va-t-elle? Les gens du pays l'ignorent. J'entre dans l'une de ces grottes. Sans être de dimensions colossales, elle attirerait en Europe la visite de tous les touristes. Elle a une forme rectangulaire, et son plafond, parfaitement horizontal, s'encadre de moulures régulières formées par les couches rocheuses des parois. Des stalactites pendent aux quatre coins comme des lustres; on en cherche involontairement au centre, tellement il est facile de se croire dans le salon en ruine de quelque vieux château. Au fond, les eaux bouillonnantes battent le pied même du rocher et remplissent l'ombre de leurs mugissements. Il faudrait une barque et de l'audace pour s'aventurer davantage.

Un peu plus loin, je suis le cours d'un ruisseau, qui, grossi de tous les affluents que lui jettent les montagnes voisines, devient peu à peu une rivière. La vallée où elle coule est, cette fois, régulièrement dessinée. Je me réjouis de cette perspective d'une route longtemps facile. Soudain, une cascade, haute d'une vingtaine de mètres, ferme devant nous l'horizon. Que devient la rivière? Au pied de la cascade se trouve une grotte où s'engouffrent à la fois toutes les eaux. Son ouverture est inclinée à 45 degrés : on dirait le portique à demi renversé d'une cathédrale en ruines. Un voile de lianes et d'arbustes en cache les détails. La cascade les couvre d'une pluie argentée qui fait scintiller chaque feuille. Au-dessous, attirées par une force irrésistible, passent avec fracas les eaux de la rivière, qui entrent sans se diviser, mais avec une effrayante vitesse, dans les entrailles de la terre.

Ailleurs, plusieurs collines arrondies forment une espèce de cirque; sur ses flancs en amphithéâtre s'étagent des rizières. Au fond, une rizière centrale, parfaitement circulaire, reçoit les eaux de toutes les autres. De nombreuses cascades, contenues et dirigées par la main de l'homme, tombent du sommet des collines dans ce bassin naturel. Sur l'un de ses côtés est un bouquet d'arbres qui masque l'entrée d'une grotte. C'est par là que s'écoulent ces eaux qui se sont avisées d'aller jaillir au faîte des montagnes. Ce petit paysage a des traits si réguliers, les talus des rizières s'étagent si également en cercles successivement agrandis du fond de cet entonnoir au sommet, les arbustes, les fleurs, sont distribués avec tant d'art à l'entrée rocailleuse de la grotte, décorée d'une statue de Bouddha, que, transformant en imagination ces rizières en bassins, leurs talus en margelles de marbre, on peut se croire transporté dans quelque coin inconnu du parc de Versailles.

Très souvent, pendant la route, on sent le sol résonner sous ses pas; un bruit souterrain parvient aux oreilles : on passe sur une rivière dont les eaux se sont soustraites à la domination de l'homme. Elles n'arroseront jamais ses champs, ne porteront jamais ses bateaux.

Ce curieux pays, cette sorte de Suisse en miniature, attirera certainement plus tard la visite des touristes européens.

Je n'ai malheureusement joui qu'à demi de toutes ces beautés naturelles. Quand il faut marcher les yeux constamment fixés sur le sol pour éviter un faux pas, — car il pleut toujours, — et faire des prodiges d'équilibre pour se maintenir sur la route en corniche au-dessous de laquelle gronde un torrent ou s'ouvre un précipice, la fatigue tient l'admiration en bride. Le brouillard et la pluie m'ont caché d'ailleurs les panoramas les plus étendus, les paysages les plus pittoresques. Je n'ai vu que des coins du tableau.

Une descente extrêmement rapide nous a amenés au pied des falaises calcaires qui endiguent le Wou-kiang. La petite ville de Koun-tan est construite au confluent de cette rivière et d'un affluent de la rive droite, sur des gradins successifs que l'on a taillés dans le roc. La première rue parallèle au fleuve est une sorte de balcon, dont une rampe en marbre borde le côté extérieur. Elle est précédée d'un arc de triomphe, gardé par quatre lions de pierre. Les rues perpendiculaires sont des escaliers. Grâce à la nature du sol, et au temps qu'il fait, elles sont admirablement propres.

C'est avec une vive satisfaction que je m'arrête enfin dans l'auberge préparée pour me recevoir. Mes pieds sont gonflés et meurtris de cette longue marche sur des chemins glissants et rocailleux. Je me refuse à recevoir la visite des autorités locales, qui insistent vainement pour me présenter leurs devoirs, et je m'installe le plus confortablement et le plus solitairement possible dans une chambre dont les fenêtres donnent sur la rivière.

Koun-tan prend son nom d'un rapide, infranchissable presque en toute saison à cause de la violence du courant. J'en entends le bruit et j'en vois l'écume rejaillir au-dessous de moi. La navigation du Wou-kiang se trouve divisée par suite en deux parties : celle d'amont qui aboutit à Kouei-yang, capitale de la province du Kouy-tcheou à laquelle appartient la rive opposée du fleuve qui dresse devant moi sa muraille verticale, haute de 2 à 300 mètres; celle d'aval qui aboutit au Yang-tse-kiang ou fleuve Bleu. Koun-tan, comme point de transbordement et de dépôt, a donc une véritable importance commerciale.

On vient m'annoncer que la barque dans laquelle je dois descendre la rivière ne pourra être prête qu'après-demain. Je suis assez fatigué pour me résigner sans trop de peine à ce repos forcé.

VIII

18 JUIN — 1er JUILLET 1873

Mission de Peng-chouy. — Intelligence et érudition des prêtres chrétiens indigènes. — Cartes dressées par l'un d'eux. — Anciennes populations autochtones. — Souvenir d'une antique écriture phonétique. — Le diable jouant en Chine un rôle auquel il a depuis longtemps renoncé en Europe. — Les exorcistes en vogue. — Départ pour Tchong-kin-fou. — Idées politiques des missionnaires. — La bastonnade et l'eau bénite. — Le P. L... et Racine. — Fou-tchéou. — Confluent du Wou-kiang et du Yang-tse. — Souscription involontaire. — Ascension du fleuve Bleu. — Barque mandarine transformée en chapelle. — Navigation au halage. — Chang-peï-to. — Approches de Tchong-kin-fou.

Mission de Peng-chouy, 18 juin.

Nous avons en cinq heures franchi la distance de soixante-douze kilomètres qui sépare Koun-tan de Peng-chouy, chef-lieu d'arrondissement qui dépend de You-yang. Il est agréable de se sentir emporté par un courant rapide, quand on vient de passer un mois à remonter lentement quelque rivière sinueuse qui s'obstine à ne pas suivre la même direction que vous, ou à cheminer péniblement sous la pluie à travers les montagnes. Il pleut toujours, mais je suis à l'abri. Les barques de ce pays sont construites le plus singulièrement du monde : leurs bordages sont tous courbés en filets de vis de l'avant à l'arrière ; il en résulte que le pont est incliné à l'avant dans un sens, à l'arrière en sens contraire. Cette disposition a sans doute pour but de mieux adapter les flancs de la barque aux filets d'eau tordus par la violence du courant, dans les passages resserrés que nous franchissons. L'aspect de la rivière reste aussi sauvage qu'à Koun-tan : de hautes murailles rocheuses forment les rives ; leurs parois sont perforées de grottes qui abritent tantôt une source retombant en cascade dans le fleuve, tantôt quelques malheureux. Quelle gymnastique il leur faut faire pour arriver à leur demeure : leurs créanciers, à coup sûr, ne viendront pas les relancer jusque-là.

A Peng-chouy se trouvent deux missionnaires français à qui j'avais annoncé ma visite. Ils m'envoient prendre en chaise, quoiqu'il y ait à peine trois cents pas entre la Mission et la rive. Je reçois chez eux une confortable hospitalité que mes provisions et la science de mon *boy* améliorent encore. Avec les Pères vivent deux prêtres chinois. Comme à You-yang, ces messieurs se font une fête de manger à l'européenne. Je n'ai que quatre couverts et il y a cinq convives. On décide que les deux prêtres chinois se serviront du même couvert à tour de rôle et alterneront avec les bâtonnets. De vrais enfants ! Et cela fait plaisir !

Ces deux prêtres chinois sont fort instruits et connaissent à fond leur littérature nationale.

J'éprouve un vif plaisir à causer avec l'un d'eux, jusqu'à minuit, de géographie et d'histoire de la Chine. Dans l'enceinte de la Mission se trouvent les ruines d'une de ces portes triomphales, qui remontent à la dynastie des Tang (du septième au neuvième siècle de notre ère). Mon interlocuteur entre à ce sujet dans quelques intéressants détails sur le passé du pays de You-yang. Les races mongoles n'ont occupé que graduellement le territoire qui forme aujourd'hui le Céleste Empire. Pendant longtemps, tout le sud du fleuve Bleu a été habité par des populations aborigènes, dont quelques-unes subsistent encore dans le Yun-nan, le Kouy-tcheou et le sud-ouest du Se-tchouen, sous le nom de Miao-tse et de Man-tse [1]. Elles ont été remplacées peu à peu et en partie détruites par les envahisseurs.

Les Miao-tse du Kouy-tcheou, après avoir soutenu une lutte acharnée contre les Chinois, viennent d'être vaincus et sont systématiquement décimés par ordre des mandarins; ils ne tarderont pas à disparaître. Mais il ne faut pas remonter bien haut dans l'histoire pour retrouver ces peuplades formant des royaumes indépendants et puissants, souvent mentionnés dans les annales chinoises.

---

[1]. Voy. *Voyage d'exploration en Indo-Chine*, édition officielle, p. 481 et 482; chez Hachette et Cie.

Les populations actuelles en ont conservé quelque souvenir, et certaines traditions ne peuvent être rapportées qu'aux anciens autochtones. Plusieurs fois déjà, depuis que je suis dans ce pays de montagnes, il m'est arrivé d'entendre parler de livres déposés dans des grottes hors d'atteinte et écrits en caractères européens. Le prêtre chinois m'affirme avoir vu un coffre contenant un de ces mystérieux dépôts dans une grotte située à une vingtaine de mètres à pic au-dessus du fleuve. Les habitants respectent par des raisons superstitieuses ces reliques du passé. N'auraient-ils pas chance cependant de retrouver là les traditions historiques ou religieuses de leurs devanciers? Ceux-ci avaient probablement reçu du Tibet l'écriture phonétique que les Chinois prennent pour une écriture européenne.

Je suis frappé du sens critique et du jugement élevé de mon interlocuteur. Il possède au plus haut point ce respect du passé et cet amour de l'histoire, qui ont donné de bonne heure à la nation chinoise une si grande supériorité dans les sciences morales et historiques. Ce sont leurs annalistes qui ont su les premiers apprécier avec indépendance les qualités d'un vrai héros et les devoirs d'un bon prince. Quel dommage que cette démocratie, qui ressent si vivement le besoin de l'ordre, qui est tempérante et laborieuse, se soit transformée en une

Homme et femme Miao-tse.

bureaucratie impuissante où la forme a envahi et dominé le fond !

Le prêtre me montre une série de cartes à l'aide desquelles il a essayé de traduire l'état de la Chine à diverses époques. Elles ont une valeur réelle et les nombreux détails qu'elles contiennent attestent beaucoup de lectures et de recherches. Je lui donne quelques conseils pour leur meilleure rédaction au point de vue géographique ; à son tour, il m'indique un certain nombre d'ouvrages où je pourrai trouver des documents sur quelques points spéciaux d'histoire qui m'intéressent.

Mes deux compatriotes ne nous accordent d'abord qu'une attention fort distraite. Ils paraissent trouver que leurs collègues chinois m'accaparent beaucoup trop. L'histoire et la géographie des pays qu'ils vont évangéliser ne font malheureusement pas partie du programme d'étude des élèves du séminaire des Missions étrangères. Quelques éléments, de simples indications bibliographiques leur permettraient cependant plus tard d'étudier le pays où ils sont destinés à passer leur vie entière, à le mieux comprendre, à en être mieux compris. On les envoie au combat complètement désarmés, vis-à-vis des savants indigènes, vis-à-vis surtout d'un ennemi plus redoutable encore : l'ennui.

Tandis que notre conversation se prolonge, les

deux missionnaires français se sont endormis, et ronflent comme des chantres.

Le Père L... se réveille pour me demander de rester deux jours à Peng-chouy. Il veut aller à Tchong-kin et désire profiter de ma barque. Malgré la contrariété que j'éprouve, il m'est impossible de refuser au pauvre prêtre cette occasion de réaliser une forte économie. J'accepte donc avec un feint enthousiasme.

D'une discussion historique, il me faut alors passer à des écrits mystiques. « Le diable, me disent les Pères français, joue dans les pays infidèles un rôle auquel il a depuis longtemps renoncé en Europe. Vous ne nous croiriez pas si nous vous racontions tous les prodiges dont nous avons été témoins. Nos confrères eux-mêmes, quand ils arrivent de France, sourient à toutes ces histoires. Ils ne tardent pas à être convaincus comme nous. Les « poussah » (c'est le nom que donnent les missionnaires aux statues de Bouddha ou autres qui ornent les pagodes) ne sont point, comme on pourrait le croire, de simples idoles de bois ou de pierre. Ils représentent tous des démons qui parlent souvent par leur bouche, qui les font parfois remuer et agir.

» Le nombre des personnes possédées et des maisons hantées est très considérable, surtout chez les païens; on connaît notre pouvoir d'exorcistes, et nous sommes souvent appelés pour mettre le diable en fuite. »

Puis les deux missionnaires me racontent, avec une conviction et une sincérité évidentes, une foule de scènes extraordinaires dont ils ont été les acteurs ou les témoins. Ils vivent certainement, comme ils l'affirment, au milieu d'un ordre d'idées et de faits parfaitement étrangers à l'Europe, à moins qu'on ne cherche son analogue dans un cercle d'hallucinés et de spirites. Ils se débattent dans un monde tout fantastique; le surnaturel les coudoie sans cesse. Quelle part a l'imagination, quelle autre la réalité, en tout ceci? Je l'ignore. Le témoignage des sens peut-il tromper aussi souvent? Les phénomènes du magnétisme et de certaines maladies étranges, les habiletés de Cagliostro me reviennent en mémoire. Mais, pour étudier les faits anormaux qui me sont signalés et qui ne sauraient être entièrement controuvés, il faudrait des témoins moins prévenus, moins croyants, peut-être aussi plus instruits. Je me garde d'une dénégation ou du semblant d'un doute? Mais je me demande *in petto*, si jamais prêtre bouddhiste, ou idolâtre de la secte la plus superstitieuse, a jamais poussé plus loin, dans ses légendes, la crédulité et l'abus de l'imagination.

Les deux Pères me forcent à écouter encore le récit des tours que le diable joue à chaque instant à ces pauvres « païens ». Ce sont des « poussah »

(Bouddha) devant qui chaque famille se réunit à certains jours pour brûler des cierges et accomplir d'autres superstitions du même genre, qui remuent la tête, se promènent sur leur autel, répondent par des signes de tête aux questions qu'on leur adresse. Passe un chrétien : il veut voir ces prodiges s'opérer devant lui, mais sa présence a suffi, les idoles sont réduites à l'immobilité ; impossible de leur faire faire le moindre mouvement. La vue d'un disciple du Christ a mis le diable en fuite. Tous les assistants se convertissent, cela va sans dire, devant ce témoignage irrécusable de la vérité du christianisme.

Ailleurs, ce sont des femmes possédées du démon que quatre hommes ne réussissent pas à tenir ; Satan parle par leur bouche. On appelle un prêtre qui lui demande de prononcer les mots de Jésus et de Marie. — Impossible! La femme — je veux dire Satan — se refuse à répéter des mots qui lui écorchent la bouche ; on l'asperge d'eau bénite ; elle s'écrie qu'on la brûle. Après une longue lutte, le prêtre finit par vaincre Satan et la femme recouvre la paix.

Ici, ce sont des maisons hantées, dont les habitants sont obligés de fuir ; on dépense plusieurs litres d'eau bénite, et les spectres disparaissent.

Là, une vieille femme qui n'avait pas encore reçu le baptême, quoique instruite des vérités de la religion, tombe dangereusement malade, et témoigne le désir de recevoir le sacrement qui la conduira au paradis. On appelle un missionnaire. Mais, avant qu'il n'arrive, la pauvre vieille meurt. Le prêtre trouve la famille qui se lamente. Il se penche sur le cadavre et la morte ressuscite.

« Vite, dit-elle au prêtre, baptisez-moi que je retourne au paradis d'où je viens. J'ai vu saint Pierre à la porte qui, n'apercevant pas sur mon front le signe du chrétien, m'en a refusé l'entrée ; mais il m'a permis de redescendre sur la terre, pour recevoir de vos mains le baptême. J'ai pu entrevoir les splendeurs de la patrie céleste et j'ai hâte d'y retourner. A mon retour, guidée par mon ange gardien, j'ai jeté un coup d'œil dans l'enfer et j'y ai vu un tel et un tel de ce village qui rôtissaient dans les flammes. Ils m'ont appelée d'une voix lamentable, mais je me suis bien gardée de répondre. » On s'agenouille devant la mourante, le prêtre la baptise et elle « remeurt » immédiatement après.

« C'est un fait bien connu, me disent en finissant mes interlocuteurs, que nos chrétiens n'ont pas, après la mort, la raideur cadavérique. Les païens, au contraire, se raidissent immédiatement après avoir rendu le dernier soupir. Les uns sont touchés par les anges, les autres par le démon. De là la différence ! » Qu'opposer à cette foi naïve ?

En barque sur le Wou-kiang, 21 juin.

Après deux jours vainement passés à attendre que le temps redevienne beau et me permette une observation, je me remets en route, cette fois avec un compagnon de voyage. L'un des Pères, accusé de rigueur par les chrétiens qu'il administre, se rend à Tchong-kin avec moi pour tenir tête aux accusateurs, qui ont envoyé une députation à l'évêque. Le père L..., je l'ai déjà dit, est un brave paysan du Rouergue, dont l'éducation n'a pas été faite et dont l'instruction est peu variée. Il n'a quitté que fort tard la charrue pour le missel, et ses occupations premières ont empreint leur rudesse sur ses manières et son langage. C'est un ultra-catholique doublé d'un ultra-légitimiste. Je ne puis me refuser au plaisir de causer politique avec lui :

« Ainsi, me dit-il, quand vous avez quitté Shang-Haï, Henri V n'était pas encore sur le trône ?

— Mon Dieu ! non.

— Vous m'étonnez beaucoup, et les Français sont bien coupables.

— Plus que je ne saurais le dire.

— Rassurez-vous, me dit-il, en voyant mon air affligé et en prenant un ton confidentiel. Dans quelques jours arrive le 27e anniversaire de la consécration de S. S. Pie IX. Eh bien ! ce jour-là Henri V sera sur le trône de France et Pie IX sur le trône d'Italie.

— Ah! mon Père, je crains bien que vous n'ayez une déception. Le monde s'est fort perverti depuis que vous l'avez quitté.

— Vous verrez; nous avons ici des prophètes qui nous détaillent tous ces événements avec une clarté merveilleuse. Le diable lui-même, l'autre jour, a reconnu leur vérité pendant qu'on le chassait du corps d'un possédé.

—Ah! si le diable l'a dit, c'est bien différent. »

Le Père L..., qui se sent grandi à mes yeux de toutes les victoires qu'il a remportées sur Satan, recommence alors le récit de ses aventures surnaturelles.

— Ce n'est pas, me dit-il, que ce soit toujours bien agréable d'exorciser. Il faut jeûner trois jours d'avance et avoir reçu l'absolution. Quand ces conditions n'ont pas été remplies, Satan sait très bien nous le dire, et il nous rit au nez. Mais aussi, quand nous sommes en état, nous lui en faisons voir de grises. Je lui ai fait appliquer l'autre jour jusqu'à cent coups de bâton.

— Par l'intermédiaire du possédé? demandai-je.

— Oui, mais ce n'est pas le possédé qui les reçoit, c'est bien le diable, car, une fois qu'il a été chassé par nos prières et par l'eau bénite, le possédé ne sent aucune douleur. »

C'est égal, je ne voudrais pas passer pour possédé dans ce pays-là. C'est la première fois, je dois le reconnaître, que je trouve chez des missionnaires un pareil courant d'idées. Le retour au surnaturel, la tendance vers le mysticisme qui vient de s'accuser en France par tant de manifestations solennelles[1], ont-ils eu en Chine leur écho lointain? Cette évolution vers un passé devenu légendaire et à la réalité duquel on croyait à peine, est un des phénomènes les plus remarquables de la singulière époque où nous vivons.

Le Père L..., d'ailleurs, est un type à part dont la foi robuste n'est égalée que par son ignorance absolue des choses de ce monde. Je m'efforce de changer un peu le cours de ses pensées et d'amener la conversation sur un terrain littéraire. Tentative infructueuse! Le Père L... a vaguement entendu parler de Racine.

« N'était-ce pas quelqu'un qui faisait assez bien les vers?

— Oui, dis-je, des tragédies.

— Ah! voilà! le théâtre! C'est ce qui perd cette pauvre France! »

Ne pouvant causer théologie, science dans laquelle le Père L... doit être très fort, j'abandonne la partie et je me mets à contempler le

---

[1]. Allusion à la consécration au Sacré-Cœur de la nouvelle église de Montmartre.

paysage. Nous approchons d'un rapide où le Père L... affirme, avec son amusante exagération méridionale, que « toutes » les barques se brisent infailliblement. Je m'étonne qu'il y en ait encore pour tenter le passage.

« Est-ce que vous allez rester dans la barque? ajoute mon compagnon.

— Comment donc! lui dis-je, certainement. Je nage à merveille.

— C'est que, d'habitude, les passagers descendent à terre.

— Descendez, mon Père; moi je reste, c'est mon métier. »

Le Père se pique d'honneur et reste avec moi. La crue des eaux a presque fait disparaître le rapide qui n'offre quelque danger qu'aux eaux basses; et naturellement le passage redouté s'effectue sans encombre; mais le P. L... demeure convaincu que nous ne devons la vie qu'à une fervente prière adressée par lui à Notre-Dame de Lourdes.

La nuit nous surprend à peu de distance de Foutcheou, ville importante située au confluent du Grand Fleuve et du Wou-kiang. Cette dernière rivière est enfin sortie des gorges et des montagnes calcaires qui resserrent son lit depuis Koun-tan; elle attarde ses eaux calmées dans des détours paresseux, au milieu d'ondulations de terrains couverts de cultures et de villages. Le paysage perd sa sauvagerie. Demain nous saluerons le Grand Fleuve.

Fou-tcheou, 23 juin.

Nous avons été logés à la Mission de Fou-tcheou, qui est dirigée par un prêtre indigène; mon factotum s'occupe de louer et de faire préparer la barque mandarine qui nous amènera à Tchong-kin. Le prêtre chinois qui nous donne l'hospitalité me fournit quelques intéressants renseignements sur le pays. En revanche, il m'attire dans un véritable guet-apens. Les chrétiens de Fou-tcheou construisent une nouvelle église. Le « grand homme » ne pourrait-il pas en aller visiter les fondations, examiner si tout est bien selon la science européenne, donner enfin les conseils que lui suggéreront son habileté en ces matières et la vue des lieux? Il est difficile de décliner une demande ainsi formulée. Je me rends à l'église. Ses murs sortent à peine de terre. Un pavillon, où est servie une collation splendide, est préparé pour me recevoir.

Tous les notables de la chrétienté sont réunis en grand costume. On me fait asseoir à la place d'honneur; le thé est versé; le doyen de la communauté commence un discours. « Les chrétiens de Fou-tcheou, me dit-il, ne sont pas sans avoir entendu parler de l'illustrissime Ngan-ye[1]. Partout où il a été en Chine, les adorateurs du vrai Dieu ont ressenti les effets de sa protection. Aussi avec quelle joie n'avons-nous pas accueilli l'annonce de son arrivée parmi nous. Nous sommes pauvres; mais, excités par l'amour de Dieu, nous n'avons pas craint d'entreprendre la construction d'un monument destiné à raconter sa gloire. C'est par un effet visible de sa protection qu'il vous envoie à nous au moment où nos finances épuisées allaient nous forcer à suspendre les travaux. Nous savons que nous ne ferons pas un vain appel à votre générosité, votre nom sera inscrit le premier sur la liste des donateurs qui auront souscrit à l'édification de notre église. »

Ce disant, l'orateur me présente respectueusement une liste en tête de laquelle je suis placé, et il me prie d'examiner si toutes mes qualifications, tous mes titres ont été exactement transcrits. Un large blanc a été laissé pour inscription de la somme que je consentirai à donner. Le moment est aussi difficile que solennel. Pour avoir été convenablement dorée, la pilule n'en est pas moins amère. Un sot amour-propre m'empêche d'avouer que mes finances ne sont pas ce qu'un vain peuple pense. Le

---

1. Transcription chinoise de mon nom, formée de deux caractères qui lui donnent le sens de « paisible héritage ».

(*Note de l'auteur.*)

moyen d'oser m'inscrire pour quelques misérables francs, quand toute l'assistance s'attend à voir sortir du pinceau que l'on me présente des centaines et des milliers de taëls. Je tousse pour me donner de l'assurance et je fais à mon tour un discours.

Je félicite les chrétiens de Fou-tcheou de leur courage et de leur initiative. Comment ne pas porter le plus vif intérêt à une Mission dont les membres font preuve de tant de dévouement et d'intelligence? Je ne puis douter du grand avenir, des destinées prospères qui l'attendent, et je forme pour elle les vœux les plus vifs et les plus sincères. Je tousse encore une fois et j'ajoute : « Il m'est difficile en ce moment de vous offrir autre chose. En voyage, je n'apporte avec moi que les sommes strictement nécessaires à mes dépenses; je suis étranger en Chine; mes banquiers sont en France ou dans les ports européens des mers de Chine. Cependant, à mon arrivée à Tchong-kin-fou, je ne doute pas que je ne trouve assez de crédit pour que je puisse donner à votre œuvre un témoignage de sympathie. Dans peu de jours, je pourrai vous faire connaître le montant de ma souscription. » Je me retire ensuite avec dignité, après avoir agréé les remerciements de l'assistance.

On m'annonce que ma barque est prête et je me hâte de m'y réfugier. J'allais donner l'ordre de partir, quand m'arrive encore une députation de chrétiens. Ils m'apportent des cadeaux : thé, poules, canards, gâteaux, etc., défilent devant moi sur des plateaux laqués. Impossible de refuser. Me voilà bel et bien engagé à souscrire.

24 juin.

Le P. L..., qui n'a jamais voyagé en barque mandarine, s'extasie devant la commodité et la splendeur de notre nouveau domicile. Les missionnaires sont pauvres et ce n'est pas avec les 80 taëls (six cents francs environ) qu'ils reçoivent par an de la Mission et sur lesquels ils doivent prélever leurs frais de déplacement, qu'ils peuvent se donner beaucoup de confort. Aussi profitent-ils en général des barques-omnibus où prennent place les gens du peuple, ou ne louent-ils que de petites jonques incommodes et peu chères.

La jonque qu'a retenue mon factotum a deux chambres à coucher et un salon où l'on peut faire quelques pas. Tout est bien éclairé, propre, presque élégant. Il vient à l'idée du Père que rien ne lui serait plus facile que d'y célébrer la messe. Le voilà qui improvise un autel. « Mais, ajoute-t-il, il est indispensable que j'aie un acolyte; or mon suivant ne sait pas proférer un seul mot des réponses latines. Pourrez-vous me rendre ce service? » Je ne veux pas affliger le bon Père en lui avouant qu'ayant longtemps voyagé dans des pays bouddhistes, je ne laisse pas que d'être un peu infecté de cette abominable erreur. Je me prête de mon mieux à ce qu'il me demande; c'est, il me semble, de la charité bien comprise. Que mon compagnon n'est-il aussi tolérant que moi !

Cependant, nous poursuivons notre navigation et c'est avec plaisir que je refais connaissance avec ce beau fleuve dont les eaux, il y a cinq ans, m'ont si rapidement porté des frontières du Tibet à la côte de Chine et m'ont rendu au monde civilisé après deux ans de séparation et d'isolement complets. Je profite de ce que le Père et son domestique travaillent à convertir mes gens, pour travailler un peu de mon côté et pour mettre en ordre mes notes géographiques. Je suis rentré maintenant dans la partie connue du trajet que je veux accomplir.

25 juin.

Mon compagnon se met un peu au pli, grâce aux rebuffades que je ne lui ménage plus. Il faut les lui donner très dures, pour qu'il les comprenne, et je m'aperçois que je l'ai trop bien traité au début. Ce matin, je lui ai laissé dire la messe tout seul ; la géographie me réclamait ; j'avais à examiner le fleuve. Le P. L... a un peu murmuré contre la

Jonque sur le Yang-tzé-kiang.

science, mais je lui ai dit tout net que mon voyage n'ayant d'autre objet, je ne pouvais le manquer pour satisfaire à ses convenances. Me voilà un peu amoindri à ses yeux. Je n'en suis pas fâché. Mon rôle de complaisant me fatiguait.

26 juin.

Nous couchons ce soir à Chang-pei-to, grand marché qui n'est qu'à treize lieues de Tchong-kin. Nous arriverons dans cette dernière ville après-demain soir. Je compte maintenant les heures. Dieu ! que les jours sont longs. Je ne suis cependant pas seul ! Le maître de la barque a toute sa famille avec lui : deux petits enfants, dont l'un encore à la mamelle et l'autre âgé de trois ans ; ce dernier serait charmant s'il était mieux débarbouillé. Je le bourre de friandises chinoises, que m'ont données les chrétiens de Fou-tcheou.

27 juin.

La pluie, qui avait cessé depuis deux ou trois jours, recommence de plus belle. Le fleuve grossit à vue d'œil. J'ai promis un pourboire aux bateliers; mais notre marche est lente, pénible. Les pluies, qui ne discontinuent guère, font grossir le fleuve. Le courant est rapide. Au passage des pointes de rocher, qui en faisant saillie sur les rives forment de petits rapides, les cordes dont on se sert pour haler la jonque cassent quelquefois ; nous sommes alors ramenés en quelques minutes au point où nous nous trouvions une ou deux heures auparavant. Il faut renoncer à arriver à Tchong-kin demain et peut-être même après-demain.

29 juin.

La ville s'annonce à grande distance par une innombrable quantité de jonques rangées avec ordre le long de la rive. On ne peut plus marcher à la cordelle : il faut attacher des cordes de jonque en jonque et remonter ainsi le courant. Comme les Israélites à l'entrée de la Terre promise, nous arrivons le soir près de la ville; ses créneaux, ses pagodes, ses maisons en amphithéâtre s'étagent devant nous.

La nuit nous surprend avant que nous ayons pu l'atteindre. On comprendra mieux ma contrariété et mon impatience, si l'on sait que là m'attendent des lettres de France et de Shang-Haï, des nouvelles de mes chères pénates, dont je suis privé depuis deux grands mois.

IX

1ᵉʳ JUILLET — 9 AOUT 1873

Arrivée à Tchong-kin. — Mᵍʳ D..., son influence et son activité. — Importance de Tchong-kin-fou, entrepôt commercial des marchandises venues de la côte par le fleuve Bleu et ses affluents. — Usines spéciales pour l'affinage de l'argent, où passent annuellement près de quarante millions en lingots. — Contraste de cette richesse et d'une misère extrême. — Association religieuse des ensevelisseurs. — Régularité des services postaux entre Tchong-kin, Han-Kéou et Shang-Haï. — Initiative du haut commerce se substituant à l'action gouvernementale. — Préliminaires d'un voyage au Tibet. — Correspondances diverses. — Excellents rapports entretenus avec les autorités de la province. — Travaux géographiques facilités par l'influence du nom du prince Kong et les souvenirs de la mission d'exploration du Mékong. — Luxueuses villas. — Réceptions somptueuses. — Inondations périodiques du Yang-tse. — Procession en l'honneur du Génie des eaux au moment du maximum de la crue. — Retour à Han-Kéou et à Shang-Haï. — Départ pour Saïgon en vue de l'expédition du Tong-king.

Tchong-kin-fou, 1ᵉʳ juillet.

Me voici enfin installé dans la tranquille et confortable résidence de Mᵍʳ D..., vicaire apostolique du Se-tchouen oriental. Il y a longtemps déjà que j'ai fait la connaissance de cet aimable et spirituel prélat, et je trouve auprès de lui l'accueil le plus cordial et le plus français, les renseignements les plus précieux, la bonne volonté la plus grande. Loin de repousser la science, il l'appelle à lui et essaie d'y intéresser les prêtres sous ses ordres. Il a fait dresser une carte de son vicariat, qui est certainement en progrès sur les cartes existantes.

Plein d'activité, d'énergie, malgré son âge avancé, il ne demande qu'à faire, qu'à aller de l'avant. Les mandarins en savent quelque chose. Les affaires du You-yang sont entre ses mains ; composer avec lui n'est pas chose facile.

Il pleut à Tchong-kin depuis quarante-cinq jours de suite. C'est plus qu'un déluge. La ville est en prières ; la viande est prohibée depuis plusieurs semaines. Monseigneur s'excuse de me faire faire un maigre qui n'est point catholique. Il est impossible de se procurer autre chose que des légumes. L'idée de faire pénitence pour apaiser la colère du Ciel n'est pas le monopole des chrétiens.

Mon baromètre vient de remonter brusquement de plusieurs millimètres. Je ne crains pas d'annoncer le retour du beau temps pour le lendemain. On me croit grand astronome. Cette nouvelle se répand et porte l'espérance au cœur des gourmands. Le sous-préfet de la ville se trouve d'ailleurs entièrement démuni de graisse pour faire la cuisine. Sur la foi de ma prédiction, il permet d'abattre vingt cochons pendant la nuit. Leurs gémissements parviennent aux oreilles du tao-taï ou sous-gouverneur de province, qui est la première autorité de la ville. Il se réveille en colère : « Qui a osé, sans mon autorisation, ordonner cette boucherie ? » On appelle le sous-préfet ; celui-ci s'abrite derrière mon dire.

Le jour arrive ramenant un radieux soleil. Toutes les interdictions sont levées. Les étaux se garnissent de viandes appétissantes; les cris des volailles font retentir les échos du marché restés muets depuis longtemps. La joie anime tous les visages. Le tao-taï m'envoie complimenter. Ma science est portée aux nues, mon arrivée à Tchong-kin devient l'heureux présage de félicités ininterrompues. Si j'étais plus ambitieux, je pourrais obtenir une tablette d'honneur dans le temple de Confucius ; il faudrait pour cela un décret de l'empereur, que le tao-taï se fait fort d'obtenir. Mais qui sait, le ministre de France à Pékin serait capable d'envier mon sort et de traverser ce projet. Il est plus prudent de me contenter de la reconnaissance populaire.

Tchong-kin-fou, 10 juillet.

J'ai dit, je crois, que la ville de Tchong-kin était le centre commercial le plus considérable du Setchouen. Elle est située au confluent du Grand Fleuve et d'une rivière qui vient de Ho-tcheou et la met en communication avec toute la partie nord-ouest de la province. Elle est à la fois l'entrepôt des produits qui viennent du Yun-nan et du Tibet et des marchandises européennes qui remontent de Shang-Haï. On estime sa population à plus de 300 000 âmes.

Tchong-kin a une Bourse où se discutent, comme en Europe, les cours des diverses denrées. Un seul fait permet de juger la puissance commerciale de cette ville. A l'instigation d'un missionnaire, le Père Vainçot, trois ou quatre usines se sont fondées pour affiner l'argent, c'est-à-dire pour en retirer la faible quantité d'or qu'il contient. Elles font passer quotidiennement dans leurs creusets une centaine de mille francs en lingots. On sait qu'il n'y a pas en Chine d'argent monnayé. Les banques de la ville leur avancent le matin un certain poids d'argent ; il est rendu intégralement le jour suivant. Les usines paient pour cet emprunt un jour d'intérêt. Leur bénéfice brut paraît être de 3 à 4 pour 100 des sommes employées. Elles estampillent les lingots affinés pour ne pas être exposées à les reprendre. Depuis plusieurs années que dure cette industrie, elle n'a point encore manqué d'aliment. Il semble par conséquent que le mouvement commercial jette annuellement à Tchong-kin près de 40 millions de numéraire nouveau.

A côté de cette richesse s'étale, comme presque partout en Chine, le hideux contraste d'une inénarrable misère. On enlève en moyenne par jour, me dit l'évêque, huit ou neuf cadavres de malheureux morts de faim ou de maladie dans les rues de la ville. Si la charité des citoyens ne s'est pas préoccupée d'assurer ou de prolonger leur existence,

Mendiant chinois.

elle veille soigneusement à leur donner un dernier domicile. Il existe une puissante association dont le but unique est de subvenir aux frais d'ensevelissement de ceux qui meurent ainsi sans famille et sans nom. Elle dépense des sommes considérables pour l'achat des cercueils nécessaires. L'évêque ne refuse pas plus qu'aucun des personnages influents de la ville d'apporter sa quote-part à cette œuvre pie. Les raisons d'hygiène sont loin d'en être le premier mobile. On sait le prix qu'attache le Chinois à sa demeure dernière, l'insurmontable terreur qu'il éprouve à la pensée de manquer d'un cercueil. Les plus pauvres s'imposent les privations les plus extrêmes pour en économiser la valeur ; les riches s'en prémunissent de bonne heure. C'est un de ces cadeaux qu'un ami ne craint pas de faire : il témoigne ainsi une sollicitude et une sympathie qui touchent profondément celui qui en est l'objet. Les membres de l'Association des ensevelisseurs obéissent surtout à ce sentiment ; ils accomplissent, aux yeux de la population, le plus méritoire des actes de charité.

Tchong-kin est relié à Han-Kéou par des services postaux d'une régularité et d'une rapidité remarquables. Ils sont faits par trois compagnies particulières. Il y a des départs tous les cinq jours. A la descente du fleuve, on se sert de petites barques qui ne font jamais le voyage qu'une fois. On les vend à leur arrivée à Han-Kéou. La durée du trajet est de douze à quinze jours, suivant la saison. A la montée, il serait trop lent de haler une barque contre le courant; la plus grande partie du trajet se fait le long des rives, à cheval ou à pied. On met ainsi dix-huit à dix-neuf jours pour revenir à Tchong-kin. Le port d'une lettre est de 40 sapèques (20 centimes), quel qu'en soit le poids. Dans des cas pressants, les maisons de commerce de Tchong-kin expédient à Han-Kéou des courriers extraordinaires, marchant nuit et jour, qui franchissent la distance en cinq ou six jours. Il y a plus de onze cents kilomètres.

Les autorités n'interviennent en rien dans ce service, si ce n'est parfois pour faire payer des droits aux Compagnies. L'initiative individuelle se substitue en tout, en Chine, à l'action du gouvernement. Celui-ci est trop corrompu et trop incapable pour se préoccuper désormais des vrais intérêts du pays. Ponts, routes, quais, canaux sont construits par souscription et entretenus par les commerçants. Que n'avons-nous, en France, un peu de cet esprit d'initiative et d'association qui empêchera toujours la grande démocratie chinoise de s'effondrer complètement !

J'ai appris, dès mon arrivée à Tchong-kin, les événements du 24 mai, les changements ministériels qui en ont été la conséquence, et l'élévation du maréchal de Mac-Mahon à la présidence de la République. A de pareilles distances, et quand on a cessé depuis longtemps de suivre la politique quotidienne, il est bien difficile d'apprécier la gravité et les conséquences de cette évolution de l'Assemblée. La mission de Tchong-kin est dans la joie ; tous ses membres m'interrogent sur les opinions politiques du maréchal ; beaucoup s'imaginent qu'il va jouer le rôle de Monk et restaurer la dynastie qui a leurs préférences ; quelques-uns, plus réfléchis et plus sages, se demandent avec inquiétude si un aussi violent retour en arrière ne provoquera pas dans le pays des résistances, une guerre civile. Pour moi je songe avec une profonde tristesse au grand citoyen que le maréchal remplace, et qui nous a rendu de si inappréciables services, et je me demande tristement si M. Thiers peut compter au moins sur la reconnaissance du pays par lui sauvé de la plus épouvantable crise. Nous sommes tellement Athéniens !

Mais laissons ces graves sujets, auxquels la nature de mes travaux et mon perpétuel exil me rendent étranger. J'ai pu expédier d'ici diverses lettres aux missionnaires du Tibet et du Yun-nan pour leur annoncer ma prochaine tentative. En raison des facilités de communication avec la côte et l'intérieur, particulières à Tchong-kin, je me suis résolu à faire de cette ville mon quartier général.

C'est là que seront envoyés ma correspondance et les objets dont je pourrais avoir besoin ; il me sera facile de les y faire prendre. C'est là que je viendrai après un échec, — car je ne dois pas m'attendre à réussir du premier coup, — et que je me reposerai des voyages en continuant l'étude du chinois. Aussi est-il important que je me ménage l'amitié des mandarins de la ville. Cela ne m'est pas difficile, après le brillant début que m'ont procuré mon baromètre et une chance favorable, après les souvenirs de mon premier passage, comme chef de la mission d'exploration du Mékong.

Les autorités savent en outre que je viens de Pékin, que je suis l'auteur d'un ouvrage dont le prince Kong a accueilli l'hommage[1]. Cela seul suffit pour me placer très haut dans leur estime. Le tao-taï joint à son titre de sous-gouverneur de province celui de han-lin ou de docteur ; on dirait même : de l'Institut, en France. C'est un lettré moins aveugle et plus instruit des choses de l'Occident que ne le sont en général ses collègues. Il est de la province du Tche-kiang, dont Shang-Haï est le centre commercial, et il a eu de nombreuses relations avec les Européens. Il m'a reçu avec distinction et affabilité, et m'a rendu immédiate-

---

1. La relation officielle du *Voyage en Indo-Chine*, voy. p. 115).

Le prince Kong.

ment ma visite. Tous ses subordonnés hiérarchiques, le préfet du département, le sous-préfet de la ville, le chef des douanes, etc., ont défilé successivement chez moi. Des cadeaux ont été échangés. Je commence à me former aux mille minuties de l'étiquette chinoise et à apprécier la valeur des précautions dont elle s'entoure. Une carte de visite rédigée d'une certaine façon peut indiquer immédiatement les rapports sociaux des personnes entre elles, les sentiments qu'elles professent l'une pour l'autre. Les formalités sont gênantes, mais elles évitent tout heurt immédiat; il peut y avoir des dissentiments, il n'y a jamais de querelles. La dignité d'un homme bien élevé est sauvegardée contre ses propres entraînements.

Il va sans dire que mes travaux et mes observations, gênés jusque-là par la curiosité de la foule, ont retrouvé à Tchong-kin la sécurité et la liberté les plus grandes. Ce n'est pas qu'ils n'attirent comme toujours un grand nombre de spectateurs. Mais une haie de soldats me protège contre les curieux; des mandarins sont délégués en grand costume pour assister à la séance et empêcher tout désordre. Bien entendu, je condescends à expliquer à ceux-ci le but de mes opérations, et de temps à autre je leur fais voir le soleil. Ils font semblant de comprendre, et se retirent chaque fois émerveillés de ma science.

J'ai fait quelques excursions aux environs de la ville. La principale usine où s'affine l'argent est à peu de distance : je l'ai visitée en détail ; l'installation est bien entendue ; la fabrication de l'acide sulfurique nécessaire à la dissolution des lingots est conduite avec intelligence, eu égard aux récipients imparfaits et aux moyens insuffisants dont on dispose. Il faudra peu de temps aux Chinois, grâce à leur génie pratique et aux ressources houillères et métallurgiques de leur sol, pour devenir nos égaux..

A une distance un peu plus grande, loin du tourbillon des affaires, au milieu du silence de la campagne, se trouvent quelques maisons de plaisance où les négociants viennent oublier leurs préoccupations commerciales et se livrer aux plaisirs. En général, ces luxueuses résidences sont construites à frais communs par les résidents appartenant à une même province. Je me suis laissé inviter à un dîner dans la villa des négociants de Kiang-si. Elle est agréablement située sur les bords du fleuve. Adossés à une petite colline qui les abrite des vents du nord, ses jardins profitent des accidents de terrain pour multiplier les fantaisies et les surprises. Les terrasses, les ponts, les kiosques, les bassins, les labyrinthes s'accumulent dans un étroit espace dont ils décuplent l'étendue apparente. Rien de grandiose, aucun coup d'œil, aucune perspective, mais les détails précieux abondent. L'art de l'horticulteur est poussé à un degré remarquable. La maison elle-même offre de vastes salles, richement décorées, sur le pourtour desquelles sont de petits salons où l'on peut se retirer avec les intimes et se soustraire à la foule, sans cesser de jouir du coup d'œil. Les solitaires et les amoureux trouvent dans les bosquets et dans les kiosques des retraites plus sûres et plus silencieuses. Un maître d'hôtel est toujours là pour recevoir les ordres des visiteurs. C'est une sorte de cercle champêtre, où l'on ne peut introduire un étranger qu'avec l'autorisation de tous les souscripteurs.

J'y reçus un excellent accueil. En tenant compte du sérieux, de la contrainte que ma qualité d'Européen devait nécessairement apporter dans une réunion de ce genre, je pus en conclure que, malgré tout leur formalisme, les Chinois savent quelquefois être gais. On m'a dit, mais je n'ai pu le constater, qu'ils étaient souvent licencieux.

Les pluies anormales qui ont régné pendant le mois de juin ont produit des inondations que le déboisement des régions montagneuses rend chaque année plus dangereuses et plus subites. En ce moment, la rivière de Ho-tcheou charrie de nombreuses épaves, parmi lesquelles ne se trouvent malheureusement que trop de cadavres. Quelques incidents grotesquement sinistres. Un criminel à la cangue passe devant la ville, entraîné par le courant : sa cangue le maintient au-dessus de l'eau ; mais on le ramène à la rive entièrement asphyxié. Une maison tout entière a été enlevée du sol et emportée à la dérive. Quelques femmes, réfugiées sur le toit, font retentir l'air de leurs cris. On parvient à les sauver. La chasse aux épaves est d'ailleurs âprement poursuivie, et les malheureux arrachés des eaux sont rançonnés eux-mêmes à outrance.

L'eau monte encore. Les fortifications et les quartiers de Tchong-kin sont envahis. La population reflue en masse vers les hauteurs. Devant cette calamité presque annuelle, les mandarins de la ville sont obligés à une démonstration. Sans insignes, dans l'humble appareil des derniers bourgeois, dans des chaises communes à deux porteurs, ils se rendent sur les bords du fleuve pour apaiser par leur humilité la colère du Génie des eaux. Cette démarche ne manque jamais son effet, car, arrivé à son maximum de crue, le fleuve descend toujours aussi rapidement qu'il monte.

Han-Kéou, 5 août.

J'ai quitté Tchong-kin le 19 juillet, après avoir pris toutes mes dispositions pour mon installation

Han-Kéou. — Confluent du Han et du Yang-tze-kiang.

future [1]. J'avais hâte de profiter de la rapidité du courant pour revenir à Han-Kéou et connaître les réponses qui ont été faites, à Pékin, à ma demande de passeports pour le Tibet, à Paris à ma demande de concours aux différents ministères et corps savants. Je ne raconterai pas ce voyage fait en barque, sur un fleuve souvent décrit par les voyageurs. En cette saison, les rapides et les gorges célèbres qui séparent le Hou-pe du Se-tchouen n'offrent que des difficultés surmontables. Je suis arrivé à Han-Kéou ce matin après seize jours de voyage. J'en repartirai demain pour Shang-Haï sur le vapeur anglais le *Glengyle*.

Shang-Haï, 9 août.

Le ministre de France à Pékin est resté à mon égard absolument muet. En France, les changements ministériels du 24 mai ont retardé les réponses à mes dernières demandes. Je ne trouve qu'une lettre pressante du gouverneur de la Cochinchine m'appelant à Saïgon. Je partirai par le prochain paquebot.

1. Francis Garnier avait retrouvé à Tchong-kin, le lettré Thomas Kô, venu en France en 1869 avec la mission du Mékong à laquelle il fut attaché comme traducteur. — Un manuscrit chinois relatif à la métallurgie du Yun-nan, qui faisait partie des collections de la Bibliothèque impériale, fut traduit par Thomas en petit latin. Après revision, le latin fut traduit en français par Francis Garnier. Ce traité figure dans le second volume de la publication officielle du *Voyage en Indo-Chine*, à la suite de la géologie.

La politique m'enlève à la science [1] et m'oblige à me séparer momentanément des lecteurs qui ont bien voulu prendre intérêt à ces notes fugitives.

[1]. Une lettre de M. le contre-amiral Dupré, gouverneur de la Cochinchine, reçue à Shang-Haï, le 9 août 1873, invitait, en effet, Francis Garnier à revenir promptement à Saïgon. L'amiral voulait lui confier une mission dont le but était l'établissement de la liberté de la navigation du Song-Coï, principale artère fluviale du Tong-king.

Cette route commerciale, la plus accessible et la plus courte de toutes entre la Cochinchine française et l'immense marché de la Chine méridionale, avait été signalée par Francis Garnier dans le *Bulletin de la Société de géographie de Paris* (février 1872, p. 147) et plus tard dans le *Voyage d'exploration en Indo-Chine* (t. I, p. 447-48).

Nous avons dit dans la notice imprimée en tête du présent volume quels furent les résultats de l'expédition de Francis Garnier au Tong-king et comment y périt l'éminent voyageur.

VOYAGE DANS LA CHINE CENTRALE

(VALLÉE DU YANG-TZU)

MÉMOIRE

ADRESSÉ

A LA SOCIÉTÉ DE GÉOGRAPHIE DE PARIS

SUR UN

VOYAGE DANS LA CHINE CENTRALE

(VALLÉE DU YANG-TZU)

FAIT DE MAI A AOUT 1873 [1]

Saïgon, le 8 octobre 1873.

On sait qu'Han-k'ou est le dernier port ouvert aux Européens dans la vallée du Yang-tzù, et celui où s'arrête la navigation commerciale à vapeur sur cet immense fleuve. On sait aussi qu'à 250 milles environ en amont d'Han-k'ou le fleuve s'engage dans les montagnes, son lit se resserre, ses eaux deviennent rapides, et, pendant un parcours de

---

[1]. Ce mémoire, dans lequel le lecteur retrouvera des impressions déjà notées plus haut, est le complément scientifique du récit pittoresque qui précède. Il était accompagné d'une carte que la Société de géographie a fait graver et qu'elle a autorisé les éditeurs de ce livre à reproduire. On remarquera que, dans ce mémoire, l'orthographe adoptée pour les noms géographiques est l'orthographe anglaise. L'auteur explique, p. 384, pourquoi il a cru devoir se rallier à la méthode de M. Wade.

120 milles, on peut douter de la possibilité d'une circulation à vapeur. Au delà enfin, le fleuve s'épanouit dans les belles plaines du Ssù-chuân, l'une des provinces les plus riches de la Chine, et jusqu'aux frontières du Yün-nan, il n'offre plus d'obstacles sérieux à la navigation.

A diverses reprises des tentatives ont été faites pour ouvrir au commerce européen la partie supérieure de la vallée du fleuve. L'étroitesse de son lit et la violence des courants ont fait juger à des voyageurs compétents que cette zone était infranchissable pour des bateaux à vapeur. On pourrait, il est vrai, en tout état de cause, prolonger la navigation d'Han-k'ou à l'entrée des gorges, c'est-à-dire d'Han-k'ou jusqu'à la ville d'I-chang, et le levé hydrographique de cette partie du fleuve a été exécuté avec soin en 1869 par MM. Dowson et Palmer, officiers de la marine anglaise. Mais, d'un côté, le gouvernement chinois a refusé jusqu'à présent l'ouverture d'I-chang aux Européens ; de l'autre, le fleuve décrit entre cette ville et Han-k'ou des sinuosités telles, qu'il est à peu près abandonné par le batelage indigène, et que tous les transports commerciaux se font par la voie des lacs, sorte de route canalisée qui passe au nord du fleuve et réunit assez directement Han-k'ou à Sha-shih, ville située à 60 milles en aval d'I-chang.

Yang-tze-kiang supérieur. — Gorge d'I-Chang.

Pour apprécier l'intérêt qu'il peut y avoir à obtenir du gouvernement chinois l'ouverture du Yang-tzù à la navigation à vapeur en amont d'Han-k'ou, il y a donc à étudier : 1° s'il est possible de faire franchir les rapides aux bateaux à vapeur ; 2° si le mouvement commercial du lac Tung-ting, qui vient déboucher dans le Yang-tzù, à 115 milles en amont d'Han-k'ou, est d'une importance suffisante ; 3° dans l'hypothèse de l'innavigabilité complète des rapides, si les affluents occidentaux du lac Tung-ting ne peuvent pas fournir une route nouvelle, plus commode que le fleuve lui-même, pour arriver au principal marché du Ssù-chuân, la ville de Chung-kin. Enfin, l'ouverture du fleuve du Tong-king offrant un nouveau débouché à la Chine méridionale, il était intéressant de reconnaître jusqu'où peut s'étendre la sphère d'action du courant commercial ainsi créé, et quel sera, dans la vallée du Yang-tzù, le point de partage probable entre ce courant et celui de Shang-haï.

Telles sont les questions pratiques qui, s'ajoutant à l'intérêt scientifique que présentait la contrée comprise entre le lac Tung-ting et Chung-kin, m'ont déterminé à entreprendre le voyage dont je rends compte aujourd'hui. Quelque temps avant moi, M. Blancheton, gérant du consulat de France à Hang-k'ou, avait suivi la même route pour remplir une mission politique. C'est lui qui a attiré mon attention sur une région qu'il a été le premier à parcourir ; il m'en a signalé le côté pittoresque, les particularités curieuses ; il m'a fait espérer de nombreuses rectifications géographiques. Je le remercie vivement des indications qu'il m'a données et des mesures qu'il a prises pour faciliter mon voyage.

Dans ce qui va suivre, je m'attacherai surtout à faire connaître cette partie méridionale du bassin du Yang-tzù restée jusqu'ici complètement en dehors des voyages et des descriptions géographiques des Européens.

I

ITINÉRAIRE ET DESCRIPTION GÉNÉRALE DU PAYS

Je suis parti en barque d'Han-k'ou le 11 mai au matin et je suis arrivé le 17 au confluent du Yang-tzŭ et du bras du lac Tung-ting. La population de Ya-chou, chef-lieu de département situé à l'entrée du bras du lac, est fort hostile aux Européens. Les officiers anglais qui ont fait, il y a quelques années, le levé du fleuve, y ont été accueillis à coups de pierres. La ville est bâtie dans une situation très pittoresque, sur une haute falaise rocheuse, au pied de laquelle s'étend une belle plage qui sert de port à la ville. De longues séries d'escaliers, que terminent des portes triomphales, réunissent le port à la ville ; les toits pressés des blanches maisons qui s'échelonnent sur la rive sont surmontés par la ligne crénelée des fortifications qui couronnent la falaise et qui parfois se perdent au milieu des grands arbres des yamens. Au nord et au sud, sur le sommet de deux collines, s'élèvent deux de ces hautes tours à étages, spécimens classiques de l'architecture chinoise. Elles dominent l'enceinte et annoncent au loin la cité. Au premier plan, c'est-à-dire dans le port, un mouvement infini. D'énormes jonques s'alignent perpendiculairement à la plage en rangées régulières et livrent à la brise leurs banderoles multicolores. Leurs formes arrondies, leurs arrières pyramidaux font songer à nos galères d'autrefois. Des embarcations se croisent dans tous les sens, transportant des marchands ambulants et leurs étalages : c'est une sorte de foire qui se tient sur l'eau.

Tout concourt à faire ressembler le paysage à une estampe du moyen âge : ces fortifications de forme surannée, ces canonnières à rames armées d'espingoles, ces lourdes jonques. Dans cet ensemble si vivant, dans cette agglomération si considérable d'hommes et de travail humain, on cherche en vain un trait qui caractérise la civilisation moderne et rappelle le dix-neuvième siècle : pas un bruit de vapeur, pas une fumée d'usine, pas une gare de chemin de fer, pas un fil télégraphique; on sent que l'on a brusquement changé de milieu. A cette faible distance du dernier port ouvert aux Européens, on se trouve déjà dans la Chine immobile des Ming ou des Yuen[1].

Le lac Tung-ting, dont Ya-chou est le débouché et l'entrepôt, reçoit un grand nombre de rivières dont il déverse les eaux dans le Yang-tzŭ. Les deux plus importantes sont le Hsiang-kiang, qui communique par ses affluents canalisés avec la rivière de Canton, et le Yuen-kiang, qui prend sa source non loin de la capitale du Kuei-chou. C'est ce dernier fleuve que j'allais remonter.

Le lac lui-même n'est qu'une immense dépression de terrain, au milieu de laquelle surgissent çà et là quelques collines. Pendant la saison sèche, sa profondeur moyenne ne dépasse pas deux mètres, et la base des collines s'élargit de manière à former des îles considérables dont les plages se prolongent au loin. A l'époque des inondations, l'eau atteint le pied même des collines et couvre sur une grande étendue la partie basse des rivages du lac; ce vaste réservoir joue, à cette époque, un rôle analogue à celui du grand lac du Cambodge, contribue dans une vaste mesure à régulariser et à rendre inoffensive la crue du grand fleuve.

Les bateliers chinois redoutent fort les tempêtes sur le lac, et ils cherchent un abri dès qu'un grain paraît à l'horizon. Les jonques faites pour une navi-

---

1. Noms des deux dynasties qui ont précédé la dynastie actuelle.

gation de rivière s'accommodent mal des grosses vagues que le vent peut soulever instantanément sur cette immense plaine d'eau. Dans la partie du lac que j'ai traversée, le courant se dirige de l'ouest-sud-ouest à l'est-nord-est. La vitesse au mois de mai, époque où la crue du grand fleuve se fait déjà fortement sentir, mais où les mêmes causes font grossir les affluents du lac, était d'environ deux milles à l'heure. Il est probable qu'en juillet et août, alors que l'inondation du Yang-tzû atteint son maximum, ce courant est à peu près annulé ou se prononce même en sens contraire.

La partie occidentale du lac est couverte d'herbes et rappelle la *plaine des Joncs* de Cochinchine. L'extrémité nord d'une petite chaîne de collines isolées indique, au milieu de ces terrains noyés, la principale embouchure du Yuen-kiang. J'arrivai le 20 mai au soir au village de Sü-ling-kang, bâti en ce point sur la rive gauche de la rivière.

Le Yuen-kiang arrose, dans la dernière partie de son cours, un pays très plat, très cultivé et très peuplé, que de nombreux arroyos enlacent comme les mailles d'un filet, en répandant partout sur leurs rives la fertilité et la richesse : des saules, une espèce de platane[1], des arbres fruitiers parmi lesquels le dattier, des planta-

---

1. En chinois, *Fong-shu* (*Acer pseudo-platanus*).

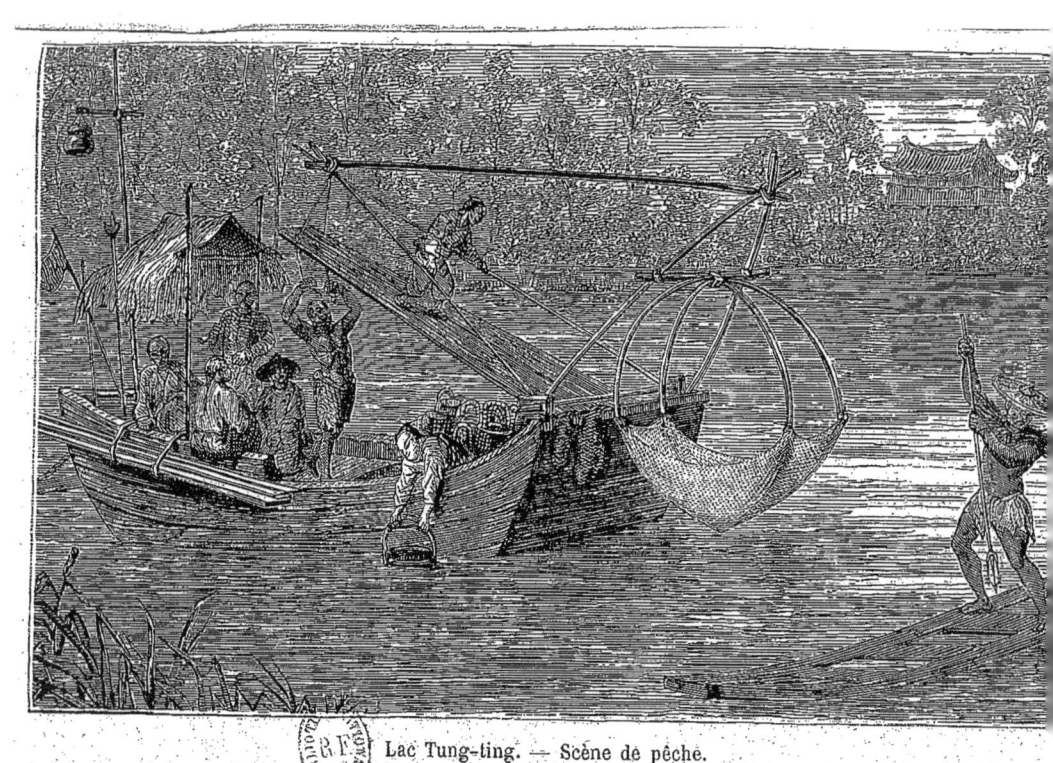

Lac Tung-ting. — Scène de pêche.

tions de thé sont les traits principaux de la végétation de cette région. La plus grande partie en est inondée pendant les mois de juillet et août. En approchant de Long-yang, première ville importante que l'on rencontre sur les bords du fleuve, on constate de grands efforts faits pour arrêter l'inondation : les berges sont revêtues d'une espèce de bétonnage très solide et très dur, qui en empêche l'éboulement et en favorise l'élévation. A peu de distance de Changte, le terrain s'élève et s'ondule : on est sorti du delta du fleuve, dont toutes les eaux sont réunies maintenant dans un bras unique.

Je ne dirai rien de cette dernière ville, si ce n'est que c'est un chef-lieu de département dont l'étendue et le commerce sont considérables. Je m'abstins de la visiter, ayant promis, à mon départ, aux autorités chinoises du Hu-pe de ne pas me montrer dans les grands centres de population ; elles redoutaient d'autant plus pour moi la curiosité de la foule dans une contrée où les Européens ne sont encore connus que de nom, que toute police est impuissante à la contenir dans une grande ville chinoise. La barque qui m'avait amené jusque-là était trop grande pour franchir les rapides que je n'allais pas tarder à rencontrer, j'en louai une plus petite et je continuai à remonter le Yuen-kiang.

Les rives offrent toujours le plus riant aspect. Cette partie du Hu-nan a un cachet de prospérité qu'elle doit à la tranquillité dont elle jouit depuis plus de dix-huit ans. Les rebelles ont occupé un instant Chang-te, la quatrième année de Hsien-fong (1855), mais ils n'ont pu pénétrer plus avant et ont dû presque aussitôt revenir sur leurs pas. On n'est que trop habitué, en Chine, à rencontrer des ruines. Ici, quais, ponts en pierre, pagodes, tout est neuf ou admirablement entretenu. Une route excellente suit la rive du fleuve. De grands arbres à verdure sombre la séparent des cultures avoisinantes. Les berges, hautes de 12 à 15 mètres, s'abaissent parfois en pente douce à l'extrémité des courbes que décrit la rivière, et forment sur le bord de l'eau de vertes pelouses où paissent des chevaux, des bœufs et des buffles.

Bientôt quelques chaînes de collines se montrent sur les rives du fleuve et de vraies montagnes surgissent à l'horizon. Des lignes de pins couronnent leur faîte. Les sommets les plus en vue sont coiffés d'un kiosque élégant ou surmontés d'une tour à cinq ou sept étages. Le lit du Yuenkiang, large jusque-là de 5 à 600 mètres, se rétrécit de moitié. La vase disparaît des bords; des galets la remplacent. De puissantes assises de roches bordent la rive en couches régulièrement inclinées; quelques-unes traversent le fleuve : nous sommes arrivés aux premiers rapides. Ils commencent à peu de distance de la ville de Tao-yuen-hsien, qui doit être considérée comme le point le plus éloigné que pourrait atteindre la navigation à vapeur dans le Yuen-kiang.

Toute trace de stratification disparaît un instant des roches qui composent le squelette du paysage; l'influence de feux souterrains se fait partout sentir. Les montagnes des rives affectent une forme conique d'une régularité merveilleuse. Dans un espace de moins d'un kilomètre carré, surgissent parfois vingt petites collines, véritables pains de sucre, dont le fleuve a rongé la base en y creusant une grotte ou une arcade naturelles. L'eau suinte partout le long des parois rocheuses et les strie de raies verticales noires et blanches. Une belle végétation, à laquelle des palmiers donnent un aspect tropical, recouvre toutes les pentes.

A deux jours en amont de Tao-yuen, le paysage devient plus sombre et plus monotone : la rivière cesse de décrire ces courbes infinies qui multipliaient les horizons et variaient les paysages. Elle se dirige à l'ouest-sud-ouest entre deux falaises régulièrement inclinées, d'une hauteur de 100 à 300 mètres. Le regard ne découvre, au delà de cette sorte de fossé, que les cimes bizarrement découpées d'une grande chaîne calcaire qui limite au sud la vallée du fleuve. Celui-ci s'encombre de roches. Les principaux rapides que l'on rencontre portent les noms chinois de Cheug-pe-tan, Chin-tan, Hong-tzŭ-tung-tan, Chin-lan-tan. Les deux derniers sont difficiles et redoutés des bateliers. On passe, dans cet intervalle, devant les embouchures de quatre petites rivières navigables pour les petites barques. Ce sont : le Yü-wan-chi sur la rive droite, le Tung-ting-chi, le Tay-yang-chi et le Ta-yü-chi sur la rive gauche. Dans la vallée du Ta-yü-chi, sont des gisements aurifères et argentifères.

Un peu avant d'arriver à Chen-chou, les rives du fleuve s'abaissent, son cours s'incline au sud en décrivant de fortes sinuosités. Chen-chou, qui comme Chang-te est un chef-lieu de département, développe son enceinte sur un terrain fortement ondulé, au nord du confluent du Yuen-kiang et du Peï-ho. C'est là que je quittai la première de ces deux rivières pour remonter son principal affluent de gauche. Le Peï-ho vient du nord, alors que le Yuen-kiang continue sa course vers le sud.

Rien de plus pittoresque que la vallée du Peïho, surtout à l'époque où je l'ai visitée. Cette rivière, beaucoup plus étroite que le Yuen-kiang, offre des paysages dont aucun détail n'échappe au regard. Elle coule encaissée entre deux rangées de collines abruptes recouvertes de végétation. Suspendus à 15 ou 20 mètres au-dessus de l'eau, deux sentiers serpentent en corniche sur les rives, et franchissent sur des arches de pierre les torrents et les ravins qui çà et là les déchirent. De nombreuses cascades tracent leurs sillons d'argent au milieu de la verdure. Au sommet des collines, les grès et les schistes calcaires qui composent le sous-sol surplombent en assises régulières et ressemblent de loin au soubassement incliné de quelque château détruit. Ces apparences de ruines sont habillées de fleurs. Des buissons d'aubépine, des touffes de glycine suspendent à leurs flancs des festons blancs et roses. Des plantes grimpantes réunissent, dans une singulière antithèse, les pins aux palmiers; des escaliers de pierre se dessinent en zigzag sur les pentes et conduisent aux quelques maisons qui se cachent dans les plis du terrain.

A partir de La-cha, bourg situé au confluent d'une petite rivière qui vient du nord, le Peï-ho se transforme en un étroit fossé, dominé de tous côtés par des murailles rocheuses de 2 à 300 mètres de hauteur. Ce n'est plus qu'un torrent où les cimes avoisinantes ont fait pleuvoir les cailloux. Sa navigation est des plus difficiles, et, dans les nombreux rapides que l'on rencontre, le dénivellement de l'eau atteint parfois 2 à 3 mètres. Pour faire remonter aux barques ces plans inclinés d'eau bouillonnante, il faut avoir recours aux riverains, dont la plupart vivent de l'industrie du remorquage des barques. La plus considérable de ces difficultés est le Tsi-tan, situé en amont du village de Chen-chi. Un poste de soldats est entretenu en cet endroit.

Les roches schisteuses qui endiguent la rivière sont en feuillets extrêmement minces et ont subi à différents degrés l'action de la chaleur. Leurs couches presque horizontales sont fendues verticalement en blocs presque réguliers, et les nombreuses infiltrations d'eau qui s'en échappent font apparaître sur leurs parois les colorations les plus variées. Le rouge est la couleur la plus commune, il passe au vert clair par le violet, le bleu et le gris. Des veines ou de gros rognons de quartz se rencontrent çà et là noyés dans la masse.

Au delà de Shih-yung-chi, village où le Peï-ho reçoit un affluent du nord, ses rives s'aplanissent et la navigation redevient facile. Ce n'est plus un torrent aux eaux écumantes, c'est une eau calme et profonde qui coule sans bruit entre deux falaises à pic, hautes de 20 à 30 mètres et régulières comme les berges d'un canal. Des grottes nombreuses s'ouvrent dans leurs flancs. Des cascades, parfois de véritables rivières en sortent avec fracas. Après le confluent du Nie-cheng-ho, rivière navigable jusqu'à Yung-shun-fu, les falaises s'écroulent, la rivière s'élargit. Des bancs de sable, des îles, en parsèment le cours. Sur les pentes adoucies qui conduisent aux sommets voisins sont disséminés d'énormes blocs de rochers semblables aux débris de quelque construction pélasgique. Les marbres commencent à remplacer les schistes, et les eaux de la rivière, jusque-là jaunâtres, deviennent d'une limpidité parfaite. Elles présentent plusieurs rapides, dont les plus difficiles sont ceux de Tho-pei et de Pi-elh. Nous dépassons la ville de Pao-tsing, et sur la rive gauche de la rivière apparaissent, au delà du confluent du Rsi-cheng-ho, les sommets aigus du groupe de Pa-mien-shan, qui est le trait orographique le plus saillant de cette partie du Hu-nan. J'estime leur hauteur à environ 2000 mètres.

Le Peï-ho, dont jusqu'ici la direction générale a été l'ouest, se redresse à Shih-ti vers le nord, pour aller prendre sa source dans les montagnes du Hu-pe, à peu de distance de la ville de Lai-fong. En pénétrant dans le Hu-pe, il entre sous terre au village de Lan-ho, et ne reparaît que deux lieues plus loin. Il faut, par suite, transborder dans de nouvelles barques les marchandises à destination de Lai-fong. Shih-ti est la frontière du Ssù-chuân et du Hu-nan. Il est situé au confluent d'une rivière assez considérable à laquelle il donne son nom. Cette rivière, que je dus remonter, a environ de 30 à 40 mètres de large; elle trace d'abord péniblement son cours au milieu de hauteurs couvertes d'une végétation rabougrie et dont les pentes de marbres étagent çà et là quelques champs de maïs, quelques cultures de pavots. Plus loin, de grasses prairies s'étendent sur les rives aplanies de la rivière que bordent des buissons en fleur. Le paysage rappelle assez exactement la vallée de la Marne aux environs de Paris.

A Longt'an, petite ville où j'arrivai le 10 juin, le Shih-ti-ho, diminué là de la rivière de Hsiu-shan et du Yung-chi-ho, n'est plus qu'un ruisseau sur les cailloux duquel les barques se traînent avec peine. C'est là que je pris la route de terre, qui par Yu-yang devait me conduire dans le bassin opposé du Wu-kiang.

Une route étroite, pavée en gros blocs de marbre, traverse les rizières qui avoisinent Longt'an, et gravit les hauteurs qui séparent le Shi-ti-ho d'un affluent, rive droite. On découvre de là toute la vallée de Longt'an, qui est large et bien cultivée. Dans l'est, les sommets lointains du groupe de Pa-mien-shan dominent tout un ensemble de vallons et de petites chaînes enchevêtrés les uns dans les autres. La ligne de faîte, que suit la route, ressemble à une immense pelote sur laquelle des aiguilles de marbre se dressent en rangées presque symétriques. Leurs têtes noires et pointues percent le sol de tous côtés, et leurs bases pyramidales ne laissent entre elles aucun espace cultivable. Des buissons de roses et de fraises sauvages croissent seuls dans cette solitude. Plus loin, la route traverse quelques vallons isolés où se trouvent des gisements de cinabre : nous arrivons au village de Fen-shui-ling. Son nom seul, *plateau qui divise les eaux*, m'eût indiqué que nous changions de bassin, si mon baromètre et le panorama remarquable qui s'ouvre soudain du côté de l'ouest ne m'en eussent averti déjà. La ligne de partage des eaux est là à environ 1000 mètres au-dessus du nivieau de la mer.

La ville de Yu-yang, où je séjournai trois jours, occupe le fond d'une jolie vallée qui est à 500 mètres au-dessous du col de Fen-shui-ling. C'est une cité de second ordre (chou), centre administratif de toute la contrée un peu sauvage qui forme la pointe sud-est du Ssŭ-chuân, et qui confine à la fois aux provinces du Hu-pe, du Hu-nan et du Kuei-chou. La petite rivière qui traverse Yu-yang sort d'une grotte à une lieue au nord de la ville et se perd à une lieue au sud. Après un parcours souterrain de treize lieues environ, elle reparaît à Shén-pa-tan et va joindre le Wu-kiang à He-ta-pao. Ces singuliers accidents, si fréquents dans les formations calcaires, se multiplient d'une façon étonnante entre Yu-yang et Kun-tan, port situé sur le Wu-kiang, où je devais continuer mon voyage en barque. On peut dire sans exagération que la partie souterraine du réseau fluvial de la contrée est aussi considérable que la partie à ciel ouvert. Il est à peu près impossible de démêler la direction des versants et la distribution des eaux. Il n'y a, à proprement parler, ni vallées, ni chaînes de montagnes. On chemine au milieu d'une série de mamelons jetés sans ordre sur un sol présentant des dépressions profondes; ils offrent parfois assez de régularité pour que l'on puisse se croire dans un vallon. Soudain un bruit sourd se fait entendre, c'est une rivière qui s'échappe d'une grotte à ma droite, traverse le vallon devant moi, et va se perdre dans une autre grotte que j'aperçois à 200 mètres à ma gauche. Où va cette rivière? d'où vient-elle? Les gens du pays l'ignorent. Un peu plus loin, je suis le cours d'un ruisseau qui, grossi de tous les affluents que lui jettent les montagnes voisines, devient peu à peu une rivière. La vallée où elle coule est, cette fois, nettement dessinée. Tout à coup, une cascade haute d'une vingtaine de mètres ferme l'horizon devant moi ; ses eaux se mélangent à celles de la rivière et elles s'engouffrent ensemble dans un précipice d'une profondeur insondable. Ailleurs, la route débouche en corniche sur les flancs d'une sorte de cirque très profond, que dominent de toutes parts des collines aux formes aiguës. Des rizières s'étagent sur leurs pentes jusqu'au fond du cirque, où une rizière centrale, parfaitement circulaire, reçoit les eaux de toutes les autres. De nombreuses cascades tombent du sommet des collines dans ce bassin naturel. Que devient cette masse d'eau ? Sur l'un des côtés de la rivière centrale est un bouquet d'arbres qui masque l'entrée d'une grotte. C'est par là que ces eaux qui ont jailli au faîte des montagnes rentrent avec un bruit sourd dans les entrailles de la terre. Ces paysages bizarres sont décorés d'une végétation magnifique. Des lianes en fleur ornent l'entrée de ces grottes et enguirlandent leurs stalactites. Le Chinois, qui est un habile paysagiste, sait ajouter à propos une pagode, un autel, une statue de Bouddha au point culminant du tableau. Cette Suisse en miniature ne peut manquer d'attirer plus tard la visite de nombreux touristes.

Entre Yu-yang et Kun-tan, les schistes occupent en général le fond des vallées. Ils sont disloqués et traversés par les marbres qui forment toutes les crêtes. En se rapprochant de Kun-tan, quelques montagnes deviennent schisteuses : leurs formes arrondies, leurs pentes couvertes de cultures, les font reconnaître facilement au milieu des pentes et des pics calcaires, aux parois abruptes et blanchâtres, aux cimes couronnées de grands arbres. Quelques schistes présentent toutes les apparences de l'ardoise et les marbres voisins offrent la même coloration bitumineuse. Il y a aussi de très belles brèches, rouges, blanches et noires. Les routes en sont pavées; polies par la circulation et lavées par les pluies, elles dessinent sur les coteaux comme une sorte de mosaïque. Dans les vallées, les rivières sont souvent endiguées par des chaussées dont les parois sont formées de blocs de marbre dont l'intérieur est rempli de schiste concassé, qui finit par devenir une masse d'argile imperméable. Le sommet de ces chaussées sert de route; elles n'ont guère que deux mètres d'élévation.

Kun-tan, où j'arrivai le 16 juin, est situé au confluent du Nan-ki-ho, rivière importante qui vient du Han-fong, chef-lieu d'arrondissement du Hu-pe, et du Wu-kiang, fleuve qui prend sa source dans les montagnes du Kuei-chou, et passe à Kuei-yang, capitale de cette province. Les Chinois n'ont guère l'habitude de conserver à un fleuve la même dénomination sur tout son parcours. Il prend successivement le nom de toutes les localités un peu importantes qu'il traverse, et cet usage ne laisse pas que de déconcerter les voyageurs qui veulent se former une idée du système hydrographique du pays. Depuis Kun-tan jusqu'à Fu-chou, le Wu-kiang n'est connu des indigènes que sous le nom de Kun-tan-ho. Kun-tan est le centre d'un commerce important. Comme son nom l'indique, cette ville est construite auprès d'un rapide qui est assez dangereux pour obliger à couper en deux tronçons la navigation du fleuve. Les barques venant de Kuei-yang doivent transborder leur chargement sur d'autres barques qui desservent la partie d'aval. Ces barques ont une forme très curieuse, dont je n'avais encore rencontré l'analogue nulle part. Que l'on suppose un demi-cylindre dont la partie plane serait destinée à être le pont ; que l'on torde légèrement ce demi-cylindre de façon que chaque génératrice devienne une fraction d'hélice, et l'on aura une idée générale de ce genre de construction. Il en résulte que le pont, au lieu d'être horizontal, est incliné derrière, de bâbord à tribord, et devant en sens inverse. La barque se meut ainsi dans l'eau comme une sorte de vis, et ses bordages curvilignes s'adaptent mieux sans doute, dans les passages difficiles, aux filets d'eau tordus par la violence du courant. Il y a en effet, surtout pendant l'hiver, des rapides dangereux entre Kun-tan et Fu-chou. Le plus redouté est celui de Yant-ko-chi, où les naufrages sont fréquents. Au moment de mon passage, les eaux avaient déja monté à 4 ou 5 mètres, et il n'y avait plus de danger nulle part. Un courant de 7 milles à l'heure me fit franchir en une après-midi la distance de Kun-tan à Peng-shui, chef-lieu d'arrondissement dépendant de Yu-yang. Dans ce trajet, de hautes murailles calcaires, toutes perforées de grottes et sillonnées de cascades, endiguent le fleuve, qui est aussi considérable que le Yuen-kiang. La rive gauche appartient au Kuei-chou jusqu'à Wang-chia-tu, port situé à 30 lieues en aval de Kun-tan. Jusqu'à Peng-shui, le fleuve ne reçoit qu'un affluent important, le Hong-tu, qui vient de Kuei-chou.

Peng-shui est sur la rive droite du Wu-kiang, au confluant du Li-chuân-ho; cette ville était construite jadis sur la rive opposée, où des fouilles viennent de faire découvrir des pierres tumulaires remontant à la dynastie des Tang.

Au delà de Peng-shui, le Wu-kiang reçoit encore un grand affluent, rive gauche, le Ta-chi-ho qui vient de Nan-chuan. Le Wu-kiang traverse là des gisements houillers en exploitation; à 15 milles environ de Fu-chou, son courant se ralentit, ses rives s'aplanissent, son lit s'élargit. Fu-chou est sur la rive gauche dans l'angle formé par la rivière et le grand fleuve. C'était autrefois, comme son nom l'indique, une ville de second ordre; mais depuis quelques années le titre de son mandarin a été abaissé au troisième ordre; elle n'est plus régie que par un Che-hsien.

A Fu-chou on est à cinq ou six jours de Chung-king en remontant le fleuve. Nous rentrons ici dans la partie de la vallée du Yang-tzù, déjà décrite par les voyageurs européens. Je n'en parlerai plus tard qu'au point de vue de la navigation, et je vais résumer les principaux renseignements que j'ai pu recueillir sur la région moins connue au milieu de laquelle le lecteur vient de parcourir plus de 500 milles géographiques.

II

POPULATION, MŒURS

La population des bassins inférieurs du Yuen-kiang et du Wu-kiang paraît entièrement chinoise. J'ai demandé à plusieurs reprises s'il n'existait pas dans les montagnes, comme dans le Kuei-chou, des représentants des races aborigènes, connus sous le nom générique de Miao-tzù. Je n'ai reçu que des réponses vagues et contradictoires. Les missionnaires français que j'ai rencontrés pour la première fois à Yu-yang, m'ont affirmé que les Miao-tzû avaient disparu depuis longtemps dans cette région. Quelques traditions singulières semblent se rapporter à leur présence passée. En plusieurs endroits, notamment à Shi-thi et à Peng-shui, les gens du pays m'ont affirmé qu'à l'intérieur de grottes d'un accès difficile se trouvent des coffres renfermant des livres écrits en caractères *européens*. Ce dire m'a été confirmé de la façon la plus positive par un prêtre indigène, qui a *vu* un de ces coffres dans une grotte située à une vingtaine de mètres à pic au-dessus de la rivière de Peng-shui. Des craintes superstitieuses ont fait respecter jusqu'à présent ces mystérieux dépôts. Ne pourrait-on pas retrouver là les livres sacrés ou les annales des anciens autochthones, qui ont été refoulés dans le sud par l'invasion chinoise et dont l'écriture phonétique, comme celle des Pa-y du Yun-nan, ou des différentes races tibétaines, ne peut être assimilée par les Chinois qu'à une écriture européenne?

La population, très serrée dans la partie basse et inondée de la vallée du Yuen-kiang, conserve dans la partie montagneuse une densité remarquable, eu égard au peu de place laissé à la culture par les pentes abruptes et les surfaces dénudées qui caractérisent les formations calcaires. On retrouve partout cette persévérance et cette opiniâtreté au travail particulières à la race chinoise. Les grottes même sont habitées, et il n'est pas de coin arable caché dans le repli le plus élevé des montagnes qui échappe à la charrue.

Les habitants de cette région m'ont paru plus trapus et plus barbus que les Chinois des plaines. L'usage des bandelettes pour la compression du pied est assez rare chez les femmes de la campagne; il est inconnu de celles qui vivent, près des rapides, de l'industrie du halage des barques.

Si la population riveraine du lac Tung-ting est grossière et malveillante pour les Européens, à l'intérieur du pays, la population agricole est timide et hospitalière. Dans ce coin perdu de la Chine qui confine à quatre provinces à la fois, et dont la configuration orographique se prête à toutes les entreprises comme elle déjoue toute surveillance, on doit s'attendre à trouver un grand nombre de réfugiés ou de voleurs qui profitent de la proximité des diverses frontières pour échapper aux poursuites.

La propriété, est là, moins divisée que dans le reste de la Chine, et l'on retrouve, non sans surprise, un reste d'organisation féodale. Il n'est pas rare de voir des familles possédant une grande fortune territoriale entretenir à leur solde un certain nombre de gens sans aveu, et s'en servir pour résister à l'autorité des mandarins ou pour lutter contre une famille rivale. C'est à la suite d'une querelle de ce genre qu'a eu lieu, entre les chrétiens indigènes et les habitants du pays soulevés par un nommé Chang, une véritable guerre qui a duré plusieurs années (1865-1868). Deux prêtres français, les pères Mabileau et Rigault, et un grand nombre de chrétiens y ont perdu la vie et leurs habitations ont été détruites. D'un autre côté, des chrétiens dirigés par un prêtre énergique, et forts de l'assentiment des autorités chinoises de la province, se sont retranchés dans une petite citadelle à Ho-shih-ya, où ils ont résisté pendant plusieurs mois aux attaques et ont infligé à plusieurs reprises de grandes pertes à leurs adversaires. Le voyage de M. Blancheton avait eu pour but l'enquête rendue nécessaire par ces évènements. On peut estimer à 7 ou 8000 le nombre des chrétiens disséminés dans toute cette région.

Dans le territoire du Yu-yang, comme dans tout le reste de Ssù-chuân, il n'y a pas à proprement parler d'agglomération de maisons formant des villages. La population est distribuée dans des fermes isolées placées au centre des terrains qu'elles exploitent. De distance en distance sont des marchés où se tiennent périodiquement des espèces de foire et dont la population fixe ne se compose que d'aubergistes et de petits marchands. C'est là que tous les cinq jours, en général, affluent tous les agriculteurs des environs. Ils viennent vendre leurs récoltes et s'approvisionner d'étoffes, d'articles de mercerie, d'objets d'importation. L'entrée des marchés est sujette à un droit.

Grâce à l'abondance des matériaux de construction, les maisons de cette partie de la Chine ont un cachet remarquable de propreté, de solidité et d'élégance, les habitations des rives du Pei-ho ressemblent à des chalets suisses ; elles sont en bois et reposent sur un soubassement en pierre. Elles ont presque toutes un premier étage que la déclivité du terrain rend nécessaire et que complète une vérandah.

Dans les villes, les habitations sont également en bois, mais chacune est séparée de sa voisine par une enceinte rectangulaire en briques ou en pierres qui empêche les incendies de se propager.

Dans le pays de Yu-yang et sur les bords du Wu-kiang, la partie inférieure des maisons est construite en briques ou en bois. La partie supérieure est un treillis de bambous qu'on lute avec de l'argile et qu'on blanchit à la chaux. Ces surfaces blanches encadrées par les poutres de la charpente donnent le plus riant aspect aux maisons de la campagne et rappellent certaines constructions du nord de la France.

Le riz, le maïs et les patates sont la base de l'alimentation. Dans les montagnes le riz devient un objet de luxe, et il est remplacé presque exclusivement par la bouillie de maïs.

III

PRODUCTIONS, AGRICULTURE INDUSTRIE

Règne minéral. — J'ai signalé des gisements aurifères sur les bords du Ta-yu-chi et à Tai-yang-chi. Il y en a d'autres près de Fen-shui-ling qui ont été abandonnés faute de moyens assez puissants pour épuiser les eaux. L'exploitation métallurgique la plus importante de la contrée est celle du cinabre, que l'on rencontre abondamment aux environs de Yu-yang. Les procédés d'extraction sont des plus rudimentaires : on creuse d'étroites galeries où un homme ne peut se glisser qu'à genoux. On en retire le minerai et on le débarrasse par un lavage des matières terreuses. Le mercure s'obtient par distillation. On raconte que sous la dynastie des Ming, une immense caverne située à 8 kilomètres dans le nord-est de Fen-shui-ling et d'où le gouvernement faisait extraire d'énormes quantités de cinabre, s'éboula en engloutissant plus d'un millier de travailleurs.

Sur la rive gauche du Wu-kiang, près de Wang-chia-tu et de He-ta-pao sont des sources sulfureuses d'où l'on retire du soufre ; les grottes contenant du salpêtre sont communes dans toute cette région. Sur les bords du Wu-kiang, il y a de nombreux filons de houille très superficiellement exploités. Au nord-est de Peng-shui, sur les bords du Si-chuan-ho, sont des salines ; à Nan-chuan il y a du fer et du charbon excellents.

Règne végétal. — Le pin constitue la plus grande richesse forestière de cette jolie contrée ; il est exploité avec une ardeur qui en fait craindre la destruction prochaine. J'ai remarqué cependant plusieurs plantations nouvelles faites sur des pentes déjà dénudées par la hache, et cette prévoyance peu commune chez les Chinois rassure à un certain point sur l'avenir. A partir de Chang-te, de nombreux chantiers de construction de barques s'échelonnent sur les bords du Yuen-kiang. Le thuya, le noyer, l'orme, l'érable, le *kin hsiang* (*Osbeckia sinensis*), sont, après le pin, les principales essences utiles.

La vallée du Pei-ho est remarquablement riche en arbres à huile et à cire. Les principaux sont le *tung-yu* (*Elæocea vernicifera*), le *tsi-shu* (*Rhus verniciferum*), le *chuen-tru-shu* (*Croton setiferum*). La première essence sert à fabriquer de l'huile ; la seconde donne, par des incisions faites au tronc, une gomme-résine qui, mélangée avec trois fois environ son poids d'huile de tung-yu, fournit une laque estimée. La troisième est très connue des Européens sous le nom d'arbre à suif ; on fabrique, avec le fruit, des chandelles qui reviennent à meilleur compte que les chandelles en graisse de bœuf ou de mouton.

Les montagnes abondent en plantes médicinales : je citerai le céleri de marais, la roquette sauvage, le *ku-sen*, variété de *jen-sen* (*Ruta sylvestris*), le *hoang-pe*(?), le *hoang-lien* (*Melia azedarach*), dont on utilise les racines, le *tsao-ko* (*Saponaria sinensis*), dont les fruits servent de savon aux ménagères du pays ; quelques espèces particulières de fougères, un salsifis sauvage dont la graine est employée comme tonique, etc.

Dans la partie inférieure du Yuen-kiang, le riz et le thé sont les deux cultures dominantes. Plus haut, le blé, les fèves ou les haricots alternent dans le même champ avec le riz, dont il n'y a plus qu'une récolte annuelle. Dans les terrains non irrigables, le sorgho, le sarrasin et le maïs remplacent le riz. Il y a quelquefois deux récoltes de sarrasin par an dans le même champ. A Hsin-shan, le climat permet la culture de la canne à sucre. L'indigo, qui est d'une qualité inférieure, le tabac, le pavot, dont la culture introduite depuis peu d'années n'a pas encore pris beaucoup d'extension; l'ortie de Chine, le chanvre de France, complètent la liste des plantes industrielles. La patate et la pomme de terre sont abondantes et de bonne qualité. Le territoire de Kien-kiang et celui de Nan-chuan produisent un thé particulier, très estimé dans le pays. On trouve à Chang-te des dattes excellentes; les abricots, les prunes, les pi-pa (*Eriobotrya bibas*), etc., sont cultivés dans tous les jardins.

Règne animal. — On rencontre encore dans les montagnes du Yu-yang quelques chevrotins musqués; leur capture, très rare, est une bonne fortune pour le chasseur; d'ailleurs le gros gibier abonde : le chevreuil, le cerf, le sanglier. Ces derniers causent aux cultures les plus sérieux dommages, et quelques-uns atteignent, dit-on, le poids de 200 kilogr. Il y a des loups qui, pendant l'hiver, sont à craindre, des renards, des blaireaux, des singes et quelques panthères. Les faisans sont représentés par de nombreuses espèces. Les bords des rivières sont peuplés de martins-pêcheurs dont les plumes sont recherchées pour la parure des femmes. On y trouve aussi la grande espèce de salamandre appelée par les Chinois *wa-ya-yü* et dont, à la requête du P. David, j'ai essayé, mais en vain, de me procurer un specimen. Les abeilles sont nombreuses dans les forêts et la

Culture de thé.

cire constitue pour quelques localités un revenu important.

Industrie. — Aux quelques exploitations ou fabrications qui résultent de la rapide énumération ci-dessus, il faut ajouter l'industrie du potier et du vannier, très développée dans la vallée du Yuen-kiang, et la préparation de l'encre de Chine ou plutôt du noir de fumée qui en constitue l'un des éléments. Kien-kiang est le centre de cette dernière fabrication ; elle consiste à recueillir sur de la porcelaine le résidu de la combustion de l'huile de *tung-yu*.

Comme partout en Chine, les préparations pharmaceutiques tiennent une grande place dans l'industrie locale. Parmi les curieuses recettes médicinales qu'on m'a données, je citerai la suivante employée contre l'hydropisie : on prend des racines d'un an du *Croton setiferum*, du cotonnier sauvage et du *Vernicia montana ;* on les fait rôtir, on les pulvérise et on les fait dissoudre dans une demi-tasse à vin chinoise d'eau-de-vie de riz. Ce remède, qui est un violent poison, doit être pris en deux fois. Il purge et provoque des vomissements. L'huile de *tung-yu* est un vomitif employé contre l'ivresse de l'opium. L'encre de Chine de Kien-kiang, délayée dans de l'eau chaude, arrête, dit-on, les vomissements de sang.

La pêche est une des occupations les plus fructueuses des riverains du Yuen-kiang et du Peï-ho. Dans les rapides, sur les plages de galets, où l'eau peu profonde court avec rapidité, on voit d'immenses barrages en bambou construits en forme de fer à cheval, présenter leur concavité au courant. Au fond du barrage s'élève un plan incliné, large clayonnage supporté par deux rangées de pilotis, sur lequel l'eau remonte avec force et dépose les poissons qu'elle a entraînés.

L'industrie la plus considérable et en même temps la plus curieuse de toute cette région est celle qui se pratique à Chung-kin-fu, pour l'affinage des lingots d'argent employés uniquement en Chine, comme on le sait, dans les transactions commerciales. Trois ou quatre maisons ont le monopole et le secret de cette manipulation, qui, pratiquée depuis plusieurs années, s'exerce en ce moment sur une quantité *quotidienne* de 15 000 onces d'argent (120 000 francs environ). Le sulfate de protoxyde de fer, qui est très abondant dans la contrée et coûte à peine un sou la livre, permet la fabrication de l'acide sulfurique nécessaire à la dissolution de l'argent. L'or reste au fond des creusets de terre où s'est opérée cette dernière transformation, et le sulfate d'argent est réduit ensuite par le cuivre. On se sert en général pour cette dernière opération de feuilles de doublage de navires, achetées à Shanghaï. Le bénéfice net est de 3 ou 4 pour 100 de la quantité d'argent mise en œuvre. Les maisons qui se livrent à cette industrie empruntent aux banques de la ville les lingots d'argent nécessaires, et les leur rendent vingt-quatre heures après, débarrassés de l'or qu'ils contenaient. Elles payent un jour d'intérêt. Un cachet spécial est frappé sur les lingots affinés afin qu'on ne les remette pas en circulation. Cette industrie donne une haute idée de la puissance commerciale du marché de Chung-kin, puisqu'elle semble indiquer une circulation annuelle de 40 millions de nouveau numéraire. C'est à un missionnaire, le P. Vainçot, qu'a été due l'idée première de cette opération, qui s'est pratiquée en France sur une large échelle et avec un outillage beaucoup plus perfectionné sur les pièces de cinq francs frappées pendant la Restauration et le premier empire.

IV

COMMERCE

Exportation. — Le bois de pin constitue l'exportation principale du bassin du Yuen-kiang. C'est là que se forment ces immenses radeaux que l'on rencontre sur le Yang-tzŭ en allant à Han-k'ou, et dont quelques-uns descendent jusqu'à Shang-haï. Les maisons qu'ils portent les font ressembler de loin à des îles flottantes ; on les dirige à l'aide de grandes godilles placées à l'avant et à l'arrière. On est obligé de mouiller quand le vent contraire devient assez fort pour contre-balancer l'influence du courant, qui est leur seul moyen de locomotion. En certaines saisons, ces radeaux mettent une quinzaine de jours à traverser le lac Tung-ting.

Longt'an et Lai-fong sont les principaux entrepôts des produits du bassin supérieur du Yuen-kiang. On expédie de là vers Chang-te du cinabre, de l'indigo, des matières médicinales, de l'huile de *tung-yu*. Ce dernier article tient, après le pin, la plus grande place dans l'exportation locale. A Kuntan, entrepôt correspondant de la vallée du Wukiang, le commerce s'alimente à peu près des mêmes produits; les bois de construction y jouent un rôle moins important. Quand la récolte est abondante, on exporte le riz de la contrée à Fuchou et à Chung-kin.

Importation. — Dès qu'on entre dans le Hu-nan, on constate un courant d'importation qui ne manque ni d'intérêt, ni d'importance. Dirigé par des négociants du Kiang-si et du Huang-tung, il vient de Canton par le Hsiang-kiang, et approvisionne le Hu-pe, l'ouest du Hu-nan, et le Ssùchuân, des cotonnades, des objets de mercerie et de quincaillerie européenne, devenus d'une consommation courante dans la Chine centrale. Le coton brut arrive aussi par cette voie en quantités énormes. Transporté en barques jusqu'à Longt'an, Laï-fong et Hsin-shan, il est réparti de là, à dos d'homme, dans les montagnes du Ssù-chuân et du Kuei-chou. C'est, en grande partie, aux exigences un peu arbitraires auxquelles le commerce est soumis, qu'il faut attribuer la fréquentation de la route plus pénible que suivent les marchandises de Canton et la concurrence avantageuse qu'elles font à celles de Shang-haï et d'Han-k'ou.

COMMERCE. 335

Pour un simple voyageur, le trajet d'Han-k'ou à

Marchands de thé.

Chung-kin par le Yuen-kiang et le Peï-ho est plus

rapide que l'ascension du grand fleuve entre les mêmes points. A l'époque de l'inondation on peut gagner dix à quinze jours en prenant la première de ces deux routes. Pour les marchandises, les fréquents changements de moyens de transport et la nécessité d'entrepôts intermédiaires sont des inconvénients que le bas prix des salaires, dans la région de Yu-yang, atténue en partie. Enfin, les accidents qui se produisent sur le grand fleuve, la nature des importations que l'eau peut avarier d'une façon irréparable, font comprendre l'importance prise ou plutôt conservée par la route commerciale qui, partant de Canton, aboutit à Chung-kin. Il ne faut pas oublier, en effet, que Canton a eu pendant trois siècles le monopole exclusif des relations commerciales avec l'Europe, et c'est de cette époque que datent les courants d'affaires qui de cette ville rayonnent à l'intérieur.

Sur quelques balles de coton brut j'ai reconnu des noms de maisons cochinchinoises; c'étaient probablement des cotons du Cambodge, expédiés de Saïgon à Canton.

Il vient également à Chung-kin, par la même voie, divers articles et instruments d'horlogerie fabriqués à Canton, et un peu de café, dont les Chinois se servent comme de remède.

Je n'entrerai pas dans de plus longs détails sur le commerce de Chung-kin, qui est peut-être le marché le plus considérable de toute la Chine occidentale. Il a été étudié avec un soin tout spécial par les délégués de la Chambre de commerce de Shang-haï, et je ne puis que renvoyer au rapport instructif publié à la suite de leur voyage dans le Ssù-chuân en 1869. Je me contenterai de signaler l'intérêt que les négociants de Chung-kin portent aux tentatives qui se font en ce moment pour ouvrir à la Chine méridionale un débouché par le fleuve du Tong-king. Ils se sont convaincus, par un examen minutieux de la question, que leur ville aura un avantage réel à entrer dans la nouvelle zone commerciale qu'inaugure la féconde entreprise de M. Dupuis. Il suffit pour cela que les embouchures du Hong-kiang (Song-coï) deviennent l'entrepôt des cotonnades, qui sont, pour ainsi dire, l'élément indispensable de toute transaction entre la Chine et l'Europe. Ce genre de marchandises est devenu d'une telle nécessité, que chaque marque de fabrique anglaise ou américaine a une cote quotidienne sur le marché de Chung-kin, cote à laquelle on peut réaliser immédiatement, avec un léger escompte, tout arrivage, quelque important qu'il soit.

Que l'on suppose que ces cotonnades, consignées habituellement par les fabricants eux-mêmes à telle ou telle maison de Shang-haï, le soient dans des conditions proportionnelles à des maisons de

Saïgon, le cabotage les transportera à moins de frais et dans le même temps qu'à Shang-haï ; de là elles arriveront en vingt jours aux frontières du Yun-nan ; un mois après, elles seront à Chung-kin [1]. Sur ce trajet, une partie aura déjà trouvé des occasions avantageuses d'échange avec les produits locaux, et créé un mouvement important dans une région restée jusqu'ici sans relations et sans débouchés. Les cotonnades venues par Shang-haï emploieront un temps au moins égal à parvenir à Chung-kin ; mais elles ne seront là qu'à la limite extérieure de la zone qu'elles doivent alimenter, et elles auront subi des chances d'avaries et des exigences douanières plus grandes que celles que comportera la route du sud. L'influence française peut et doit en effet régulariser le fisc au Tong-king et faire disparaître des transactions commerciales entre l'Annam et la Chine cet arbitraire qui éloigne de la route du Yang-tzŭ une partie des marchandises à destination du Ssŭ-chuân. Enfin, toutes les denrées locales qui descendent aujourd'hui à Shang-haï pour solder l'importation européenne, auront avantage à prendre la route du sud, puisqu'elles proviennent surtout de la région comprise entre Chung-kin et le Tong-king : musc, poudre

---

[1]. Tous ces chiffres sont des maxima nécessités par l'état actuel du pays. La pacification du Tong-king, l'amélioration des routes réduiront le trajet total à une quarantaine de jours au plus.

d'or, métaux divers, soies, thés de Pi-elh et de la

M. Dupuis, son interprète et son soldat.

vallée du Wu-kiang, auront moins de risques à

craindre et de frais de transport à supporter en se rendant par le sud à l'encontre du courant de cotonnades que j'ai supposé établi dans cette direction, qu'en descendant à Shang-haï, point plus éloigné que Saïgon du marché définitif d'écoulement, l'Europe.

En résumé, l'entreprise hardie de M. Dupuis dans la vallée du Tong-king, et mon dernier voyage à Chung-kin, me paraissent vérifier, au delà de toute espérance, les prévisions que j'émettais le premier, il y a cinq ans, sur les résultats de l'ouverture du Song-coi au commerce de la Chine méridionale. Mais notre colonie de Cochinchine ne doit pas perdre de vue qu'elle ne bénéficiera de ce nouveau courant d'affaires qu'à condition de fournir au Yün-nan, au Kuei-chou et au Ssù-chuân, les cotonnades et les cotons que l'on irait demander sans cela à la colonie anglaise de Hong-kong.

Je vais donner, à titre de simples renseignements, les prix de quelques denrées dans la région de Yu-yang. Je rappellerai que 1000 sapèques chinois valent en moyenne, à l'intérieur, 5 francs de notre monnaie.

Riz non décortiqué.. 1100 sapèques les 100 livres (60 kilogr.)
Riz décortiqué...... 1700 — —
Soufre en petits pains 60 à 70 sapèques la livre.
Cinabre... .... 400 à 800 sapèques la livre, suivant la pureté.
Mercure............ 1300 — —
Thé commun........ 50 — —

Fer................	4000 sapèques	les 100 livres.
Tabac............	80 à 100 —	la livre (en feuilles).
Poules............	80 —	—
Cire d'abeilles......	300 —	—
Mules.............	20 taëls par tête	(150 francs environ).

Douanes. — Il y a à Fu-chou une douane pour les marchandises qui descendent le Wu-kiang; il y en a une autre à Chang-te pour celles qui descendent le Yuen-kiang : les grandes douanes de province pour marchandises de toute provenance sont à Shih-ti, sur la frontière du Ssù-chuân et du Hu-nan, et à Yao-chou, sur celle du Hu-pe et du Hu-nan. La douane de Shih-ti est très tolérante. On n'y éprouve ni les retards ni les vexations qui ont rendu célèbre la douane de Kuei-chou sur le grand fleuve. Il y a encore sur le même parcours quelques petites douanes locales sans importance.

V

NAVIGATION

A l'époque où j'ai redescendu le Yang-tzù, la crue annuelle était bien près d'atteindre son niveau maximum. Plusieurs îles qui n'existent pas pendant la saison d'hiver se trouvent à ce moment détachées le long des berges. L'aspect des rives, la force du courant présentent des circonstances toutes spéciales. L'appréciation que je vais donner de la navigabilité du fleuve ne peut donc s'appliquer qu'à la période de l'inondation, c'est-à-dire aux mois de juillet et d'août.

D'une façon absolue, on peut dire que le fleuve est alors navigable entre I-chang et Chung-kin pour des navires de grande vitesse et d'évolution facile. Le tirant d'eau ne fait pas question, puisque la crue seule est de plus de 10 mètres ; il serait bon cependant que les vapeurs destinés à cette navigation n'eussent pas un tirant d'eau supérieur à 4 mètres, afin de pouvoir profiter de certaines passes où le courant est plus maniable.

De Chung-kin à Fou-chou, la vitesse moyenne du courant est de sept nœuds; le fleuve offre deux passages assez difficiles : l'un compris entre Lü-tzù-tu et Mu-tung, il faudrait le baliser; l'autre, celui de Shang-pei-tu, où il faudrait placer à terre des marques donnant des alignements.

Aux abords de Fu-chou, le courant se ralentit sensiblement; sa vitesse moyenne entre cette ville et celle de Fong-tu n'atteint pas 5 nœuds et demi; de Fong-tu à Chung-chou elle redevient de 6 nœuds; elle tombe à 5 entre Chung-chou et Ssù-pao-chay. A partir de ce dernier point, la fleuve reste remarquablement droit au nord-nord-est jusqu'à Wan-hsien; son courant atteint de nouveau 7 nœuds; il présente un passage difficile, celui de Hu-tan qu'il serait indispensable de repérer.

En aval de Wan-hsien, le fleuve, rétréci et encaissé, coule à pleins bords entre des berges nettes et à pic, en conservant la même vitesse, et l'on ne rencontre aucune difficulté sérieuse jusqu'à Kuei-chou-fu. La célèbre gorge que l'on traverse immédiatement après cette ville offre des remous de courant qui demanderont une certaine pratique de ce passage, sans constituer cependant un danger réel. Il en est de même de la gorge qui précède le ra-

Gorge de Kuei-chou-fu.

pide de Tsin-tan, qui, aux eaux basses, est si redouté des bateliers chinois, et qui, par les hautes eaux, disparaît presque complètement. Les plus grandes difficultés du fleuve à cette dernière époque me paraissent être le passage par le Kuei-chou et la partie comprise entre Mias-ho et Kuang-miao : là le fleuve élargi se sème de roches au milieu desquelles il serait indispensable de baliser le chenal.

En somme, avec un repérage exact et bien calculé, des vitesses à la machine de 12 à 13 nœuds, l'établissement à certains coudes de moyens d'évitage fixes à l'usage des navires remontant, je crois le Yang-tzù navigable, non seulement jusqu'à Chung-kin, mais encore jusqu'à Hsiu-chou-fu aux frontières du Yün-nan, sinon toute l'année, du moins pendant trois ou quatre mois.

Je prépare une carte à grande échelle de la partie du fleuve que j'ai étudiée plus spécialement, celle qui est comprise entre Chung-kin et I-chang.

Chung-kin est relié à Han-k'ou par un service postal très régulier qui part tous les cinq jours. Il y a deux ou trois entreprises particulières se faisant concurrence. Le port d'une lettre, quel que soit son poids, coûte 60 sapèques. Les bateaux employés sont de très légers esquifs construits dans le Ssù-chuân, mais qui n'y retournent jamais. On les vend à leur arrivée à Han-k'ou. La durée du voyage entre Chung-kin et Han-k'ou varie, suivant les saisons, de douze à dix-huit jours. Le courrier en sens inverse se fait, à partir d'I-chang, à cheval ou à pied. On m'a cité des trajets accomplis entre Chung-king et Han-k'ou avec une vitesse presque fabuleuse par des courriers spéciaux au service de quelque maison de commerce, et marchant jour et nuit pour porter à Han-k'ou un ordre de vente ou d'achat.

VI

TRAVAIL GÉOGRAPHIQUE, CARTE

J'ai utilisé, pour le tracé de mon voyage entre Han-k'ou et Chung-kin, les travaux de MM. Dowson et Palmer; entre Han-k'ou et I-chang, les cartes des jésuites, et quelques cartes topographiques à grande échelle levées par les missionnaires et dont je dois la communication à l'obligeance de Mgr Desflèches, évêque du Ssù-chuân oriental. Faute d'instruments et de pratique, ces récents efforts pour continuer l'œuvre des jésuites n'ont pu produire encore que des croquis sans précision, mais ces croquis contiennent des renseignements statistiques et administratifs très précieux. On ne peut qu'applaudir hautement à la persévérance avec laquelle Mgr Desflèches poursuit le perfectionnement d'une œuvre dont il lui faut trouver les m yens et former les ouvriers [1].

1. V. p. 267.

Toutes les latitudes des points importants ont été obtenues par des circumméridiennes prises au théodolite; malheureusement une série ininterrompue de pluies a, du 5 juin au 10 juillet, rendu toute observation impossible. La partie du tracé comprise entre Longt'an et Chung-kin n'est donc contrôlée par aucune donnée astronomique. La longitude de Chung-kin est le pivot de tout l'ouest de la carte, et les longitudes des différents points du Yang-tzŭ, situés en aval jusqu'à I-chang exclusivement, ont pu lui être rapportés en descendant avec un grand degré de précision. Cette latitude ne repose malheureusement que sur une seule observation d'éclipse de satellite de Jupiter rendue assez incertaine par l'état du ciel.

J'ai adopté pour les noms chinois le système d'orthographe de M. Wade. Il est basé, plus rigoureusement que celui des jésuites, sur la prononciation latine des lettres de l'alphabet européen. L'*u* français, dans ce système, s'écrie *ü*; la voyelle additionnelle *ŭ* rend ce son éteint qui suit la plupart des sifflantes en chinois ssŭ, tzŭ. Le *ch* se prononce *tch;* *sh* a le son du *ch* français. L'*h* est toujours aspirée; cette orthographe est celle qui a le plus de chance de prévaloir définitivement et par sa simplicité et par les excellents ouvrages chinois élémentaires dans lesquels son auteur l'a mise en œuvre. La méthode Wade est à peu près la seule suivie aujourd'hui par tous les Européens qui apprennent le chinois en Chine. Il est donc utile de se rallier à un système qui a su prendre tout ce que ses devanciers contenaient de bon, qui ne répugne à aucune nationalité, puisqu'il n'appartient à aucune, qui forme enfin le plus grand nombre d'étudiants. On mettra fin ainsi à la déplorable confusion qui s'est introduite dans la façon d'épeler les mots chinois.

Le même caractère se prononce parfois différemment dans telle ou telle province de l'empire; de ces variantes, j'ai toujours choisi celle qui représente la prononciation locale.

VII

MÉTÉOROLOGIE

Voici le tableau comparatif des observations faites pendant mon voyage et aux mêmes heures à Han-k'ou par M. Blancheton, en route par moi-même. Les deux lectures quotidiennes du baromètre et du thermomètre étaient prises, la première à l'heure du maximum barométrique diurne, vers 10 heures du matin, la seconde à l'heure du minimum, vers 4 heures du soir.

DATES.	LOCALITÉS.	VOYAGE					HAN-K'OU (CONSULAT DE FRANCE)				
		MATIN.		SOIR.		TEMPS.	MATIN.		SOIR.		TEMPS.
		B.	T. c.	B.	T. c.		B.	T. c.	B.	T. c.	
11 mai	En barque sur le Yang-tzŭ.	millim. 760.6	25°	millim. 757.0	24°	B. T. calme le mat. Pluie et vent d'O. le soir.	millim. 758.8	23°0	millim. 756.2	23°5	Pluvieux, F. B. de N. E.
12 id.	id.	758.0	27	756.0	30	T.-B. T. calme ou fraîcheurs de sud.	756.2	23	754.4	24.5	B. T. B. B. de S. O.
13 id.	id.	759.0	28	758.0	30	T.-B. T. P. B. de sud-est.	757.4	25.5	755.7	27.5	B. T. P. B. de sud.
14 id.	id.	760.0	27	757.0	26	T. B. Voilé. P. B. d'E. N. E. gr. de pluie à 7 h. soir.	758.2	26	756.0	26.5	Temps couvert orageux, P. B. de N. E.
15 id.	id.	758.5	26	756.0	25	T. couvert, P. B. d'est, quelques petits grains.	757.2	25.5	755	26.5	Temps pluvieux, rafales de N. O.
16 id.	id.	758.5	29.5	756.0	28.5	T.-B. T. quelques nuages, F. B. de N.-E.	756.7	26.5	754.2	27.5	B. T. P. B. N. E. le matin, calme le soir.
17 id.	Ya-chou.	756.5	28	754.0	32	T.-B. T. Faible brise S. O.	754.6	7	752.4	29	id.
18 id.	Lao Tung ting.	755.5	28.7	755.0	30	T.-B. T. P. B. d'est très variable.	744.4	29	753.4	29	id.
19 id.	id.	757.0	26	756.0	31.5	B. T. J. B. de N. E. qui tombe le soir.	756.2	28.5	753.7	30	id.
20 id.	id.	758.8	30	753.5	30	T.-B. T. calme.	755.3	28	752.4	31	id.
21 id.	Yuen-kiang.	755.5	32.5	753.0	33	T.-B. T. Folles brises.	753.7	29.5	751.8	32	T.-B. T. Jolie brise du S. le matin, calme le soir.

22 d.	Yuen-kiang.	756.0	32°	754	32	T.-B. T. presque calme.	755.5	31	753	32	B. T. P. B. d'E.
23 id	id.	758.5	23	756.5	32	B. T. qui se couvre le soir.	758.5	30	756.7	31	B. T. B. B. d'E.
24 id.	id.	756.5	26.5	754.5	28	B. T. couv. Vents du N. assez frais, orages lointains.	756.7	27.5	755.2	27	T. couvert, vent frais de l'est.
25 id.	id.	753.0	28.5	754.0	20	B. T. couvert. L. B. S. S. O.	753.3	26.5	754.0	28	T. couvert. Faible brise variant de l'O. au S. E.
26 id.	id.	752.5	28.5	751.0	24	T. couvert pluvieux. J. B. N. O.	753.0	29	751.6	30	Temps très nuageux. B. N. d'est.
27 id.	id.	755.5	30.5	753.0	31	T.-B. T. J. B. d'E. N. E.	754.5	27	753.5	29	T. très nuageux. B. B. du N.
28 id.	id.	753.5	31	751.0	32.5	T.-B. T. nuageux. P.B. d'E. N. E.	755.4	27	753.4	28.5	B. T. P. B. d'est.
29 id.	id.	753.2	30.5	750.5	31	B. T. nuageux. P. B. d'E. N. E.	756.2	28	754.2	29.5	T. couv. P.B. d'E. qui passe au S. le soir en forçant.
30 id.	id.	749.0	28	746.2	26	Temps pluvieux, la B. passe au N. O.	754.9	28	753.0	24	N. couvert, grands vents du N.
31 id.	Pei-ho. En barque.	750.5	25	747.2	20.5	Couvert le mat., T.-B. T. le soir P. B. d'E. S. E.	754.2	24	752.4	27	T. assez beau, B. B. d'ouest.
1er juin.	id.	746.5	26.2	745.0	27	T. couvert calme, pluie le soir.	754.1	26	755.1	25.5	B. T. le m. qui se couv. et dev. pluv. F. B. de N. E.
2 id.	id.	750.8	23	749.5	23°	T. couvert calme, pluie le soir.	759.7	22.5	758.6	25	Couvert le m., devient beau le s. par vent de S. E.
3 id.	id.	749.0	20.5	746.2	21	T. pluvieux. P. B. d'ouest.	759.6	24	757.5	25.5	B. T. nuageux. P. B. de S. E.
4 id.	id.	746.5	25.5	744.5	25	B. T. nuageux. P. B. de N. O.	760.4	25.5	758.5	27	id.
5 id.	id.	745.5	27	741.8	27	B. T. couvert. P. B. de S. E.	760.5	28	758.4	29.5	B. T. J. B. de N. E.
6 id.	id.	744.5	24	739.8	24	Temps pluvieux. P. B. de N.	759.1	27	757.0	28.5	T. B. couvert. B. B. d'est.

MÉTÉOROLOGIE.

DATES.	LOCALITÉS.	VOYAGE					HAN-K'OU (CONSULAT DE FRANCE)				
		MATIN.		SOIR		TEMPS.	MATIN.		SOIR.		TEMPS.
		B.	T. c.	B.	T. c.		B.	T. c.	B.	T. c.	
7 juin.	Pei-ho en barque.	millim. 737.5	22°	millim. 734.5	22°5	Pluie continuelle.	millim 756.7	26°	millim 756.4	26°5	T. couvert et pluvieux P. B. d'est.
8 id.	Shih-ti-ho.	735.0	24	732.5	26	T. couvert assez beau.	756.2	22	755.1	23	Pluie. B. B. de N. E.
9 id.	id.	733.5	23	730.8	22	T. couvert, pluie le matin.	757.4	24.5	755.4	25	T. couvert, la brise tombe.
10 id.	A terre à Longt'an.	728.2	24	727.5	22	Pluie continuelle.	756.7	24	755.3	22	Pluie. B. B de N.
11 id.	Col de Fen-shui-ling. (p. culmin. du voy.)	661.0		à 1 h. du soir.)		T. couvert assez beau.	756.2	24	754.3	26	T. nuageux. B. B. de N. qui faiblit le soir.
12 id.	Yu-yang (mission ca-thol.)	693.0	21	690.5	22	Temps pluvieux.	754.4	25	752.2	26.5	T. couvert, la brise tombe tout à fait.
13 id.	Yu-yang (mission ca-thol.)	689.5	22	6887	24	Temps couvert assez beau.	750.9	24	740.8	25	Pluie, orage, grande brise d'est.
14 id.	id.	699.9	24	»	»	Temps couvert pluvieux.	749.8	24	749.7	24.5	Même temps.
15 id.	San-cha-pa, en route de Yu-yang à Kun-tan.	709.5		(à 4 h. 1/2 du soir.)		Temps pluvieux.	753.6	25.5	752.7	25.5	B. T. nuageux. B. B. de N.
16 id.	Kin-c ianan.	704.3		(à 9 h. du matin.)		id.	754.2	26	752.5	26.5	— P. B. de N.
17 id.	Kim-tan.	728.5	»	728.0	»	id.	752.7	26	751.5	28	— P. B. d'E. qui passe au S. dans l'après-midi.

Date	Lieu									Observations
18 juin	En barque sur le Wu-kiang.	731.0	24	732.5	à Peng-shui.	T. pluvieux.	754.0	28.5	752.5	29.5	B. T. calme.
19 id.	Peng-shui (mission catholique).	»	»	730.0	24°	id. V. de N. O.	754.9	28.5	753.4	29	Temps couvert. P. B. d'E.
20 id.	id.	731.5	»	731.0	»	id.	755.0	28.5	753.1	29	T. presque couv. B. d'E. le m. et de S. le soir.
21 id.	En barque sur le Wu-kiang.	734.0	»	739.3	à Haise-chi.	id.	754.5	30	752.7	30.5	B. T. calme le m. sec. le s. par une jolie brise d'O.
22 id.	Fu-chou (mission catholique).	»	»	738.7	24°	id.	754.5	29.5	752.8	32	T.-B. T. B. B. d'ouest.
23 id.	- id.	737.0	»	740.0	sur le b. du Yang-tzu.	B. T. couvert. P. B. d'O. S. O.	755.2	29	753.3	30.5	T.-B. T. Presque calme.
24 id.	En barque sur le Yang-Tzù.	737.3	»	737.0	à Liu-sst.	B. T. couvert. P. B. d'O. S. O.	755.4	30	753.0	31	T.-B. T. nuageux. B. B. d'E, au S. E.
25 id.	id.	737.3	»	735.5	24°	T. pluvieux. J. B. de O.	753.2	30	751.3	31	T.-B. T. nuageux. Légère brise d'E.
26 id.	id.	735.0	»	734.0	»	T. brumeux, qui devient assez beau le soir.	752.1	29	750.8	31	Temps couvert, id.
27 id.	id.	735.5	»	736.0	»	id.	752.7	29	752.5	29	T. très nuageux. B. B. de N. N. O.
28 id.	id.	740.0	»	738.8	»	T. pluvieux, vents d'ouest.	746.4	24	755.8	25	Pluie. P. B. de N.
29 id.	id.	741.0	»	739.5	»	id.	757.5	24	756.1	27	T. qui s'éclaircit. J. B. d'ouest.
30 id.	Arrivée à Chang-king (évêché).	»	»	»	»	T. couvert, qq. éclaircies.	756.6	27	755.1	28.5	B. T. nuageux. F. B. d'O. S. O.
1er juillet.	id.	»	»	734.5	»	T. B. T. légers nuages.	755.1	27	753.2	29.5	B. T. presque couvert. P. B. de S. E. le soir.
2 id.	id.	734.0	»	725.0	»	id.	754.5	27	752.9	27	T. couvert. B. B. d'est.
3 id.	id.	»	»	727.0	»	B. T. orages à l'horizon.	753.8	30	754.9	31.5	B. T. nuageux. B. B. d'est.

DATES.	LOCALITÉS.	VOYAGE MATIN. B.	T. c.	SOIR. B.	T. c.	TEMPS.	HAN-K'OU (CONSULAT DE FRANCE) MATIN. B.	T. c.	SOIR. B.	T. c.	TEMPS.
4 juillet.	Arrivée à Chang-kin (évêché).	millim. 723.5	24°	millim. 724.0	brumeux	T. couvert, pluie et orage le soir.	millim. 752.0	31°	millim. 750.8	31°	B. T. nuageux. B. B. d'est.
5 id.	id.	725.5	»	725.0	»	T. couvert, orageux.	752.0	31	750.4	32.5	B. T. nuageux. B. B. de S. O.
6 id.	id.	725.7	»	725.0	»	id.	752.9	31.5	751.7	33	B. T. nuageux. B. B. de S. O.
7 id.	id.	731.0	»	726.7	»	T. brumeux le matin, orageux le soir.	753.0	32.5	751.6	33	id.
8 id.	id.	725.5	»	723.6	»	Orages et pluie.	752.5	33	751.0	29	T. couvert, la brise passe au N. E.
9 id.	id.	724.5	»	723.5	»	Pluie continuelle.	751.7	31	750.0	32	T. couvert, pluie le soir par des vents d'est.
10 id.	id.	724.5	»	723.5	»	T. couvert. P. B. de N.	751.9	28.5	750.8	30	T. C. B. B. de N. E.
11 id.	id.	725.5	»	724.5	»	B. T. nuageux.	753.6	29	752.4	28.5	T. C. la brise passe au N. O.
12 id.	(Bord du fleuve).	731.5	»	»	»	id.	754.6	29.5	753.0	30	D. T. nuageux, calme
13 id.	(Évêché.)	723.5	»	722.5	»	T. couvert, orageux.	754.0	30	752.6	32.5	B. T. très nuageux. B. B. d'est.
14 id.	id.	725.0	24°	726.5	24°8	Pluie continuelle.	752.3	32	750.9	33.5	B. T. P. B. d'est.

15 juil.	(Évêché.)	726.5	24.	724.5	26.8	B. T. très nuageux.	750.5	32	748.8	33	A. B. T. orageux. La B. passe au N. E.
16 id.	id.	726.0	27	726.7	29.6	T.–B. T. quelques nuages. Vents d'O. le soir.	749.8	33.6	747.7	34.5	B. T. P. B. d'est à rafales.
17 id.	id.	726.5	29	»	»	id.	749.8	30.5	748.5	30	T. pluvieux. B. B. d'est.
18 id.	id.	725.5	30	724.0	33.2	id.	750.1	30	749.7	30	B. T. nuageux. P. B. d'est.
19 id.	En barque sur le Yang-tzù.	732.0	29	731.5	30	B.T. voilé. Vents de N.N.E.	753.4	29.5	752.2	31	id.
20 id.	id.	737.5	31	737.0	32	T.–B. T. Légers nuages. P. B. de N. N. E.	755.8	31	754.2	32	B. T. nuageux. J. B. d'est.
21 id.	id.	740.2	29	738.3	31	B. T. nuageux. P. B. de N. N. E. qui tombe le s.	754.7	32	751.7	33.5	id.
22 id.	Kuei-chou-fu (mission).	»	»	734.5	32	T.–B. T. Légers nuages, le soir orage.	752.8	30	750.7	31.5	T. couvert. B. B. de nord.
23 id.	En barque sur le Yang-tzù.	742.5	29.2	740.0	33.6	T.–B. T. Légère brise d'est.	751.5	28	750.9	28.5	T. pluvieux. Vents d'est.
24 id.	id.	744.5	29.8	743.5	33	B. T. nuag. B. d'E. à rafales grains le soir.	754.2	30	752.5	31.5	B. T. nuageux. P. B. du nord.
25 id.	I-chang-fu.	748.0	32	747.6	»	T.B.T.L.B. de S.S.E. orage et un peu de pluie le s.	751.5	28	753.3	33	D. T. nuageux. J.B. d'est.
26 id.	En barque sur le Yang-tzù.	750.0	31	749.0	29.5	T.–B. T. B. d'E, qui fraîchit le soir.	755.8	32.5	753.3	33	T.-B. T. P. B. qui passe au S. O.
27 id.	id.	751.5	29.5	748.5	31	T.–B. T. B, d'est qui fraîchit le soir.	755.0	32	752.7	34	B. T. B. B. de S. O.
28 id.	id.	750.0	29	749.0	30.8	T. B. T. Brise de sud à rafales.	754.4	32	752.9	34	id.
29 id.	id.	751.0	28.5	749.0	29	B. T. Couvert. B. B. de S. à rafales.	755.7	32.5	753.3	32.5	B. T. Forte B. qui passe au sud.
30 id.	id.	752.0	31	751.0	32	T.–B. T. Grande brise de S. au S. S. O.	755.8	32	754.2	34	T.-B. T. Grande brise de S. O.

DATES.	LOCALITÉS.	VOYAGE				HAN-K'OU (CONSULAT DE FRANCE)				
		MATIN.		SOIR.		MATIN.		SOIR.		
		B.	T. c.	B.	T. c.	TEMPS.	B.	T. c.	B.	T. c.	TEMPS.
31 id.	En barque sur le Yang-tzù,	753º0 millim.	30º	752º0 millim.	29c5	T.-B. T. La brise passe au S. O.	755º9 millim.	32º	754º9 millim.	33º	T.-B. T. Grande brise de S. O.
1er août.	id.	753.0	30.5	752.0	29	B. T. nuageux. B. à rafales. Pluie dans les grains.	755.6	31.5	753.7	33	T.-B. T. Gr. brise à rafales, pluie dans les grains.
2 id.	id.	751.0	20	749.3	31.2	id.	754.7	30.5	752.7	32	id.
3 id.	id.	751.6	29.7	750.5	30.5	id.	755.0	31	753.5	32	T.-B. T. la brise tombe au N. E.
4 id.	id.	748.9	31.6	»	»	T.-B. T. nuageux. P. B. d'est au S. E.	756.2	31.5	754.1	31	T.-B. T. Le s. s'établit une bonne brise d'ouest.
5 id.	id.	756.5	32	»	»	id.	756.5	32	»	»	id.

L'étude de ces tableaux révèle quelques circonstances atmosphériques intéressantes, mais il faut attendre, pour les généraliser, de plus nombreuses observations dans la même région.

Je joins à ce rapport une petite caisse d'échantillons géologiques, qui permettront sans doute aux gens compétents de rattacher les formations que j'ai traversées aux parties de la Chine déjà géologiquement décrites. Chaque échantillon porte la date du jour où il a été recueilli, et il est facile, par suite, de retrouver sur la carte la localité à laquelle il appartient[1].

---

1. Cette caisse d'échantillons n'est jamais parvenue en France. Elle doit être encore à Saïgon où l'on attend, sans doute, un ordre du gouverneur pour la transmettre au Muséum.

LE ROLE DE LA FRANCE

DANS L'EXTRÊME ORIENT

EN CHINE ET EN INDO-CHINE

LE ROLE DE LA FRANCE

DANS L'EXTRÊME ORIENT

EN CHINE ET EN INDO-CHINE[1]

Shang-haï, le 9 août 1873.

L'extrême Orient, avec ses immenses agglomérations d'hommes, son industrie avancée, ses productions variées, dont quelques-unes, le thé et la soie, s'imposent aujourd'hui comme une nécessité à l'Europe ; avec ses stocks de houille et de métaux, qui suppléeront bientôt peut-être aux sources

---

1. Cette étude, qui complète et résume les idées développées dans le *Voyage dans la Chine centrale*, a été publiée pour la première fois dans la *Revue scientifique de la France et de l'Étranger* (2ᵉ série de la *Revue des Cours scientifiques*), en tête du numéro du 9 octobre 1875. Elle était précédée de la note suivante :

« Nous avons la bonne fortune d'offrir aujourd'hui à nos lecteurs un écrit inédit de Francis Garnier. C'est pour ainsi dire une réponse à un article de M. Gicquel, paru dans la *Revue des deux mondes* du 1ᵉʳ mai 1872.

» Ce travail, d'ailleurs inachevé, est daté de Shang-haï, le 9 août 1873, c'est-à-dire qu'il est vieux de deux ans ; mais la situation politique a peu changé, depuis lors, et les questions traitées ont conservé un vif intérêt d'actualité. L'éminent explorateur a écrit les pages qui vont suivre au retour d'une rapide excursion à

épuisées de l'Occident, attire chaque jour davantage l'attention des hommes d'Etat. Quand les barrières qui s'élèvent encore entre les deux mondes auront disparu, c'est de ce côté que nous viendra une révolution économique et sociale. Nous profiterons de cette étude pour rechercher par quels moyens la nation chinoise peut être amenée à entrer dans le concert européen et quel avenir est réservé à la France dans ces riches contrées.

Pékin, où il avait été mandé par le ministre de France, et après un voyage de trois mois dans la Chine centrale (mai-août 1873), premier jalon jeté en vue d'une exploration future du Tibet dont poursuivait l'idée depuis longtemps.

» C'est à cette époque que Francis Garnier fut appelé à Saïgon par l'amiral Dupré et qu'il prépara sa mission au Tongking, illustrée par l'héroïque prise d'Ha-noï et terminée par une mort à jamais regrettable.

» Certaines parties de l'intéressante étude que nous publions aujourd'hui montrent la rapidité avec laquelle elle a dû être composée et écrite, mais les idées originales abondent, l'énergie de la pensée et celle du caractère percent en maints endroits, et l'on y sent vivre l'un des hommes dont le patriotisme, le savoir, la haute intelligence et l'esprit d'initiative étaient le mieux faits pour relever le prestige du nom français dans l'extrême Orient. »

I

Des deux grandes nations de l'extrême Orient, le Japon et la Chine, la première s'est lancée résolument dans la voie du progrès. Elle travaille à s'approprier la science européenne et ses magnifiques résultats matériels. Télégraphes, chemins de fer, monnaies, calendrier, et jusqu'à nos costumes, elle adopte tout avec enthousiasme. On peut craindre même qu'elle n'entreprenne avec plus de précipitation que de sagesse une réforme qui heurte bien des préjugés et qui violente toutes les habitudes. Il ne faut pas oublier, en effet, que le Japon est resté, pendant deux siècles, plus hermétiquement fermé à l'Europe que la Chine elle-même.

Celle-ci, toute saignante encore des blessures faites à son orgueil national, repousse les bienfaits de la civilisation et n'en réclame que les moyens de produire des engins de guerre. Elle s'apprête à se servir de leurs propres armes pour les combattre;

elle accepte d'avance une nouvelle lutte plutôt que de consentir à la transformation radicale dont la menace le contact des Occidentaux.

Pour se rendre compte de ces résistances, il faut se rappeler quelle immense supériorité les Chinois ont eue de temps immémorial sur les nations voisines. Entourés de peuples barbares, ils ont su leur imposer leurs mœurs, leurs lois, leur langue écrite. Conquis plusieurs fois par les envahisseurs du Nord, ils ont toujours absorbé leurs vainqueurs, qui avaient hâte d'accepter la civilisation des vaincus et de renier leur propre nationalité. Pendant des siècles, enfin, la Chine a été réellement en droit de se décerner le titre d' « empire du milieu », de se croire le premier peuple du monde. A l'origine, ses relations avec les Européens, bien loin d'abaisser cet orgueil, n'ont pu que l'exalter encore. Les navigateurs qui, au seizième siècle, ont abordé en Chine, ne parlent qu'avec admiration de cet immense empire et n'approchent qu'à genoux de son souverain. La crainte de compromettre les intérêts commerciaux engagés, le prestige de cet Orient mystérieux, dont on s'exagérait la puissance réelle, firent longtemps garder à son égard une attitude dépendante et sans dignité. La guerre de l'opium rompit enfin le charme et révéla la faiblesse du colosse, mais elle n'était pas faite pour relever l'Europe dans l'estime d'une nation polie et lettrée. Le coup de foudre de 1860 et le pillage du palais d'été vinrent mettre le comble aux rancunes et aux ressentiments du gouvernement chinois.

Si la Chine méconnaît la grandeur et la portée de la civilisation européenne, si elle a eu tort de ne pas voir que les barbares du seizième siècle sont ses maîtres aujourd'hui, s'il y a quelque chose d'évidemment puéril dans son obstination à regarder en arrière et à s'ancrer immobile dans le passé, alors que le progrès, comme un flot irrésistible, emporte toutes les nations vers les merveilleuses espérances de l'avenir, il faut avouer que son infatuation, son ignorance de l'Occident, a sa contre-partie en Europe. On se rappelle le colloque imaginé par Voltaire entre des savants européens et un lettré chinois. Ce dernier s'étonne de ne pas trouver dans le *Discours sur l'histoire universelle* même le nom de son pays. Cet empire, le plus vaste du monde, d'une antiquité prodigieuse, d'une civilisation raffinée, n'y est pas jugé digne d'une mention ! Sommes-nous donc beaucoup plus instruits depuis cette époque et les Chinois n'ont-ils pas conservé le droit de traiter légèrement nos prétentions au savoir universel ?

Le commerce européen, qui n'a jamais vu dans la Chine qu'une matière exploitable à outrance, en faisant prévaloir par la force les exigences les plus étranges, ne l'a-t-il point autorisée à douter de la justice d'une civilisation qui nous rend si fiers[1]? De part et d'autre que de préjugés ridicules, que de souvenirs odieux, que de ressentiments, séparent profondément ces deux mondes qui ont tant d'intérêt à se pénétrer et à se comprendre!

Il fut un temps — le temps même de Voltaire — où l'on pouvait espérer de voir s'accomplir pacifiquement cette révolution si désirable, cette mise en rapports intimes de deux civilisations et de deux races en qui se résument aujourd'hui toutes les forces vives de la planète. Alors la science chinoise se renouvelait peu à peu, grâce aux travaux et aux efforts des jésuites, qui ont joué un rôle si important à la cour de Kang-hi, ce Louis XIV de l'Orient. Alors, les richesses historiques des annales chinoises commençaient à être dévoilées à l'Europe, et l'on apprenait à apprécier

---

[1]. Je ne citerai qu'un exemple entre mille des abus criants que les Chinois sont en droit de reprocher au commerce occidental. A une certaine époque de l'année, le gouverneur de Pékin met en réquisition, pour le transport du riz nécessaire à la capitale, la plus grande partie des jonques qui se trouvent à Tien-Tsin et sur le Peï-ho. Cependant, afin de ne pas entraver le commerce, il a été stipulé que cette mesure n'atteindrait pas les jonques dont se servent les négociants européens pour le transport de leurs marchandises. De là est résulté un singulier trafic : chaque année, un certain nombre de propriétaires de jonques viennent acheter aux Européens des certificats de location, délivrés par le consul, qui permettent d'échapper à la réquisition du gouvernement chinois. Tel étranger, dont le commerce est nul, exempte ainsi une centaine d'embarcations, sans en utiliser une seule, et retire de cette fraude des bénéfices considérables. De tels faits sont-ils de nature à inspirer aux Chinois confiance en notre probité? (*Note de l'auteur.*)

cette constitution démocratique et égalitaire qui aurait pu faire du gouvernement chinois le modèle de gouvernement; alors, enfin, on constatait, non sans surprise, que presque toutes les découvertes de l'Occident avaient été pressenties, souvent appliquées, par l'industrie chinoise, et que nous avions beaucoup à puiser dans les trésors d'une expérience cinquante fois séculaire.

On sait à la suite de quelles déplorables querelles une congrégation rivale, celle des dominicains, parvint à détruire l'influence des jésuites, et arrêta la Chine dans la voie libérale où elle s'engageait. Le gouvernement de Pékin poursuivit le christianisme et se hâta de revenir à son isolement systématique. Chez un peuple dont les aptitudes sont variées et l'intelligence ouverte et facile, cet isolement, resté encore si complet, cet avortement d'une civilisation qui s'était montrée merveilleusement précoce et puissante, demeureraient des phénomènes inexplicables, si l'on ne faisait intervenir ici une cause sur laquelle notre attention ne s'est pas suffisamment arrêtée jusqu'aujourd'hui. Nous voulons parler de l'écriture hiéroglyphique.

II

De quels langes ne se trouve pas entourée une pensée qui ne peut se manifester au dehors avant que la mémoire n'ait retenu et classé plusieurs milliers de signes conventionnels? Quelle difficulté pour toute idée nouvelle? — S'agit-il de rendre une abstraction? Quelle signification vague et presque insaisissable ne présentent pas des caractères qui à l'origine n'étaient que la figuration d'une idée concrète, l'image matérielle d'un ou de plusieurs objets?

Aussi, tandis que les sciences d'observation, comme l'astronomie, atteignaient, en Chine, à un développement remarquable, les mathématiques, pour lesquelles l'esprit exact de la nation semble avoir été fait, y sont restées inconnues. La philosophie, à son tour, s'est arrêtée aux règles de la morale et du bon sens, et les plus grands penseurs de l'Empire Céleste n'ont guère été que des économistes, faisant découler de quelques principes généraux fort simples les règles qui doivent guider les princes et assurer le bonheur des peuples. Ils ne se sont perdus ni dans les subtilités de la métaphysique, ni dans les profondeurs de la théodicée : le génie pratique de leur race répugnait à des discussions de ce genre et la notation imparfaite dont ils disposaient se refusait à en exprimer les idées.

Laborieusement perfectionnée dans le silence du cabinet, cette notation a bientôt cessé d'être la reproduction fidèle de la langue parlée. Alors que le langage vulgaire se modifiait incessamment au contact des peuples voisins, se subdivisait en dialectes, se pliait aux mœurs, aux productions, aux climats divers, sur toute l'étendue du vaste territoire envahi peu à peu par la race chinoise, la langue écrite, au contraire, s'immobilisait dans des formules de convention et revêtait une égalité de forme qui ne laissait plus aucune place aux qualités propres de l'écrivain.

Les compositions chinoises d'un même ordre paraissent toutes sorties du même moule. Une phraséologie uniforme, fatigante à force de répétitions, s'applique à tous les faits des annales et dissimule les indignations aussi bien que les enthousiasmes de l'historien. Sa science et sa critique sont étroitement impersonnelles. On dirait l'œuvre des siècles et de la tradition dans laquelle disparaissent les opinions du penseur. Aussi les détracteurs de l'antiquité chinoise ont-ils pu spécieusement accuser ses annales d'avoir été fabriquées après coup, tant on les dirait calquées les unes sur les autres. L'écriture hiéroglyphique, en prévalant dans tout l'extrême Orient, a empêché l'éclosion des littératures locales, expressions naturelles du génie des peuples répandus sur les côtes orientales de l'Asie. Le coréen, le japonais, l'annamite, ont vu s'effacer leur personnalité sous cette forme officielle et pour ainsi dire immuable. Si elle leur assurait le bénéfice de la science chinoise et les résultats d'une longue expérience, elle atrophiait leurs qualités particulières et détruisait leur originalité. Ainsi ont disparu les poésies naïves et charmantes confiées à la seule mémoire, les traditions romanesques relatant les luttes des races en présence et complétant la rigide histoire officielle.

Nous ne pouvons qu'indiquer rapidement les conséquences de la prépondérance singulière et funeste exercée par l'écriture chinoise. Une étude complète de ce fait historique mériterait de tenter un philologue plus autorisé et serait féconde en résultats inattendus. Ce que nous voulons constater ici, c'est qu'après avoir contribué à répandre les bienfaits de la civilisation chinoise, à une époque où le reste du monde était encore en enfance, les hiéroglyphes sont demeurés impuissants à faire progresser la Chine, et n'ont pas tardé à l'isoler de la science occidentale. Les Chinois, fiers de leur œuvre et de son ingénieuse complication, ont dédaigné les barbares qui ne pouvaient en pénétrer les prétendues profondeurs. Ils se sont fait une gloire de ce qui devenait pour eux une cause, chaque jour plus certaine, d'infériorité et de décadence. Ils se sont complu dans l'élégante manie du pinceau devenue leur science unique. Ce qui n'est ailleurs que le moyen de s'instruire a été réputé, en Chine, l'instruction elle-même. Les lettrés se sont résignés à passer leur vie à apprendre à lire, et à considérer leur réputation comme au comble, lorsqu'après une longue carrière d'études ils pensaient avoir pénétré tous les mystères de leurs étranges dessins. Follement entichés de tradition, ils ont tout rapporté à leur bizarre science, jusqu'aux règles infaillibles du gouvernement! Le pouvoir devait inévitablement s'absorber aux mains de cette oligarchie savante. Si, en effet, il est relativement facile d'apprendre les quelques milliers de signes nécessaires aux relations ordinaires, si le peuple même possède à cet égard une instruction élémentaire beaucoup plus répandue qu'elle ne l'est dans la plupart des États européens, il n'en est pas moins vrai que des études longues et pénibles sont nécessaires pour arriver à comprendre et à écrire les dépêches officielles, pour lire les ouvrages classiques et y retrouver les formules des rites qui président à tous les actes importants de la vie sociale et politique. Telle est la raison d'être du prestige des lettrés et leur droit à l'obéissance du peuple. Dans une société formaliste et réglementée à l'excès, ils sont devenus des instruments indispensables de gouvernement, et leur influence l'a plus d'une fois emporté sur les volontés des empereurs.

Cette influence lutte aujourd'hui avec l'énergie du désespoir contre l'invasion de la civilisation occidentale. Elle combat pour l'existence même d'un corps politique jadis éminent, mais dont le savoir puéril, les préjugés haineux, la corruption invétérée, ne peuvent plus inspirer que la pitié et le dégoût. Les lettrés ne sont pas sans comprendre instinctivement la supériorité de cette science européenne, dont ils repoussent avec tant d'horreur les innovations dangereuses ; ils sentent que la fin de leur règne approche et s'efforcent de reculer à tout prix le moment fatal où il faudra abdiquer.

Car, sur un peuple aussi pratique que le peuple chinois, les démonstrations matérielles ont une puissance irrésistible. Le commerce européen a noué avec l'extrême Orient des relations qui ne pourraient être rompues qu'au prix des plus graves perturbations économiques. Les rébellions qui, pendant ces dernières années, ont ébranlé l'empire, ont fait envier aux populations de l'intérieur la sécurité et le calme que la présence des étrangers assure au littoral. Elles leur ont dévoilé l'insigne faiblesse et la dépravation chaque jour croissante de leurs gouvernants, et ont indigné contre eux l'opinion publique. La grande démocratie chinoise n'est point à la veille de se dissoudre, comme le croient et le désirent certains esprits superficiels. Elle a des habitudes de tempérance, un acharnement au travail, un esprit de solidarité, un respect du principe d'autorité qui forment des liens puissants et difficiles à rompre. Elle impose à ses fonctionnaires une responsabilité réelle et la voix du peuple — si l'on en croit la loi — est encore ici la voix de Dieu [1]. Quiconque a un peu vécu dans l'intérieur de la Chine n'a pu manquer d'être touché de la lutte acharnée et courageuse que livrent à la misère ces immenses foules, trop nombreuses pour

---

1. La Chine n'a jamais connu l'article 75, et les fonctionnaires supportent dans toute leur étendue les conséquences de leurs actes ou les résultats de leur administration. D'après la loi chinoise, si une émeute entraînant mort d'homme a lieu dans le coin le plus reculé d'une province, non seulement les autorités locales, mais le vice-roi lui-même, encourent les derniers supplices. Aussi de nos jours tous les faits de ce genre sont-ils dissimulés et dénaturés avec le plus grand soin par les intéressés. Quand une ville est mécontente de son préfet, les négociants se réunissent et conviennent de fermer tous les magasins pendant quelques jours. Il n'en faut pas davantage pour que le préfet soit immédiatement révoqué, sans aucune chance d'obtenir ailleurs la moindre compensation. (*Note de l'auteur.*)

la terre qu'elles cultivent. Leur résignation est admirable ! Là, nulle révolution sociale n'est à craindre, parce que le travail et l'intelligence n'ont plus aucun droit à revendiquer. Ces traits sont-ils d'un peuple condamné à une irrévocable décadence ! Nous croyons, au contraire, que pour faire bénéficier le reste de l'humanité de ces qualités merveilleuses, pour donner à ces efforts un but digne d'eux, il suffirait d'une action persévérante et pacifique des peuples qui sont devenus les aînés de la Chine en civilisation ; il faudrait plaider auprès des Chinois eux-mêmes une cause qu'obscurcissent à plaisir les passions et les intérêts des lettrés qui les gouvernent.

III

Si l'écriture hiéroglyphique des Chinois est le plus grand obstacle à la diffusion des idées et de la science européennes, si elle maintient seule le prestige et l'autorité de ceux qui paraissent décidés à perpétuer les malentendus entre les deux races, s'il faut y voir, en un mot, la cause primordiale de l'avortement de la civilisation chinoise et de l'isolement regrettable où s'obstine un tiers de l'humanité, il semble que c'est à la remplacer que doivent tendre tous les efforts des hommes politiques [1].

Supposons un instant les caractères latins adop-

---

1. La réforme que préconise ici Francis Garnier n'est point aussi simple qu'elle le paraît au premier abord. Nous citerons, pour en mieux faire comprendre les difficultés pratiques, un passage très intéressant du livre d'un des meilleurs amis de Garnier, de M. E. Luro, inspecteur des affaires indigènes en Cochinchine. A la page 142 du *Pays d'Annam* (chez Ernest Leroux), M. Luro, exposant l'état de l'instruction publique dans l'Annam, écrit en effet : « Ap-
» prendre à lire et à écrire en chinois ou en annamite, n'a pas
» le même sens qu'apprendre à lire et à écrire en français. Chez
» nous cela signifie étudier et connaître les combinaisons de vingt-
» quatre caractères, à l'aide desquels on représente le son et par
» conséquent la signification des mots. Apprendre à lire et à écrire

tés en Chine, les principaux ouvrages de la littérature chinoise, quelques traités élémentaires de science et d'histoire européennes traduits, à l'aide de cette notation si simple, en chinois vulgaire. Le temps que les Célestes consument aujourd'hui à n'apprendre qu'imparfaitement à lire serait fructueusement employé à acquérir une foule de notions qui leur feraient voir le monde sous un jour tout nouveau. Les fables ridicules qu'on leur raconte sur l'Occident, les prétentions orgueilleuses de ceux qui les dirigent seraient réduites à néant. Les Chinois s'étudieraient eux-mêmes, jugeraient de l'antiquité de leur race, de la valeur de leurs

» en chinois, signifie au contraire se familiariser avec la forme et
» le sens des deux ou trois mille hiéroglyphes usuels. Chez nous,
» on écrit la parole ; en Chine, on représente la pensée. Chacun
» des caractères idéographiques n'a d'ailleurs, le plus souvent, aucun
» rapport direct avec l'idée représentée et se compose de traits
» graphiques purement conventionnels, dont la combinaison régulière
» forme les hiéroglyphes. S'il fallait étudier et retenir séparément
» chaque caractère, la mémoire humaine reculerait devant
» une semblable difficulté ; mais le problème se réduit à se fami-
» liariser avec tout au plus un millier de figures fixes, pouvant se
» combiner deux à deux, et dont les traits invariablement dessinés
» de la même manière se gravent facilement dans la mémoire. Il
» va sans dire qu'il s'agit ici d'une mémoire spéciale, analogue
» à celle du peintre et que nous appellerons la mémoire de la vue,
» par opposition à la mémoire des sons. Cette mémoire, inculte
» chez les Européens, est extraordinairement développée chez les
» peuples de race chinoise. L'atavisme, l'influence du milieu, facili-
» tent l'intelligence des hiéroglyphes et en livrent rapidement le
» secret. »

Plus loin, à la page 154 du même ouvrage, M. Luro ajoute :
« La science philosophique et littéraire dont nous avons énuméré
» les examens et le programme, est souvent puérile, toujours ingé-

traditions, de la prévoyance de leurs législateurs. Ayant conscience de ce qui leur manque, ils comprendraient l'importance des relations avec les autres peuples. Ce serait comme un trait de lumière illuminant ce vaste empire d'une extrémité à l'autre. Aucune révolution, sauf peut-être celle que l'imprimerie a opérée en Europe au seizième siècle, ne serait comparable à celle-là !

Est-elle chimérique ? se heurterait-on à des difficultés insurmontables ? Nous ne le pensons pas. Le Chinois est amoureux de lecture, passionné

» nieusement et vainement compliquée comme les caractères qui
» la représentent.... Il ne faut cependant pas se méprendre sur
» notre pensée : quelque compliqué que paraisse aux Européens
» l'usage des caractères chinois, ce système de représentation de la
» pensée est loin d'être aussi défectueux que l'on veut bien se l'i-
» maginer à priori. Avec les idiomes monosyllabiques, il est im-
» possible d'exprimer complètement la pensée humaine par la
» représentation phonétique du langage, à cause du nombre limité
» des monosyllabes dont nous disposons, même lorsqu'ils sont
» multipliés par des tons variés, et, surtout, à cause de la multitude
» des mots homophones. Les Annamites sont donc condamnés à
» l'usage des caractères chinois tant que leur langue vulgaire ne
» sera pas mieux construite. Il se produira sans doute avec le
» temps, dans cette langue, un travail de concentration qui la fera
» passer du monosyllabisme au disyllabisme et au polysyllabisme.
» On remarque déjà, dans l'annamite vulgaire, une tendance
» au disyllabisme provenant de l'usage de plus en plus fréquent
» des mots doubles, formés de deux synonymes monosyllabiques.
» Le besoin de se faire comprendre des Européens, rebelles
» aux délicates nuances des intonations orientales, ne peut que fa-
» voriser cette tendance. Cela est d'un heureux augure pour le
» triomphe définitif de l'idiome vulgaire et l'abandon de l'écriture
» chinoise. Mais un changement aussi considérable dépend de
» causes multiples qui agissent fort lentement. En attendant, il
» faut reconnaître que la lecture des caractères chinois est indis-
» pensable pour administrer les peuples de l'Annam. »

pour le travail. Le moindre hameau possède une école. Pour des gens habitués à retenir et à classer dans leur mémoire des milliers de signes conventionnels, l'étude de 25 lettres ne serait qu'un jeu. Nous avons vu, en Cochinchine, où prévaut l'écriture chinoise, des enfants apprendre en moins de quinze jours à lire l'annamite écrit en caractères latins. Les prêtres catholiques indigènes préfèrent presque tous aux hiéroglyphes l'usage de ces caractères. L'avantage que l'on trouve à écrire véritablement « sa parole », la facilité et la rapidité dix fois plus grandes de l'écriture phonétique, sont bien faits pour recommander son emploi à des gens aussi pratiques que les Chinois. Quelle admiration n'éprouveraient-ils pas pour un de leurs jeunes compatriotes lisant couramment leurs classiques, transcrits d'après cette méthode, et en commentant le sens, prodige qu'un lettré blanchi sur les livres ne pourrait accomplir qu'à grand'peine, en hésitant à chaque hiéroglyphe ! Et pourtant ce miracle n'exigerait que quelques mois d'études !

Un éminent sinologue, M. Wade[1], a demandé avec instance que le personnel européen chargé des relations diplomatiques avec la Chine, fît les plus grands efforts pour arriver à posséder parfaitement la langue chinoise. « Rien ne confirme davantage,

---

1. Aujourd'hui ministre d'Angleterre à Pékin.

dit-il, les lettrés chinois dans leur opiniâtre résistance au progrès, que leur conviction de l'impuissance où sont les barbares d'atteindre au niveau des connaissances et de l'éducation chinoises. » Personne n'a, plus que M. Wade, facilité l'œuvre qu'il recommande par la publication de livres élémentaires destinés à l'étude du chinois. Cette étude deviendrait la plus aisée du monde [1], le jour où, au lieu de se heurter à des lignes longtemps indéchiffrables, l'étudiant européen pourrait « lire » un texte chinois écrit en caractères latins, s'habituer ainsi au style et à la phraséologie d'une langue aussi singulière et en analyser les principales productions. Les lettrés ne sont point d'ailleurs de bonne foi lorsqu'ils refusent aux Européens la faculté d'atteindre aux hauteurs du savoir chinois. La preuve contraire est faite depuis longtemps et, s'ils ont oublié les Jésuites, des savants comme MM. Wade, Williams, Legge, Edkin, etc., leur démontrent tous les jours, en Chine même, qu'il est relativement facile de pénétrer leurs mystères et de les éclairer des lumières d'une critique avancée. Au fond, c'est la supériorité même des philologues européens qui provoque l'hostilité des lettrés, et

---

1. La prononciation exceptée. Celle-ci exige une gymnastique de l'oreille que nulle notation ne peut remplacer. On sait que la langue chinoise est une langue *vario-tono*.

(*Note de l'auteur.*)

c'est une généreuse illusion de penser que nos progrès dans les études chinoises parviendraient à la conjurer. C'est donc en dehors d'eux et à l'encontre des classes gouvernementales, que peut et doit s'opérer la transformation proposée.

De quels moyens disposerait-on pour la tenter ? Dans les ports ouverts, une nombreuse population indigène vit sur les territoires concédés aux Européens. A Shang-Haï, par exemple, plus de cent mille Chinois sont régis par les municipalités étrangères. Pourquoi ces administrations, qui ont donné des preuves de leur esprit progressif et qui disposent de ressources importantes, ne fonderaient-elles pas des écoles où l'on vulgariserait « les caractères latins » ? La gratuité de cet enseignement, le goût naturel des Chinois pour l'étude, les avantages qui résulteraient plus tard de la connaissance de notre écriture, pour des enfants destinés à devenir les intermédiaires commerciaux, les agents ou les domestiques des Européens, y attireraient de nombreux élèves. Il serait indispensable que les principaux ouvrages chinois fussent aussitôt traduits et publiés dans les différents dialectes de la côte. Ces traductions se débiteraient par centaines. Elles présenteraient en outre cet intérêt d'établir forcément une notation uniforme, une orthographe régulière des mots chinois. On se plaint, et avec raison, de la confusion étrange qui règne aujourd'hui dans les systèmes d'épellation. Cette confusion est surtout regrettable au point de vue géographique. Tel nom écrit par un Anglais est absolument méconnaissable pour un Allemand ou un Français. Le même caractère chinois a souvent vingt transcriptions différentes et la lecture d'une carte soulève des incertitudes et des difficultés quelquefois invincibles.

Le système d'orthographe de M. Wade, basé plus rigoureusement que celui des Jésuites sur la valeur latine des lettres de notre alphabet, est probablement celui qui prévaudra. Il nous paraît susceptible de quelques simplifications que la pratique devra réaliser. Tel qu'il est, il répond d'ailleurs à tous les besoins. Déjà les journaux anglais de Hong-Kong et de Shang-Haï publient des éditions chinoises qui ont le mérite d'être rédigées dans le style de la conversation et qui rompent heureusement avec les élégances de convention et les obscurités du style littéraire classique. Il faudrait faire un pas de plus, et, à l'exemple de notre colonie de Cochinchine, publier les journaux en caractères latins, dès que la lecture de cette notation serait assez répandue. Il faudrait enfin — cela est très important — réimprimer le plus tôt possible dans le système phonétique les traductions d'ouvrages scientifiques européens existant déjà en caractères chinois.

Les Missions catholiques qui possèdent des écoles

dans l'intérieur contribueraient puissamment à répandre la notation nouvelle. Disséminées dans les provinces les plus reculées, elles formeraient autant de centres, autour desquels rayonnerait par ce moyen une instruction chaque jour plus civilisatrice. Elles entreraient sans doute volontiers dans cette voie, si elles s'y sentaient encouragées et soutenues, et c'est ici que doit commencer, à notre sens, le rôle du gouvernement français.

IV

La protection dont notre pays couvre, en Chine, les Missions catholiques a soulevé en mainte occasion de très vives critiques. On n'a voulu y voir qu'une complication nouvelle dans une situation déjà difficile. Que de procès sans issue, que de conflits de toute nature, que de sanglants épisodes marquent cette lutte soutenue par la France pour maintenir les Missionnaires en possession des dangereux privilèges que leur a concédés le traité de Tien-tsin !

Ne serait-il pas plus simple de s'en fier, pour la surveillance et la protection des Missions, aux mandarins chinois eux-mêmes et de mettre ainsi fin à des conflits d'attributions, à des rivalités d'influences, à des querelles sans but et sans profit, incessamment renaissantes ? Cette solution radicale, proposée dans l'article de la *Revue des deux mondes* que nous citions au début de notre étude, épargnerait à coup sûr bien des ennuis diplomatiques et ferait des loisirs à la légation de France à Pékin. Mais si, comme le reconnaît M. Gicquel, « l'influence d'un protectorat, qui s'étend sur 500 000 catholiques [1], pourrait être considérable, en s'exerçant dans d'autres conditions », ne serait-ce pas sacrifier les intérêts nationaux que de renoncer à cette influence, au lieu de chercher à en réaliser les conditions normales ? La France ne l'a jamais employée qu'à faire entendre des conseils équitables, qu'à servir de modératrice aux ambitions rivales. Les sacrifices antérieurs, son or et son sang largement dépensés, tous les éléments de sa prépondérance dans le présent et le passé disparaîtraient le jour où elle renoncerait au protectorat, et elle descendrait au rang des puissances secondaires qui gravitent à l'ombre des cinq grandes nations représentées diplomatiquement à Pékin [2]. M. Gicquel, dont les travaux et les services ont tant contribué à développer l'influence française en Chine, serait aussi affligé que surpris de la conséquence, selon nous inévitable, qui découlerait de la politique dont il s'est fait l'avocat.

C'est en somme le protectorat des Missions, si conforme à nos traditions, aux tendances du génie

---

[1]. Ce chiffre est admis par M. l'abbé Armand David, dans son ouvrage : *Voyage dans l'empire chinois*.

[2]. Allemagne, Angleterre, États-Unis, France et Russie.

national, qui nous a placés, en Chine, en dehors et comme au-dessus de l'action des autres puissances. De là une envie à peine dissimulée, une approbation enthousiaste et sans réserve des conclusions de M. Gicquel ; de là un âpre et violent commentaire de nos récents malheurs, dont on s'efforçait de porter le retentissement jusqu'aux parties les plus reculées du Céleste Empire ! Nos rivaux n'ont même pas craint de faire le jeu de la politique chinoise, qui se réduit à opposer les unes aux autres les nations européennes. Ils ont cru le moment venu de se défaire d'une prépondérance importune et vieillie, et d'élever à sa place la jeune, l'audacieuse fortune d'une nouvelle nation, aussi impatiente de triompher en Orient que de dominer en Europe. Ils ont oublié cependant que la force militaire ne résumait point toutes les forces ; que tous les peuples, y compris le peuple allemand, n'étaient point également aptes à remplir, avec la même hauteur de vues, la mission civilisatrice dont la France a conservé jusqu'aujourd'hui le monopole.

Est-il bien certain d'ailleurs qu'une abdication précipitée et irréfléchie n'aggraverait pas en Orient les conséquences de nos récents malheurs ? L'Angleterre ne recueillerait-elle pas notre héritage ? Et la protection des catholiques chinois ne deviendrait-elle pas un des éléments de sa politique ? Les avances faites par ses agents, à diverses reprises, aux Missions du Tibet et de la Chine occidentale témoignent du prix qu'elle attache à leur concours. Ses voyageurs aiment à se prévaloir de l'appui et des renseignements de nos Missionnaires. Les Missions protestantes, moins unies, plus nouvelles, manquent de cet ensemble dans les desseins et dans l'action qui impressionne les foules. Leurs membres sont moins absolument consacrés à une œuvre que le dévouement des prêtres catholiques accepte sans esprit de retour. Pour ceux-ci, point d'intérêts matériels qui les rappellent en arrière, pas de préoccupations de famille, pas d'hésitation dans le but à poursuivre. Si, au point de vue scientifique, la part des Missionnaires protestants dans le travail de régénération de la Chine est importante, l'action exercée par eux sur les populations indigènes reste toute personnelle et passagère, et ne saurait prétendre aux grands résultats de cette immense et permanente machine de guerre organisée par la papauté « pour la propagation de la foi »!

Les Missionnaires catholiques d'aujourd'hui sont sans doute bien loin des Jésuites du siècle dernier. On peut regretter que leur nombreuse phalange n'ait produit que fort peu de travaux comparables à ceux des savants prédicateurs anglais ou américains. On leur reproche une préoccupation de dominer, une tendance fâcheuse à se mettre en dehors et au-dessus des lois et des mœurs du pays qu'ils habitent, dont la preuve la plus frappante est leur zèle à bâtir de hautes cathédrales, chez un peuple qui attribue aux constructions élevées les influences les plus malfaisantes [1].

Ce n'est point ainsi qu'il faut traiter les préjugés d'une nation de 400 millions d'âmes.

Les excès de zèle, dont se sont rendus coupables les Missionnaires catholiques, ont été habilement résumés, exploités et travestis dans un document diplomatique rédigé par le gouvernement chinois à la suite du massacre de Tien-tsin. M. Gicquel en a reproduit de nombreux passages. Le fait le plus grave reproché par le *memorandum* aux Missions catholiques, c'est la conversion au christianisme d'une bande de voleurs qui aurait pu, grâce au baptême, échapper à un châtiment légal et mérité. Il va sans dire que cette

---

[1] Parmi les dissentiments les plus graves qui se soient élevés entre le gouvernement chinois et la légation de France, plusieurs n'ont pas eu d'autres motifs que l'érection par les Missionnaires de monuments de ce genre. L'Assemblée nationale a voté, il y a quelque temps, un crédit de 75 000 francs pour l'achèvement de la cathédrale de Canton. Ce bel édifice, presque entièrement construit au frais du gouvernement français, témoigne, avec plus de faste que d'habileté politique, de l'intérêt que la France porte à la religion. Hors de proportion avec le nombre des chrétiens de Canton, il est condamné à rester toujours à peu près vide, défi permanent et inutile aux préjugés d'une populace particulièrement hostile aux Européens. Puisse-t-il ne pas attirer sur les Chinois catholiques et sur nos Missionnaires une catastrophe analogue à celle de Tien-tsin !

(*Note de l'auteur.*)

accusation ne repose sur aucune donnée sérieuse[1]. Il en est de même du plus grand nombre des griefs imputés aux Missions. Fondées au point de vue européen, ces accusations sont absolument injustes et fausses au point de vue chinois. Rédigées par la main d'un étranger, elles ont été habilement calculées pour faire impression sur des lecteurs français. Il ne serait, par exemple, jamais venu à la pensée d'un Céleste de faire un crime aux évêques d'intervenir auprès des mandarins dans toutes les affaires où se trouvent mêlés des chrétiens indigènes. La solidarité qui unit en Chine tous les membres d'une corporation ou d'une communauté est à

---

[1]. Voici très en raccourci les événements qui lui ont donné naissance. On sait qu'à l'intérieur de la province du Kouei-tchéou vivent des populations indépendantes, désignées sous le nom générique de Miao-tse. Elles sont, depuis des siècles, en état de lutte perpétuelle avec le gouvernement chinois. En 1864, une de leurs bandes, cernée dans les montagnes, mais dans une situation inaccessible qui la rendait impossible à réduire, commettait, malgré l'armée chinoise, d'horribles déprédations. Le commerce de la province souffrait cruellement. Menaces, promesses d'amnistie, tout avait échoué. Dans cette extrémité, le vice-roi eut la pensée d'employer les Missionnaires comme médiateurs, et il pria M. Vielmon, prêtre français, qui résidait depuis plusieurs années dans le Koueitchéou, d'aller porter à ces barbares des conditions acceptables pour les deux parties. La négociation eut un plein succès. Plus confiants dans la parole du Français que dans les serments, toujours violés en pareil cas, des autorités chinoises, les Miao-tse se retirèrent par la route qui leur fut désignée et renoncèrent à leurs brigandages. M. Vielmon se servit plus tard de l'influence que lui avait donnée auprès d'eux la réussite de sa mission pour en convertir un grand nombre au christianisme. Tel est, dans toute sa vérité, le fait travesti par le *memorandum*. Cela donne la mesure de la bonne foi de la diplomatie chinoise !

(*Note de l'auteur.*)

la fois dans la loi et dans les mœurs : on ne peut y échapper. C'est un contre-poids indispensable à la corruption et à la vénalité des juges ; elle contribue puissamment à maintenir la sécurité publique, à assurer l'équité des transactions. Dans une pareille civilisation, le prêtre manquerait à son devoir s'il se refusait à faire pour ses ouailles ce que le maître d'école fait pour ses élèves, ce que le patron fait pour ses ouvriers.

Et que sont d'ailleurs les agissements excessifs de nos Missionnaires au prix du crime de l'opium que les Anglais éclairés condamnent aujourd'hui et dont leur commerce continue pourtant à profiter ? Que sont ces fautes, réelles parfois, je l'avoue, mais si grossièrement et si visiblement amplifiées, en comparaison de certains actes du commerce européen cités au commencement de cette étude.

En résumé, les Missions catholiques font un bien considérable que proclament leurs adversaires eux-mêmes. C'est surtout dans l'intérieur du pays, loin des souvenirs irritants laissés par les dernières guerres, que l'on peut apprécier l'heureuse action qu'elles exercent. Tous les voyageurs qui ont pénétré en Chine leur rendent hautement ce témoignage. Quant à moi, je me suis toujours retrouvé avec le plaisir le plus vif au sein de ces chrétientés qui font à l'étranger un accueil si bienveillant, et au milieu desquelles on respire une atmosphère dégagée des pratiques puériles de la vie chinoise. C'est comme une aurore de civilisation européenne qui commence à éclairer le vieux monde oriental et prélude à son rapprochement avec le nouveau monde de l'Occident. Le bon accord qui règne presque partout entre les pasteurs de ces petits troupeaux et les autorités locales, l'empressement que les agents du gouvernement mettent à réclamer le concours des Missions dans les circonstances difficiles, étonnent et charment à la fois. C'est le nom de la France qui est surtout connu des mandarins chinois et aimé des chrétiens indigènes. Pékin nous en fait un crime. Pourquoi ne comprend-il pas qu'en entrant franchement dans les voies de la civilisation il transformerait cette influence et ferait des Missionnaires les plus solides auxiliaires du gouvernement central ?

Et, en défendant cette opinion, nous sommes cependant bien loin de partager les espérances religieuses qui soutiennent dans les pays lointains les apôtres du christianisme. Nous ne croyons pas à la conversion de la Chine [1] et nous considérons du reste comme inutile d'en poursuivre la réalisation. Le sentiment religieux est une faculté qui manque au peuple chinois. Il n'est accessible qu'à des considérations d'intérêt matériel. Nous

---

1. Le célèbre père Huc a exprimé en d'autres termes la même idée.

n'avons jamais rencontré chez lui ce fanatisme que M. Gicquel représente comme surexcité par la prédication d'une croyance nouvelle. La métaphysique et le dogme laissent le Chinois profondément indifférent. Absorbé tout entier par la lutte acharnée de l'existence, par la préoccupation toujours renaissante du lendemain, éternel souci de sa nation laborieuse, il ne cède qu'exceptionnellement aux considérations d'un ordre plus élevé. Mais, si les doctrines chrétiennes n'ont pas grande chance de se répandre et de germer dans le pays de Confucius, ceux qui les prêchent ne rendent pas moins les plus signalés services à la cause de la civilisation européenne en en faisant connaître l'étendue et apprécier la portée.

Ces services sont appelés à grandir encore si nos Missionnaires comprennent enfin que c'est surtout par une incontestable supériorité scientifique, par l'exposé des résultats pratiques que la science procure, qu'ils domineront les populations chinoises. Ils arrivent presque tous aujourd'hui sur le terrain de leurs travaux, armés d'un grand savoir théologique, mais ignorant l'histoire, les mœurs, les croyances, la géographie même des peuples qu'ils vont évangéliser. Grâce au malheureux système d'études qui prévaut en France, le plus grand nombre d'entre eux est à peine plus avancé en physique, en chimie, en cosmographie, en hygiène que les Chinois eux-mêmes. Il est impossible de se placer dans des conditions plus difficiles pour entreprendre une tâche plus ardue. Leur isolement est absolu ; les livres leur manquent. La seule publication universellement répandue parmi eux, les *Annales de la propagation de la foi*, ne raconte que leurs travaux. C'est à peine si quelque lettre d'Europe reçue de loin en loin vient réveiller un instant le souvenir du monde occidental et jeter sa note patriotique aux oreilles des pauvres exilés. Au bout de quinze ou vingt ans de mission leur naturalisation est complète ; les mœurs, les préjugés, la science chinoise même, si étrange qu'elle soit, sont acceptés par eux, et le Céleste Empire compte quelques citoyens de plus !

Il est triste de voir se stériliser ainsi une abnégation et un zèle ardent qui, plus éclairés, pourraient prétendre à de si grands résultats. C'est par là que s'explique la lenteur extrême des progrès réalisés et que se justifie presque le dédain que les classes savantes de la Chine professent pour des « étrangers obscurs [1] ». Une pareille situation mérite d'attirer non seulement l'attention des directeurs de l'Œuvre, mais encore celle du gouvernement fran-

---

1. Nous constatons ici un état de choses général. Nous sommes heureux de citer les noms de ceux qui font brillamment exception, le R. P. David, naturaliste très distingué, que l'Académie des sciences a élu son correspondant en 1872 (voy. p. 67); le R. P. Desgodins, qui s'occupe avec un succès toujours croissant d'études géo

çais. Le séminaire des Missions étrangères, qui compte maintenant ses élèves par centaines, ne devrait-il pas faire entrer dans son programme une grande partie des sciences modernes, et cette étude ne donnerait-elle pas plus tard un immense avantage à ceux qui partiraient pour les pays infidèles ?

— Des livres, des publications spéciales, des instruments d'astronomie et de géodésie ne devraient-ils pas être mis à la portée de ces ouvriers dévoués, dont la bonne volonté n'a point de limites et dont l'unique distraction est le travail ?

Un long séjour au milieu de contrées peu connues, une connaissance complète de la langue, leur donnent des facilités exceptionnelles pour les recherches de toute nature. Ils ne savent point en profiter, et l'on s'étonne non sans raison, qu'il y ait encore tant de questions obscures, tant de problèmes historiques, scientifiques et économiques à résoudre dans un pays où vivent depuis si longtemps des Européens. L'intérêt provoqué par les Missions va donc s'affaiblissant en raison même du peu de fruits qu'elles rapportent à la science et à la civilisation. Il faut assurément que cet état de

---

graphiques; le R. P. Perny, dont le *Dictionnaire chinois* a beaucoup promis et beaucoup réalisé ; d'autres encore, dont le nom ne vient pas en ce moment sous notre plume, rendent à la science les plus notables services. Les résultats obtenus font regretter que cette petite phalange de travailleurs ne soit pas plus nombreuse (voy. p. 267).

(*Note de l'auteur.*)

choses se transforme, il faut que l'Église marche et devienne un instrument de progrès, si elle veut reconquérir en Chine le rang élevé jadis occupé par elle. Il le faut, car la protection de la France, qui s'étend généreusement non seulement sur les Missionnaires français, mais encore sur ceux de nationalité belge, espagnole, italienne, etc., vaut bien la peine que l'on fasse quelques efforts pour la justifier et la conserver[1]!

Le meilleur moyen, à notre avis, de stimuler le zèle des Missionnaires, le seul capable de donner à leurs travaux l'ensemble et l'unité qui leur manquent, serait de créer à Pékin et à Shang-Haï, par exemple, aux frais communs de toutes les Missions, deux collèges où l'on réunirait, comme dans un vaste laboratoire intellectuel, tous les moyens d'études aujourd'hui connus.

Après deux ou trois ans passés dans l'intérieur de la Chine pour se familiariser avec la langue, les jeunes Missionnaires reviendraient dans ces grands établissements d'instruction supérieure pour compléter leur éducation et approfondir plus particulièrement telle ou telle branche de science, à laquelle les prédisposeraient leurs aptitudes ou leurs goûts. Le clergé catholique indigène y enverrait à son tour ses sujets d'élite. Les prêtres qui auraient

---

1. Voy. p. 229.

des travaux historiques ou philologiques à rédiger, des expériences astronomiques, physiques ou chimiques à poursuivre, y trouveraient les livres et les instruments nécessaires, se retremperaient au contact de la science européenne et s'entendraient sur les moyens de la répandre.

Dans ces collèges, on pourrait entreprendre — et l'on serait dans des conditions excellentes pour les perfectionner, — ces traductions en chinois vulgaire et en caractères latins que nous préconisions au début de cette étude, et qui nous semblent le moyen le plus efficace de détruire l'hostile prépondérance des lettrés, en rapprochant les deux civilisations[1].

Nous ne rêvons pas, on le voit, pour les Missions actuelles de l'Empire Céleste, le grand rôle politique qu'ont joué les Jésuites à l'époque de Kang-hi. Il n'existait alors en Chine aucune intervention diplomatique des puissances européennes. Rien n'y éveillait les craintes ou même les susceptibilités du gouvernement national. Les Pères étaient devenus Chinois et comme naturalisés. En récompensant leurs mérites, en reconnaissant la supériorité de la science dont ils étaient les dépositaires et les vulgarisateurs, l'empereur paraissait choisir entre ses propres sujets. L'amour-propre des lettrés dé-

---

1. Voy. p. 381 les restrictions que nous avons faites à ce sujet.

guisait ingénieusement les emprunts faits au savoir européen. Ces emprunts n'étaient que des découvertes dues au génie de quelques-uns d'entre eux, car les Pères portaient le bouton [1] !

La pacifique influence des Jésuites eût probablement transformé sans lutte le monde oriental. Il est donc à tout jamais regrettable qu'elle ait été aveuglément détruite par le fanatisme d'un pape. Mais si, derrière les Missions catholiques, la Chine voit toujours l'épée de la France, on ne saurait le reprocher sans injustice aux Missionnaires actuels. Proscrits à cause des fautes de la papauté, ils se sont cachés et ont lutté courageusement pour conserver le terrain fécondé par leurs prédécesseurs. Les événements ont amené la France à intervenir et à faire proclamer en Chine le principe de la liberté religieuse. Il ne faut pas le regretter ; il ne faut point surtout négliger de faire produire à ce fait toutes ses conséquences. Il est inexact de dire, comme M. Gicquel, que les chrétiens n'ont plus aucun droit à réclamer à la Chine.

---

[1]. Aujourd'hui même encore, les principaux lettrés de la capitale ne dédaignent pas de se rendre solennellement au bel observatoire créé à Pékin par les Jésuites et de faire semblant de lire dans les astres les destinées de leur pays. Ces pitoyables astrologues sont d'ailleurs incapables de conserver en bon état les magnifiques instruments dont ils disposent, instruments qui témoignent du parti que l'on peut tirer de l'habileté industrielle des Chinois.

(*Note de l'auteur.*)

Les lois de l'empire sont ainsi faites qu'il est impossible à nos coreligionnaires d'exercer une fonction publique sans être, pour ainsi dire, obligés de renier leurs croyances. A certaines époques, en effet, les mandarins, quelle que soit leur croyance, doivent adresser aux divinités officielles de l'empire des prières pour le souverain. De pareilles obligations ne sont plus en rapport avec cette précieuse conquête de la civilisation que l'on appelle la tolérance religieuse. Un protestant accepterait-il, en Europe, de rendre un hommage public à la sainte Vierge ? Un catholique voudrait-il assister à un prêche calviniste ou luthérien? Il en résulte que les Missionnaires détournent leurs disciples des études littéraires, qui donnent entrée aux fonctions administratives, et perdent ainsi un puissant moyen d'action sur les classes dirigeantes. Il faudrait obtenir du gouvernement chinois qu'un fonctionnaire chrétien pût accomplir dans sa propre église les cérémonies prescrites en l'honneur du chef de l'État, et déléguer un de ses subordonnés pour présider à ces cérémonies dans les temples consacrés au culte populaire[1].

Si donc nous croyons possible de tirer de la si-

[1]. Un pas a été fait dans cette voie. M. le lieutenant de vaisseau Trève, — aujourd'hui capitaine de vaisseau, — pendant l'intérim qu'il remplit à Pékin en 1862, comme chargé d'affaires, obtint un décret impérial élevant le christianisme au-dessus des deux religions secondaires pratiquées en Chine, le bouddhisme et le taoïsme,

tuation actuelle tous les avantages qu'elle comporte, c'est que nous sommes loin de penser qu'il serait bon d'abandonner le protectorat des Missions. Il y aurait folie, en ce moment surtout, à remettre ce puissant moyen d'influence et de progrès entre les mains d'adversaires implacables. Croire que le gouvernement chinois respecterait l'œuvre des Missions le jour où la France cesserait d'être l'arbitre des différends que cette œuvre provoque, quelle illusion! Les événements donneront tôt ou tard un cruel démenti à la confiance des diplomates, ou des Européens au service de la Chine, qui se confient en la ferme volonté du Tsong-li-ya-men de réaliser les améliorations progressives demandées par les puissances! La Chine, nous croyons l'avoir démontré, s'arme, mais ne se civilise pas. Elle emprunte à la science occidentale des ingénieurs pour ses vaisseaux, des instructeurs pour ses troupes; elle achète des canons Krupp, elle fait construire des fortifications ; elle nous demande, en un mot, tout ce qui sépare, rien de ce qui réunit les deux civilisations.

Si deux ou trois membres du conseil suprême qui régit l'empire, font montre de dispositions favo-

---

et le mettant de pair avec le culte officiel, celui de Confucius. Rien ne serait plus rationnel que de compléter ce décret en autorisant les mandarins chrétiens à ne point participer à des cérémonies religieuses qui blessent leurs convictions.

(*Note de l'auteur.*)

rables pour les Européens, le reste repousse avec opiniâtreté toute idée de compromis. Que sont devenues les espérances de M. Giquel au sujet de l'adoption de nos télégraphes ? Pékin a pourtant à sa disposition un système, inventé par un Français [1], qui assure au gouvernement le secret de ses dépêches en lui permettant de confier la manipulation de ses appareils à des employés indigènes. Quelle objection sérieuse peut-on faire à un pareil procédé en présence des immenses avantages que le commerce retirerait de son adoption ?

En réalité — et l'on ne saurait trop appuyer sur ce point, en présence de certaines illusions persistantes, — la Chine ne cherche qu'à échapper à l'importune pression de l'Europe, à reprendre une à une toutes les concessions du passé. Aujourd'hui ce sont les privilèges consulaires qu'elle veut restreindre, demain il s'agira de supprimer les lois particulières qui régissent les Européens ! Trop vaniteux pour s'instruire, trop légers pour se souvenir, les lettrés ne pensent qu'à détruire à tout prix ces semences de civilisation et de concorde que les Missions et le commerce européen ont jetées dans le pays. La guerre d'Allemagne a fourni d'ailleurs un commode prétexte à ces gens habiles pour exploiter contre la France l'envie des autres nations.

1. M. Viguier, à cette époque directeur du port de Shang-Haï.

Notre rôle en Chine, d'autant plus efficace qu'il paraît plus désintéressé, irrite nos rivaux ! Eh bien, c'est par là que l'on surprendra leur bonne foi ! Ce que poursuivait le *memorandum*, ce qu'il voulait atteindre, c'était la France, parce que seule elle représentait la diffusion des idées européennes dans l'intérieur de l'empire. C'était là le véritable, l'unique but de ce pamphlet diplomatique, car au fond le gouvernement de Pékin — et nous avons expliqué pourquoi — reste parfaitement indifférent à la propagande religieuse des Missions. Ceux qui s'inspirent du document que nous venons de citer pour juger des intérêts français en Chine ouvrent la voie à l'ambition de l'Allemagne et facilitent la marche déjà si rapide de la Russie.

Je n'ignore pas que l'on m'oppose, comme une preuve des intentions civilisatrices du gouvernement chinois, la fameuse audience récemment accordée par l'empereur aux représentants des puissances européennes [1]. C'est, semble-t-il, l'indice d'un cordial rapprochement et d'une entente définitive. Et cependant une pareille concession ne méritait guère les longues négociations, les sacrifices même qu'elle a coûtés. Pour l'arracher à la duplicité tartare, il a fallu qu'un envoyé japonais fît sentir jusqu'à Pékin la jeune et forte influence de son

---

1. Il faut se rappeler que cette étude a été écrite en 1873.

pays et vînt parler ce langage fier et décidé qui a dérouté les subtiles fins de non-recevoir des ministres du Fils du Ciel. Admis après l'ambassadeur du royaume oriental, les représentants des puissances européennes ont été reçus sans éclat, et la cérémonie n'a point tellement rompu avec les anciens rites qu'on n'ait pu trouver à cette dérogation apparente aux lois de l'empire d'ingénieuses explications, aussi consolantes pour l'orgueil chinois que blessantes pour les étrangers admis dans le palais impérial.

Le seul moyen de rendre à « l'audience » sa portée véritable était d'exiger qu'une publicité éclatante et sincère lui fût donnée. Il eût fallu que la *Gazette de Pékin* indiquât à la fois et le nom des États dont les ministres étaient ainsi admis pour la première fois devant l'empereur, et la signification réelle d'une réception destinée à faire descendre le Fils du Ciel au niveau des monarques occidentaux. Il n'en a rien été. La *Gazette* a négligemment annoncé l'audience, en des termes équivoques et vagues, incapables d'attirer l'attention. On aurait pu croire qu'il s'agissait d'une de ces réceptions accordées aux envoyés de Siam et de Hué, lorsqu'ils apportent le tribut. Aussi ce grand événement, qui, pendant près d'une année, a tenu en suspens tous les Européens habitant la Chine, est-il passé absoment inaperçu des Chinois eux-mêmes !

Nous ne savons si les diplomates qui ont obtenu ce singulier succès s'abusent sur sa valeur. Ils se sont laborieusement efforcés de nouer des relations plus dignes et plus sérieuses ; ils ont mis toute leur habileté à détruire les principales barrières qui séparent la Chine du monde occidental ; après plusieurs mois de lutte, ils n'ont abouti qu'à une démarche sans grandeur et sans résultat, qui laisse tout en question et n'a servi qu'à mettre en pleine lumière l'opiniâtreté des lettrés, leur politique de perfidies et de faux-fuyants, leur invincible répugnance pour tout véritable progrès [1] !

Et c'est en présence de dispositions pareilles que l'on songerait à abandonner les droits concédés par de solennels traités ! Que l'on livrerait à la pire des réactions, la réaction chinoise, tous les intérêts français en Chine ! Que l'on ferait le jeu des puissances en cédant la place à leurs convoitises !

A l'égard des Missions, la politique que nous devons suivre s'impose d'elle-même et notre programme se résume en peu de mots : exiger d'elles

---

1. Le jeune empereur s'est chargé lui-même d'indiquer aux ministres étrangers que « l'audience » n'inaugurait aucunes relations nouvelles entre son gouvernement et les gouvernements européens. « Vous avez désiré me voir, a-t-il dit, et je vous ai reçus ; je suis
» bien aise de vous affirmer que mes ministres ont toute ma con-
» fiance ; vous pouvez vous adresser à eux pour toutes les affaires
» politiques que vous aurez à traiter. » (Note de l'auteur.)

L'authenticité des paroles citées dans la note ci-dessus a été révoquée en doute par des publicistes ordinairement bien renseignés.

le respect absolu des lois et coutumes chinoises. A l'égard du gouvernement Céleste l'attitude à prendre est aussi simple : maintenir et améliorer les traités existants. Ce faisant, nous aurons bien mérité de la civilisation dans cet extrême Orient, dont le développement politique et commercial déplacera un jour l'équilibre du monde !

Les améliorations que nous voudrions voir apporter à l'organisation actuelle des Missions, la direction plus nette, plus énergique, plus suivie qu'il conviendrait d'adopter en ce qui les touche et en ce qui touche notre politique à Pékin, ne sont pas les seules réformes indispensables à poursuivre par le gouvernement français. Il en est d'autres, moins importantes en apparence, et qui auraient pourtant des conséquences incalculables si elles étaient réalisées. La création d'un corps de traducteurs interprètes, ou tout au moins l'amélioration de l'organisation actuelle, est un de ces desiderata. Rien de plus difficile que le recrutement de ces fonctionnaires, rien de plus précaire d'ailleurs que l'avenir des jeunes gens qui se consacrent à l'étude de la langue chinoise dans la légation et les consulats français en Chine. Rien de plus indispensable pourtant que les bons interprètes. C'est d'eux que dépendent la sécurité des relations avec les autorités du pays, la valeur des renseignements recueillis, le judicieux emploi des secrets ressorts de la diplomatie.

Ce rôle laborieux et ingrat, auquel correspondent des avantages presque illusoires, n'attire de France et ne retient en Chine qu'un petit nombre de sujets d'élite. L'Angleterre en a mieux compris l'importance. Sa légation de Pékin est une véritable académie où se forment chaque année un grand nombre de *student interpreters*. Le service diplomatique de la reine se trouve ainsi assuré dans des conditions remarquables d'instruction et de compétence. De plus, un grand nombre de jeunes élèves qui sortent de cette école vont occuper les postes, libéralement rétribués, des différents services de l'empire que le gouvernement chinois a cru devoir confier à des Européens. Il va sans dire que la légation britannique bénéficie largement de cet état de choses. M. Hart, le chef des douanes chinoises, est un Anglais, et sa situation exceptionnelle auprès du cabinet de Pékin assure en tout temps aux intérêts de son pays un avocat autorisé et puissant.

Est-il politique de tenir nos nationaux à l'écart de cette grande administration chinoise, dont le développement n'est assurément point terminé, et dont l'importance, aux yeux du gouvernement, se mesure aux immenses services financiers qu'elle sait rendre ?

Au lieu d'affecter un dédain irréfléchi et peu motivé pour les jeunes gens qui en font partie, il serait plus sage de faire entrer dans ses rangs le plus grand nombre possible de nos compatriotes, et, si la Chine se décidait enfin à créer de nouvelles administrations générales (postes, télégraphes, chemins de fer), avec le concours des Européens, tous nos efforts devraient tendre à ce que l'une d'elles fût dirigée par un Français. En attendant, il convient d'augmenter le nombre de nos élèves-interprètes, de leur fournir les moyens et le temps de s'instruire, de leur ouvrir une carrière plus large et mieux rémunérée. Pour avoir en Chine des hommes rompus aux affaires, possédant la science des lettrés et leur en imposant, capables de lutter, en théorie et en pratique, avec les hommes d'État de la Grande-Bretagne, c'est par là qu'il faut commencer. La plupart des agents diplomatiques anglais dans l'extrême Orient, et le ministre actuel d'Angleterre à Pékin, lui-même, ont inauguré par le rôle d'interprète leur laborieuse carrière. On ne saurait trop le répéter, l'expérience de la Chine ne s'acquiert qu'en Chine ; il faut lutter, apprendre ; il faut ressusciter cette brillante phalange de sinologues et d'orientalistes qui jadis eut la meilleure part dans les conquêtes morales de la France. En Orient, comme ailleurs, le travail, le travail opiniâtre, infatigable, désespéré, est la condition première du rajeunissement de notre influence politique et de notre future régénération !

V

Est-ce à dire que nous n'ayons à retirer aucun profit immédiat de notre situation ?

Nous résignerons-nous à assister à l'immense mouvement commercial dont la Chine est le théâtre, sans tenter d'y prendre une place plus en rapport avec nos forces productives ? Nous avons fondé, aux portes mêmes de ce vaste empire, au milieu de populations appartenant à la même race, et dont la législation, la langue écrite, les mœurs officielles sont celles de la Chine, une colonie dont l'avenir n'est pas douteux, pour peu que nous sachions mettre un peu de suite et de persévérance dans nos efforts. Pour créer des relations directes et fructueuses entre la Cochinchine et le Céleste Empire, il nous suffit de le vouloir. Le Tong-King, berceau de cette nation annamite appelée à devenir française, est arrosé par un grand fleuve, le Song Coï qui descend du Yun-nan, la province la plus méridionale de la Chine. Deux navires à vapeur, dirigés par un Français aventureux [1], viennent tout récemment [2] de remonter ce fleuve qui semble, d'après les résultats de cette heureuse tentative, devoir offrir une route commerciale aussi rapide qu'économique entre Saïgon et la Chine méridionale [3]. Il est donc indispensable, pour la sécurité même de nos possessions indo-chinoises, que nous imposions à tout l'empire d'Annam un protectorat qui lie ses intérêts aux intérêts français et écarte ainsi toutes chances de complications politiques ultérieures. La commission française qui explora l'Indo-Chine et la Chine, il y a déjà cinq ans [4], a recueilli les renseignements les plus favorables sur la valeur des produits métallurgiques de la province du Yun-nan. Livrées aux procédés d'une exploitation imparfaite, éloignées de tout débouché commercial, ces richesses restent enfouies dans une contrée qu'elles pourraient rendre merveilleusement prospère. L'ouverture d'une route facilitant les transports dans des proportions inespérées, et abrégeant ainsi l'immense distance qui sépare la Chine méridionale et l'Europe, produirait des résultats industriels et commerciaux d'une telle importance, que la solu-

---

1. M. Dupuis (voy. p. 46).
2. Se reporter à la date de cette étude.
3. Voyez le *Bulletin de la Société de géographie* du mois de février 1872, et la *Revue politique* du 12 juillet 1873.
4. Se reporter à la date de cette étude.

tion de ce problème occupe depuis longtemps la vigilante attention de l'Angleterre[1]. Il est temps que nous nous préoccupions à notre tour des intérêts et des droits que nous crée notre situation dans la péninsule indo-chinoise, du rôle qu'elle nous oblige à jouer dans des régions jadis lointaines et que la rapidité des communications a mises à notre porte. Il convient surtout de veiller à l'intégrité de l'empire chinois, d'empêcher qu'une conquête ou qu'une rébellion, en séparant de Pékin les provinces méridionales de l'empire, ne réussisse à nous en fermer l'accès. Nous aborderons plus tard l'étude de cette question, qui exige à elle seule de longs développements. Nous nous bornerons aujourd'hui à en signaler la gravité. Les problèmes économiques qu'elle soulève sont de la plus haute importance pour notre pays. Il trouvera peut-être dans ces riches contrées des compensations inattendues à nos récents malheurs. A la suite de toutes les grandes crises de notre histoire, il se produit en France un mouvement vers l'extérieur, fécond en utiles et glorieux résultats. Sachons le faire naître, sachons le

---

[1]. On sait les tentatives multipliées faites par le gouvernement anglais pour créer une route commerciale entre la Birmanie, les Indes et le Yun-nan. L'assassinat de M. Margary a fait revivre la question. Un télégramme a annoncé que le gouvernement chinois consentait à l'ouverture de cette route. Espérons que les négociations difficiles engagées par M. Wade, et dont le télégraphe nous a apporté l'écho, se sont dénouées à l'amiable, et que la question a été définitivement résolue.

diriger ; revenons à ces traditions colonisatrices que nous avons abandonnées à une nation rivale dont elles ont fait la force et la richesse. L'Indo-Chine peut devenir pour nous l'équivalent de cet empire de l'Inde qu'un Dupleix eût donné à la France et que la faiblesse du gouvernement de Louis XV nous a fait perdre sans retour ! . . . .
. . . .

FIN

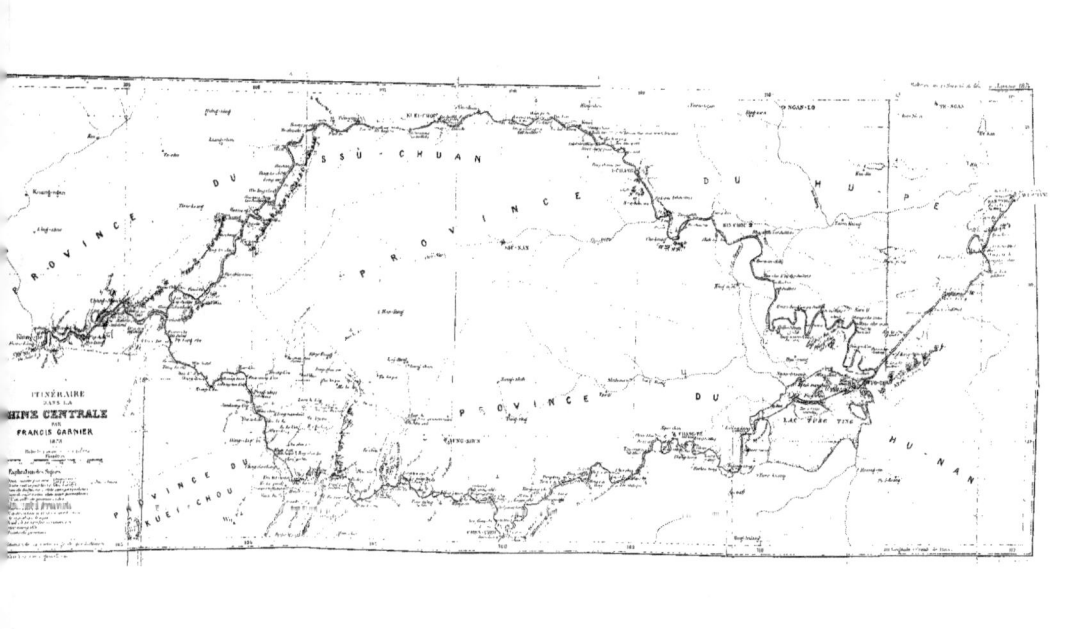

TABLE DES MATIÈRES

	Pages.
Notice sur Francis Garnier	v
Introduction	xxxvii

DE PARIS A SHANG-HAI

Octobre-novembre 1872. — La mer. — L'isolement. — Puissance de l'homme. — Merveilles du canal de Suez, mais insuffisance de certains travaux. — La mer Rouge. — Crimes de lèse-humanité. — Aden et ses citernes. — Importance du transit sur ce point. — L'Océan indien. — Pointe de Galles. — Ceylan. — Dupleix, véritable fondateur de l'empire anglais des Indes. — Ignorance des Français contemporains en matière de colonisation. — Singapour... 1

Novembre 1872. — Le cap Saint-Jacques. — Embouchure du Cambodge ou Mékong. — Notre colonie de Cochinchine. — Son administration et ses gouverneurs. — Symétrie et routine. — Ignorance et indifférence de la métropole. — Collège des administrateurs stagiaires. — Choix défectueux de l'emplacement de Saïgon. — La ville chinoise, Cholen. — Anciens souvenirs d'un inspecteur des affaires indigènes... 28

NOVEMBRE 1872. — En mer. — La côte de Cochinchine. — Le versant oriental de l'Indo-Chine et les voies commerciales de communication avec la Chine. — L'exploration du Mékong. — Le fleuve du Tong-King. — Rivalités commerciales. — Patriotisme et habileté des Anglais. — Ambition des Allemands. — Ignorance de notre diplomatie. — Inconséquences de notre politique. — Hong-Kong. — Voyage du roi Norodom... 44

DE SHANG-HAI A HAN-KÉOU

18 NOVEMBRE 1872-15 JANVIER 1873. — Shang-Haï, capitale commerciale des Européens en Chine et tête des grandes lignes de navigation à vapeur autour du monde. — Projet d'un voyage au Tibet ayant son point de départ en Chine. — Difficultés de l'entreprise dès que l'on veut traverser le massif montagneux de l'Himalaya et que l'on abandonne l'itinéraire ordinaire du retour en Europe par la Sibérie. — Intérêt scientifique et commercial du nouveau projet...... 59

15 JANVIER-28 FÉVRIER 1873. — Excursion à Han-Kéou. — Comparaison entre les Chinois et les Français. — Mgr Dupanloup et les vers latins. — Importance géographique de la première représentation de l'*Africaine*. — Parallèle entre les Japonais et les Chinois. — Les Jésuites en Chine. — Leur lutte avec les Dominicains. — Il faudrait reprendre l'œuvre des Jésuites, influents par la science et devenus Chinois à force de se pénétrer des mœurs et des besoins de la nation qu'ils voulaient civiliser. — Les Missionnaires actuels simples propagateurs de dogmes, dans un pays où l'indifférence religieuse est absolue. — Écriture hiéroglyphique conservant le prestige des lettrés et principal obstacle à tout progrès sérieux. — Véritable rôle des Missions catholiques. — Rôle de la France. — Importance du protectorat des Missions.. 66

TABLE DES MATIÈRES.

DE SHANG-HAI A PÉKIN

Pages.

1er-8 MARS 1873. — Tche-fou, sa rade, souvenirs qu'elle éveille. — Rivière de Tien-tsin. — Les forts de Takou. — L'amiral Rigault de Genouilly. — Expédition de 1860. — Le général Cousin-Montauban et l'amiral Charner. — Difficultés d'une nouvelle campagne et son inutilité. — Les douanes, clés de l'empire Chinois.................. 85

8 MARS 1873. — Tien-tsin — Communications difficiles en hiver. — Canonnière française le *Scorpion*. — Route de Pékin. — Véhicules primitifs. — État d'abandon des voies impériales. — Changement de lit du fleuve Jaune. — Monotonie du paysage. — Épisodes de la campagne de Chine, souvenirs personnels de l'auteur................. 93

15-20 MARS 1873. — Pékin. — Aspect désolé des faubourgs de cette capitale. — Ville Chinoise, ville Tartare, ville Jaune. — Légation de France. — Nouvelles de la prise de Ta-ly par l'armée impériale. — Projets déçus. — Incertitudes de la diplomatie. — Affaire dite de « l'Audience ». — Demande de passeports pour le Tibet. — Colonie européenne à Pékin. — Église des Lazaristes. — Temple du Ciel.. 108

22 MARS-AVRIL 1873. — Le Palais d'été. — Vandalisme inutile. — Excursion classique en Mongolie. — Nang-Hao. — La grande Muraille. — Ligne de partage des eaux. — Les tombeaux et l'avenue des Ming. — Retour à Pékin. — Prolongation de séjour. — Espoir d'arriver à Ta-ly avant la répression complète de l'insurrection mahométane. — Politique habile et prudente de la Russie. — Départ pour Tientsin et Shang-Haï.. 123

UNE EXCURSION DE TROIS MOIS
AU CENTRE DE LA CHINE

1er-15 MAI 1873. — Le Yang-tse-kiang ou fleuve Bleu. — Encore Han-Kéou. — Excursion préparatoire au voyage du Tibet. — Engagement d'un lettré chinois. — Le P. David. — M. Blancheton. — Passeports obtenus à grand'peine. — Fret d'une barque mandarine. — Éclipse de lune. — Paysages. — Curiosité tyrannique des foules chinoises. — Retour sur le passé........................ 157

16-18 MAI 1873. — Le lac Tong-ting. — Richesse du pays. — Yao-tchéou. — Navigation pénible. — Tentatives de déterminations géodésiques. — Scènes violentes. — Dangers courus par l'explorateur menacé de perdre ses instruments. — Découragement momentané....................... 172

19-24 MAI 1873. — Immense marécage formé par le lac Tong-ting. — Le Yuen-kiang. — Nouveaux paysages. — Populations bienveillantes; pays florissants, depuis longtemps à l'abri des invasions et des guerres civiles. — Tchang-te. — Changement d'embarcation. — Mauvais vouloir des bateliers. — Approche des rapides.......... 187

25-31 MAI 1873. — Pays accidenté. — Hautes montagnes à l'horizon. — Les *tats* du Laos. — Rapides sans importance. — Campagne magnifique. — La pluie commence. — Excursions à pied. — Tcheng-tchéou. — Le Peï-ho de la Chine centrale. — La Suisse chinoise. — Regrets et souvenirs.. 196

1ᵉʳ-10 JUIN 1873. — Curiosité qu'excite l'astrologue étranger. — Femmes du pays qui n'ont pas les pieds mutilés. — Écroulement de falaises fluviales. — Pao-tsing-hien. — La pluie continue. — Entrée dans le Se-tchouen. — On quitte le Peï-ho pour remonter le Che-ti. — Le paysage change. — Campagnes d'Angleterre et campagnes de l'Ile-de-France. — Long-than. — Fin de la navigation. — Passage du bassin du Yuen-kiang à celui du Wou-kiang. — Toujours la pluie. — Politesse chinoise. — Cadeaux obligatoires. — Repas pris en présence d'une garde d'honneur................. 206

11-14 JUIN 1873. — Départ de Long-than. — Voyage à pied sur la ligne de faîte de deux bassins. — Les instruments de l'observateur en chaise à porteurs. — Rencontre d'un « lis ». — Vallée de You-yang. — Arrivée et séjour à cette

TABLE DES MATIÈRES. 421

Pages.

Mission. — Honnêteté et ignorance des Missionnaires. — Restes d'une organisation féodale en Chine. — Cadeaux refusés officiellement et secrètement acceptés............ 217

15-18 JUIN 1873. — Route en escaliers dans un pays montagneux. — La pluie qui tombe presque sans interruption depuis six semaines empêche toute observation. — Impossibilités géographiques apparentes. — Bizarreries du système hydrographique. — Cours souterrain des fleuves et des rivières. — Le parc de Versailles dans le Se-tchouen. — Kountan sur le Wou-kiang. — Rapides infranchissables. — Falaises calcaires. — Barques bizarrement construites.... 236

18 JUIN — 1ᵉʳ JUILLET 1873. — Mission de Peng-chouy. — Intelligence et érudition des prêtres chrétiens indigènes. — Cartes dressées par l'un d'eux. — Anciennes populations autochtones. — Souvenir d'une antique écriture phonétique. — Le diable jouant en Chine un rôle auquel il a depuis longtemps renoncé en Europe. — Les exorcistes en vogue. — Départ pour Tchong-kin-fou. — Idées politiques des Missionnaires. — La bastonnade et l'eau bénite. — Le P. L... et Racine. — Fou-tchéou. — Confluent du Wou-kiang et du Yang-tse. — Souscription involontaire. — Ascension du fleuve Bleu. — Barque mandarine transformée en chapelle. — Navigation au halage. — Chang-peï-to. — Approches de Tchong-kin-fou................................. 243

1ᵉʳ JUILLET — 9 AOUT 1873. — Arrivée à Tchong-kin. — Mᵍʳ D..., son influence et son activité. — Importance de Tchong-kin-fou, entrepôt commercial des marchandises venues de la côte par le fleuve Bleu et ses affluents. — Usines spéciales pour l'affinage de l'argent, où passent annuellement près de quarante millions en lingots. — Contraste de cette richesse et d'une misère extrême. — Association religieuse des ensevelisseurs. — Régularité des services postaux entre Tchong-kin, Han-Kéou et Shang-Haï. — Initiative du haut commerce se substituant à l'action gouvernementale. — Préliminaires d'un voyage au Tibet. — Correspondances diverses. — Excellents rapports entretenus avec les autorités de la province. — Travaux géographiques facilités par l'influence du nom du prince Kong et les souvenirs de la mission d'exploration du Mékong. — Luxueuses villas. — Réceptions somptueuses. — Inondations périodiques du Yang-tse. — Procession en l'honneur du Génie des eaux au moment du maximum de la crue. — Retour à Han-Kéou et à Shang-Haï. — Départ pour Saïgon en vue de l'expédition du Tong-king............................ 267

MÉMOIRE SUR UN VOYAGE DANS LA CHINE CENTRALE

Introduction 289
Itinéraire et description générale du pays................. 295
Population, mœurs.... 317
Productions, agriculture, industrie....................... 323
Commerce... 333
Navigation... 343
Travail géographique, carte 349
Météorologie... 353

Le rôle de la France dans l'extrême Orient............ 363

CARTE ITINÉRAIRE.

FIN DE LA TABLE DES MATIÈRES

PARIS. — IMPRIMERIE ÉMILE MARTINET, RUE MIGNON, 2.

www.ingramcontent.com/pod-product-compliance
Lightning Source LLC
Chambersburg PA
CBHW050246230426
43664CB00012B/1840